W0067107

Kulturgeschichtliche
Miniaturen

Bildauswahl
von Friedel Wallesch

Helmut Wolle

Götter, Mumien und Hetären

Kulturgeschichtliche Miniaturen

Volk und Wissen
Volkseigener Verlag Berlin

Wolle, Helmut:
Götter, Mumien und Hetären : kulturgeschichtl. Miniaturen.
Bildauswahl von Friedel Wallesch.
– 4. Aufl. – Berlin : Volk u. Wissen, 1988. –
287 S. : zahlr. Ill. (z. T. farb.)

ISBN 3-06-102701-7

4. Auflage
© Volk und Wissen Volkseigener Verlag, Berlin 1983
Alle Rechte vorbehalten
Lizenz-Nr. 203 · 1000/88 (UN 102701–4)
Printed in the German Democratic Republic
Schrift: 11/11/13 p Times
Gesamtherstellung:
Grafischer Großbetrieb Völkerfreundschaft Dresden
Herausgeber und Redakteur: Dr. Günter Albrecht
Gutachter: Prof. Dr. sc. Jürgen Werner
Einband und typographische Gestaltung: Erhard Bellot
Redaktionsschluß: 30. Dezember 1987
LSV 7009
Bestell-Nr. 707 838 2
02300

Inhalt

Bacchantinnen
Schale des Hieron

Grobe und gute Worte aus grauer Vorzeit 9
Warum das Murmeltier nicht murmelt 13
Zitterweh rötet den Gesichtserker 15
Mein lieber Schwan! 17
Inselgeschichten 19
Hissarlik oder Troja? 21
Des Meeres und der Liebe Wellen 25
Im Labyrinth der Weiberherrschaft 27
Vom Gold zum Eisen oder vom Stein zur Plaste 31
Säulenordnungen und Stämme 34
Kriegserklärung an die Heloten 38
Zutritt für Frauen bei Todesstrafe verboten 41
Heitere Spiele am Isthmos 43
Eine Göttin, die Jungfrau blieb 46
Attisches Salz – und ein bißchen Pfeffer 49
Abdera ist allenthalben 52
Y oder i – das ist hier die Frage 53
Odysseus spann ein Seemannsgarn 55
War Dionys ein Wüterich? 58
Schließung einer Finanzierungslücke 61
Die Cheopspyramide zerbröckelt 63

Esel und Gelehrte in die Mitte! 66
Hieroglyphen, Hierodulen und Hieros gamos 67
Interviews am Nil 71
Götter finden eine neue Heimat 75
Dynastien und stets siegreiche Pharaonen 77
Eine Königin mit Bart 81
Die Bratspieße der Kleopatra 82
Ein Leuchtturm, der bis heute strahlt 84
Massenhochzeit und Kulturmischung 87
Nette Familienverhältnisse 90
Realistische, aber manchmal recht gewagte Kabarettszenen . . 92
Babylonische Gefangenschaft und babylonische Hurerei . . . 94
Lehrbücher und Schularbeiten auf Tontäfelchen 97
Ein Volk großer Erfinder trat aus dem Dunkel 100
Die Mauern von Jericho 102
Zwischen Adria und Tyrrhenischem Meer 104
Alba Longa – Mutter Roms? 106
Die Sieben-Hügel-Stadt 108
Das Volk trägt vielerlei Namen 110
Tribunen, Triumphe, Trivialitäten und Kümmelblättchen . . 113
Zweimal Empire und Empirismus 115
Schnittiger Name als Herrschertitel 116
Dom, Domino und Don Juan 118
Provence will nicht Provinz sein 121
Das Schmettern des gallischen Hahns 123
Antike Volksnamen in der neueren Geschichte 125
Römer an Rhein und Donau 127
Weltstadt Konstantinopel 129
Völker auf der Wanderung 133
Schicksale einer Sprache 137
Untergang und Wiedergeburt? 140
Im Hain des Akademos 142
Romantische Romane und romanische Romanzen 146
Der Vater im Kindbett 148
Das Moos mit dem Brecheisen geholt 149
Altgriechisch ins Neugriechische übersetzt? 152
Tabus und Euphemismen 154
Babylonische Verwirrung 155
Die Hethiter tranken Watar 158
Idee eines hoffenden Doktors 161

Die Erfindung des ABC, und warum es nicht HLX heißt . . . 163
Drei Buchstaben, Messalina und eine Nichte 166
Kyrill und Method 168
Papier und Pergament 170
Kabale ohne Liebe 173
Buchhaltung mit Stock und Strick 174
Fahrt ins Weihrauchland 175
Vom Euphrat zum Indus 178
Philister, Sybariten und andere 180
Weltwunder in Okzident und Orient 183
Bis hierher und nicht weiter 185
Wunderländer im Ozean 187
Redner und Schnellschreiber 189
Politik in der Hetärie — Hetären in der Politik 192
Gesetzbücher und weise Urteile 196
Woher hat Marianne ihre Mütze? 199
Bravo, Furore und Fiasko 201
Schweigend sprach er: Auch du, mein Sohn! 203
Kleopatra kam im Sack und als Venus 204
Der älteste Krimi 207
»Ohnehosen« und Hosenteufel 209
Sandalen, Pantoffeln und Stiefelchen 211
Ein fragwürdiger Gruß 212
Gehörnte Helden und Techtelmechtel in Arkadien 213
Keusche Susanna in Verlegenheit 216
Vier Temperamente 219
In Spelunken und Katakomben 221
Mumien erzählen ihre Geheimnisse 223
Theseus und Achill liebten Amazonen 227
Woher stammt der Stierkampf? 229
Wutmaul und Häschen 231
Fabelhaft, aber recht gemischt 233
Der bocksfüßige Plan jagt leichtfüßige Nymphen 235
Ziegensprünge und Bocksgesang 236
Orchester und Kapellen 238
Du wirst ein großes Reich zerstören 239
Hochzeitscarmen und Liebeszauber 243
Vamp, Vampir und Fledermäuse 244
Ich drücke den Daumen! 245
Seitdem zittern die Ochsen 247

War Eva Adams zweite Frau? 249
Am Anfang war ein großes Gähnen 251
Talent, Genie und Genius 253
Importierte Gottheiten 254
Dem Schaume entstiegen 256
Abenteuer der Aphrodite 259
Mit einem Zaubersiegel hermetisch verschlossen 262
Wagen des Helios und Sonnenstadt 264
Welche Muse küßt den Dichter? 266
Milch aus der göttlichen Brust 267
Warum der Sonntag Sonntag heißt 269
Maja – nackt oder mit dem Schleier 271
Der zwölfte Monat heißt der zehnte 272
Verkehrte Welt für ein paar Tage 275
In welchem Jahre leben wir? 277
Miniaturen 280
Benutzte Literatur 281
Nachweis der Abbildungen 282
Schlagwortverzeichnis 283

Augustus und das Volk von Rom beim Triumph des Tiberius
Geschnittener Onyx
um 7 v. u. Z.

Grobe und gute Worte
aus grauer Vorzeit

»Sie Banause, Sie Idiot«, begeiferte Frau X. ihren lieben Nachbarn Y. Der blieb ihr nichts schuldig. »Skurriles Frauenzimmer, Messalina!« zischte er. Der öffentliche Wortwechsel fand seine Fortsetzung vor dem Kadi. Der Rechtsanwalt von Frau X., der um Argumente nie verlegen war, griff bei dieser Gelegenheit auf halbverschüttete Erinnerungen aus seiner Gymnasialzeit zurück. »Meine Mandantin soll gesagt haben, Herr Y. wäre ein Banause, was sie auch gar nicht in Abrede stellt. Ist er das etwa nicht? Banause ist wörtlich ein Mann, der am Ofen arbeitet, und Herr Y. ist ja, wie wir gehört haben, Keramiker. Daß das Wort Banause im Laufe der Zeit auch noch einen anderen Sinn angenommen hat, dafür ist Frau X. schließlich nicht verantwortlich. Was aber ist ein Idiot? Einfach ein Privatmann, der am öffentlichen Leben nicht teilnimmt – das trifft auf Herrn Y. doch voll zu, und ist ja auch keineswegs eine Schande. Nun aber zu den Äußerungen von Herrn Y. Er bezeichnet meine Mandantin als skurril. Scurra aber heißt lateinisch Narr, ist also eine grobe Beleidigung. Dann aber hat sich Herr Y. so weit vergessen, daß er Frau X. Messalina titulierte. Messalina, die dritte Frau des römischen Kaisers Claudius, war nach dem übereinstimmenden Urteil der Historiker Tacitus und Sueton intrigant, habgierig und grausam – vor allem aber maßlos ausschweifend. Der Dichter Juvenal schildert in seiner sechsten Satire, wie die Kaiserin, während ihr braver Claudius am Schreibtisch sitzt und sich neue Buchstaben ausdenkt, in das nächste Bordell eilt und sich ihren Untertanen für klingende Münze hingibt. Können Sie sich so etwas von einer lieben alten Dame wie Frau X. vorstellen – zumal es am Orte ein solches Etablissement gar nicht gibt ...«

Wir wollen uns nicht damit befassen, ob der Richter diese Argumente als juristisch stichhaltig akzeptierte. Jedoch von Messalina werden wir noch mehr erfahren. Ich habe die Anekdote nur angeführt, um daran zu erinnern, wie die Sprache unserer Gegenwart voller Worte und Bilder steckt, die aus dem grauen Altertum, von Griechen und Römern, stammen. Freilich unterlagen sie in unserem Fall einem vollständigen Bedeutungswandel.

Banause, das ursprünglich einen Handwerker bezeichnete, wurde zu einem verächtlichen Ausdruck für einen Menschen ohne Sinn für »Höheres« und schließlich direkt zum Schimpfwort. Umgekehrt bedeutet heute skurril, dessen Ursprung die wenigsten kennen, eher: etwas absonderlich, schrullig, kauzig.

Selbstredend gibt es auch sehr liebe Worte aus der Antike in der deutschen Sprache. Freilich, wer denkt schon daran, wenn er zärtlich »Mein Engel« flüstert, daß er hier ein altgriechiches Wort (angelos = Bote, nämlich des Himmels) im Mund führt.

Die Quantität griechischer und lateinischer Elemente speziell in der medizinischen, pharmazeutischen und philosophischen Literatur, aber natürlich auch in Politik und Journalismus ist so enorm, daß das Studium vieler Texte ohne Lexikon eine Eselei wäre.

Alle Substantive und Adjektive des vorstehenden Satzes lassen sich, wie Sie leicht feststellen werden, auf Wörter griechischen oder lateinischen Ursprungs zurückführen, in einigen Fällen auf dem Umweg über das Französische: quantus, graecus, latinus, elementum, species, medicina, pharmakon, philosophia, littera, natura, politikos, diurnale, ex, norma, studium, textus, lexis, asinus. Auf diese Art ließen sich ganze Bücher abfassen und sind, jedenfalls ähnlich, leider auch schon geschrieben worden. Solche Fremdwortfülle kann und sollte vermieden werden. Quantität läßt sich durch Menge ersetzen, Element durch Bestandteil, speziell durch besonders usw. Medizinisch vielleicht durch ärztlich, aber da sind wir schon wieder bei einem Wort mit einem fremden Urahn, wennschon dies nicht mehr empfunden wird (Arzt vom griechischen archiatros). Es ist schon ein Kreuz (übrigens vom lateinischen crux)! Wie will man aber Politik oder Philosophie verdeutschen? Staatskunst? Staat ist erstens auch wieder ein Fremdwort, zweitens ist mit der Politik oft nicht viel Staat zu machen, und von Kunst zu reden besteht häufig schon gar kein Anlaß, und darf man Philosophie Weisheitslehre nennen? Es wäre wohl zu leicht mit Weisheitsleere zu verwechseln.

Der Begriff »verdeutschen« erscheint mir ohnehin irreführend, denn Wörter nichtgermanischen Ursprungs, sofern sie in unserer Sprache einen festen Platz haben, sind doch wohl genauso deutsch wie Wörter ger-

Handelsszene
Römisches Relief

Gelage
Attischer Glockenkrater
420–410 v. u. Z.

manischer Herkunft. Wer garantiert außerdem, daß die germanischen
Sprachen nicht in der Frühzeit Bestandteile aus anderen Sprachen aufgenommen haben? So ungewöhnlich sind ja derartige Vorgänge nicht
und auch kein Makel, man denke nur an das Englische, dessen Wortschatz vorwiegend teils aus dem Angelsächsischen, teils aus dem Französischen stammt, was seiner Ausdrucksfähigkeit und Schönheit keinen
Abbruch tut. Etwas anderes ist die Vermeidung unschöner, überflüssiger
und unverständlicher Wörter; sie können allerdings auch aus urdeut-
schen Bestandteilen zusammengezimmert sein.

Fremde Wörter werden oft mit einer fremden Sache übernommen:
Kammer und Küche (camera, coquina) bereits vor annähernd zwei Jahrtausenden, Laser vor zwei Jahrzehnten. Zum heutigen deutschen Wortschatz haben viele Völker und Sprachen beigetragen, Beispiele aus dem
Französischen und Englischen sind jedermann geläufig, aus dem Italie-

nischen seien von der großen Zahl wenigstens Baß und Muster erwähnt, aus dem Portugiesischen der Kork, aus dem Niederländischen die Auster, aus dem Ungarischen Kutsche und Gulasch, aus slawischen Sprachen Grenze, Gurke und Sputnik, aus dem Türkischen die Tulpe, aus dem Arabischen der Alkohol, aus amerikanischen Sprachen Kakao, Schokolade, Mais, Tomate, Kautschuk. Sogar die Eskimos haben Kajak und Anorak beigesteuert.

Umgekehrt gib es Hunderte Wörter deutschen Ursprungs in wohl allen europäischen Sprachen, englisch the kindergarten, the stich-wort, französisch kermesse (von Kirchmesse), kirsch, tschechisch kvelb (von Gewölb), polnisch ratusz (von plattdeutsch Rathus), russisch traur (für Trauerkleidung), butterbroty, landschaft (in der Malerei) und viele andere.

Freilich spiegelt sich das kulturelle Nehmen und Geben der Völker nicht adäquat in ihren Sprachen wider. Diese gegenseitigen Beeinflussungen und Wechselwirkungen sind viel komplizierter. So haben die verschiedensten Kulturströme, die vom Alten Orient aus schon vor Tausenden Jahren unsere Heimat erreichten, fast gar keine sichtbaren sprachlichen Spuren hinterlassen. Auch die Entlehnungen aus dem Hebräischen, der Sprache des Alten Testaments, das doch unsere Literatur- und Kunstentwicklung stark geprägt hat, sind nicht entsprechend zahlreich, wenn wir von den vielen deutschen Vornamen hebräischen Ursprungs (zum Beispiel Michel, Hans, Eva, Susanne) absehen wollen.

Mit allen solchen Fragen befaßt sich die Etymologie (von griechisch etymos = wahr, ursprünglich). Die »wahre« Bedeutung eines Wortes ergibt sich allerdings nicht aus seinem Ursprung. Sonst müßte man sich im Gymnasium (von griechisch gymnos = nackt) die Kleider ausziehen.

Die heutige Bedeutung eines Wortes (sei es nun Banause, Idiot oder Engel) ist genauso wahr wie die vor 2500 Jahren, eigentlich für uns die einzig wahre, weshalb der Richter die in unserer Anekdote wiedergegebene Argumentation des Rechtsanwalts auch nie anerkennen würde. Nicht die »wahre« Bedeutung eines Wortes wird heute von Etymologen untersucht, sondern seine Herkunft und der Wandel seiner Bedeutung im Laufe der Geschichte, außerdem natürlich auch die Entwicklung seiner sprachlichen Form. In den meisten Fällen hat ja der Lautwandel die Gestalt der Wörter völlig verändert. Oder würden Sie auf Anhieb erkennen, daß »Vise flot aftar themo uuatere« vor 1000 Jahren hieß: »Ein Fisch schwamm im Wasser«. Es ist der Anfang eines Zauberspruchs gegen Lahmheit in altdeutscher Sprache.

Warum das Murmeltier
nicht murmelt

Morgenstunde hat Gold im Munde, sagt ein Sprichwort. Warum gerade im Munde? Nur wegen des Reims? Es gibt dafür einen interessanten Erklärungsvorschlag: Früher, im Mittelhochdeutschen, gab es auch ein Wort Mund, das mit der hauptsächlich zum Essen, Trinken, Reden und Küssen gebrauchten Körperöffnung nichts zu tun hatte. Es bedeutete Hand und war stammverwandt mit dem lateinischen manus. Das Sprichwort hätte demnach ursprünglich den Sinn: Morgenstunde hat Gold in der Hand.

Diese (nicht beweisbare) Gedankenführung ist keineswegs abwegig. Unverständliche Wörter, sei es, weil sie veraltet waren und sich nur noch in einzelnen Redensarten erhalten hatten, sei es, weil sie aus fremden Sprachen stammten, werden nachträglich gedeutet und entsprechend verändert.

Der Maulwurf wirft nicht mit dem Maul, sondern wirft Erde (molte) auf. Das Elfenbein stammt nicht von Elfen, die zwar schöne Beine haben mögen, sondern von Elefanten mit ziemlich dicken Beinen. Bein bedeutet hier auch nicht das Fortbewegungsorgan, sondern einen Knochen.

Ritter und Edelfrauen beim Tanz
Buchmalerei aus einer Bispel des Stricker
um 1470

13

Offenbar waren sich die alten Deutschen nicht darüber im klaren, von welchem Elefanteteil das Elfenbein eigentlich stammte, sonst hätten sie es doch wohl Elfenzahn getauft. Auf dem Friedhof ruhen die Verstorbenen zwar in Frieden, aber das Wort leitet sich von vride (eingehegter Raum) her. Wenn man verbleut wird, kriegt man zwar blaue Flecken, das Verb kommt jedoch vom althochdeutschen bliawan (schlagen, noch erhalten im Englischen to blow). Das Beispiel ist kein Spiel, vielmehr stammt es vom mittelhochdeutschen bispel (Gleichnis). Die Armbrust wurde zwar mit den Armen gehalten, jedoch mit ihrem Schaft nicht an die Brust, sondern an die Schulter gepreßt. Sie ist eine »Verdeutschung« des lateinischen arcuballista (Bogenschütze).

Das Murmeltier murmelt nicht, es hieß spätlateinisch murem montis (Bergmaus). Ein Renntier rennt zwar, das tun indes viele Tiere. Der »Duden« empfiehlt deshalb die Schreibung Rentier, was sich schön mit dem Rentier, der von einer Rente lebt, verwechseln läßt. Ren wurde aus dem Schwedischen übernommen und hat mit Rennen nichts zu tun. Auch das Trampeltier trampelt nicht stärker als viele andere Viecher, es wurde aus Dromedar gebildet. Die Faultiere indes heißen wirklich wegen ihrer Faulheit so.

Die Hängematte hängt man allerdings auf, aber eigentlich ist sie doch gar keine Matte, eher ein Netz. Das Wort kommt vom spanischen hamaca, das seinerseits aus einer Indianersprache entlehnt ist.

Die Fahrräder trugen anfänglich die unverständliche Bezeichnung Veloziped. Man machte daraus ein Flitzepeh. Meine Großmutter nannte die Schmerzen in ihren Muskeln Reißmertismus. Unser Feldwebel erklärte, die Muschkoten zu Menschen zu machen (indem er ihnen den Parademarsch eindrillte), sei eine wahre Syphilisarbeit.

Auch Ortsnamen werden oft auf solche Weise umgebildet oder gedeutet. Königswinter zum Beispiel heißt nicht nach der Jahreszeit, sondern nach dem Wein. Manche Sage ist auf diese Weise entstanden. Der Name des Harzortes Benneckenstein wird so erklärt, daß ein Förster sich versehentlich auf ein altes Mütterchen setzte, das vom Beerensammeln ausruhte. Die fuhr wütend auf und schrie in ihrem Dialekt: »Ben eck en Stein?«

Man hat solche naiven Erklärungen Volksetymologie genannt. Nicht ganz treffend, denn viele gewaltsame Deutungen stammen von Gelehrten, zum Teil schon von antiken. So behauptete man allen Ernstes, daß das lateinische caelebs (Junggeselle; noch erhalten in Zölibat, der Ehelosigkeit katholischer Priester) von caelum (Himmel) käme, da ein Junggeselle wie im Himmel lebt.

Zitterweh
rötet
den Gesichtserker

Wer sich einen Whisky pur bestellt, will das Destillat rein genießen, denn Wasser ist, wie der Volksmund sagt, nur eine unnütze Verzögerung des Deliriums. Purer Nonsens ist reiner Quatsch. Purgatorium heißt der vom mittelalterlichen Dichter Dante plastisch geschilderte Ort, an dem die Seelen gereinigt werden – deutsch auch Fegefeuer genannt. Abführmittel sind unter dem gelehrten Namen Purgantia bekannt, weil man früher annahm, sie reinigten den Körper.

Purist ist die Bezeichnung für jemanden, der seine Muttersprache von allen Fremdwörtern reinigen will, gleich ob sie sinnvoll oder überflüssig, eingebürgert oder unverständlich sind. Neben Neubildungen wie Zartgefühl statt Delikatesse, Einzelheit statt Detail (sämtlich von Campe vorgeschlagen), Schwerkraft statt Gravitation (von Schiller) gab es manche lächerliche Übertreibungen. Philipp von Zesen wollte zum Beispiel Nase (er glaubte das Wort käme vom lateinischen nasus) durch Gesichtserker, Fieber durch Zitterweh ersetzen. Andere Puristen forderten, die Göttinnen Venus und Flora in Lustinne und Bluminne umzutaufen. Selbst Vornamen blieben nicht verschont: Aus Salomo wurde Friedemann, aus Adam Erdmann.

Puritaner hießen ursprünglich die Verfechter einer reinen evangelischen Lehre in England im 16. und 17. Jahrhundert. Die Trennung der englischen Kirche von Rom, die Heinrich VIII. 1533 veranlaßte, um sich scheiden zu lassen und seine Geliebte Anna Boleyn heiraten zu können, ließ die Form des Kultus und die Hierarchie weitgehend unangetastet. Die Puritaner, die für weitere Veränderungen von Kirche und Staat eintraten, gerieten in heftige Konflikte mit den konservativen Kräften. Seit 1620 wanderten viele nach Amerika aus, wo sie ihre religiösen und politischen Vorstellungen in Neuengland verwirklichten.

Später engte sich der Puritanismus auf eine pharisäerhafte und frömmlerische Lebensführung ein, die mit früheren Gewohnheiten – denken wir nur an die oft recht drastische Art Shakespeares – völlig brach.

Im Sinne von Heuchelei und Prüderie wurde der Begriff puritanisch auch ins Deutsche eingeführt. Frucht puritanischer Erziehung ist die Äu-

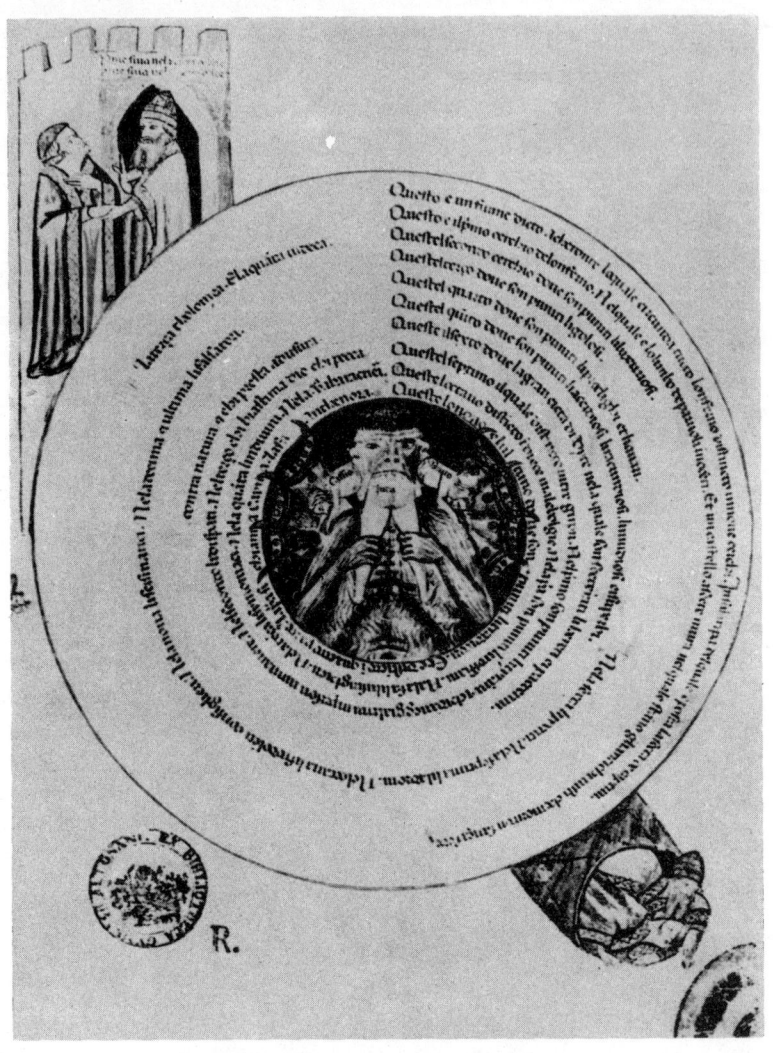

Dante Alighieri: Die göttliche Komödie
Dante und Vergil in der Hölle
in der Mitte der menschenverschlingende Luzifer
1350–1410

ßerung eines jungen Mädchens, das seiner Freundin anvertraute:
»Wenn die Leute wüßten, was ich unter dem Rock habe, würde ich mich
zu Tode schämen.«

Die Griechen und Römer waren keine Puristen. Insbesondere wim-
melt das Latein von Entlehnungen aus dem Griechischen, das späte
Griechisch von übernommenen lateinischen Wörtern. Und Puritaner
waren die Menschen der Antike wahrlich auch nicht.

Mein lieber Schwan!

Leda mit dem Schwan, seit der Antike immer wieder von Malern und Bildhauern dargestellt, erregt in Museen oder Gemäldegalerien bei den Besuchern besondere Aufmerksamkeit. Die Reaktionen des Publikums sind unterschiedlich. Während die einen so tun, als könne sie so etwas überhaupt nicht interessieren und beim Vorüberschreiten höchstens einen verstohlenen Blick auf die etwas bedenkliche Darstellung werfen, die anderen die pikante Szene mit dem sachlichen Blick des Kunstkenners ausführlich mustern, kichern die dritten ganz ungeniert und reißen sogar ihre Witze. Am häufigsten wird der Königin Leda ein Zitat aus Wagners »Lohengrin« in den Mund gelegt: »Nun sei gedankt, mein lieber Schwan!«

Die Phantasie eines Michelangelo, Rubens, Correggio, Tintoretto hat sich hier wie so oft an einem Stoff aus der antiken Mythologie entzündet. Was wäre die europäische Malerei ohne die reiche Sagenwelt der Griechen und Römer? (Und was wäre die Dichtung? könnte man hinzufügen.) Selbst das so stark religiös orientierte Mittelalter kam nicht ohne sie aus. Mit der Renaissance wird die alte Götterwelt dann zur wichtigsten Thematik der außerkirchlichen Kunst, nicht anders im Zeitalter des Barock und Rokoko. Ein Lexikon der antiken Mythologie ist deshalb ein unentbehrliches Utensil jedes Kunststudenten oder Kunstinteressierten. Der Impressionismus mit seiner radikalen Hinwendung zum Alltag schien den Göttern und Halbgöttern den Garaus gemacht zu haben, aber schon im Expressionismus feierten sie ihre Auferstehung und haben bis zur Gegenwart ihren Platz behauptet. Daß jede Generation in der alten Mythologie ihre eigenen Ideale und Probleme ausdrückt, versteht sich von selbst.

Was soll das Techtelmechtel zwischen Leda und dem Vogeltier nun eigentlich bedeuten? Leda war die Gemahlin eines Königs von Sparta, dieser Ehe entsprang die Klytämnestra. Der lüsterne Göttervater Zeus verliebte sich leidenschaftlich in die schöne Frau Leda. Er erschien ihr, wie das seine Art war, in Tiergestalt, diesmal als Schwan, und verführte sie. Leda legte später zwei Eier. Aus einem kam Kastor, aus dem anderen Pollux und Helena.

Kastor und Pollux vollbrachten heroische Taten und wurden deswegen an den Himmel versetzt – als Sternbild der Zwillinge. Helena aber wurde Anlaß einer Affäre, die als Trojanischer Krieg Griechen und Trojanern viel Leid brachte.

Wenn man eine Geschichte von ihren ersten Anfängen her erzählt, etwa die Geschichte des amerikanischen Bürgerkriegs mit Columbus beginnt, so nennt man das »vom Ei her« (lateinisch: ab ovo) berichten. Gedacht ist dabei an das verhängnisvolle Ei der Leda, dem Helena entschlüpfte. Helenas Schönheit war so einzigartig, daß sich viele Helden um sie prügelten. Sie wurde sogar gekidnapt, aber von ihren Brüdern Kastor und Pollux wieder befreit. Schließlich führte sie der König Menelaos von Sparta heim, die Ehe war jedoch, wie bekannt, nicht sehr harmonisch.

Die Liebesbeziehungen zwischen Menschen und Tieren bzw. Göttern oder Dämonen in Tiergestalt, die in den Sagen der Griechen und vieler anderer Völker, auch im Märchen so oft vorkommen, werden von manchen Gelehrten als ein Nachleben des Totemismus aufgefaßt. Sippen (Gentes) amerikanischer Indianer glaubten, daß ihr Vorfahr ein bestimmtes Tier (Adler, Schildkröte usw.) gewesen wäre. Dieses Totemtier wurde bildlich dargestellt, zum Beispiel auf den Totempfählen der Nordwestküste. Die entsprechende Tierart war in der Regel für die Angehörigen dieser Sippe unverletzlich. Die Gentilgenossen nannten sich häufig danach und erwarteten von ihr magische Hilfe. Diese Theorie wirkt bestechend, aber schlüssig beweisen läßt sich der Totemismus in Europa nicht.

Kastor und Pollux
Griechische Münze

Inselgeschichten

Das griechische Wort nesos (Insel) ist aus geographischen Begriffen geläufig. Polynesien (Gebiet der vielen Inseln), Mikronesien (Gebiet der kleinen Inseln) und Melanesien (Gebiet der schwarzen Inseln, wegen der dunklen Hautfarbe seiner Bewohner) charakterisieren jeweils bestimmte weite Bereiche des Pazifik. Die Wortfügung Indonesien (Inselindien) wurde sogar zur offiziellen Benennung eines der volkreichsten Staaten der Welt.

Im Ägäischen Meer liegt der Dodekanes (Zwölf-Inseln), ein Archipel, den Italien 1912 annektierte und bis zum Ende des zweiten Weltkrieges in seinem Besitz hatte, erst 1947 wurde er dem griechischen Mutterland zugesprochen. Chersonesos bedeutet griechisch Halbinsel. Der Thrakische Chersonesos, nördlich der Dardanellenmeerenge gelegen, wurde als Gallipoli berüchtigt. Er verdankt dies einer mörderischen Schlacht des ersten Weltkrieges. Truppen des Britischen Empire landeten 1915 hier vergeblich, um die Durchfahrt ins Schwarze Meer in die Hand der Entente zu bringen.

Der Taurische Chersonesos (nach dem Stamm der Taurier) war die Krim. Daran erinnert noch heute der Name des Kap Chersones an ihrer Südwestspitze.

Insel des Pelops, Peloponnes, heißt die große Halbinsel, die den Süden Griechenlands ausmacht. Der sagenafte Pelops war der verbrecherische Sohn des ebenso bösartigen kleinasiatischen Königs Tantalus.

In Elis, einer Landschaft der Halbinsel, hatte ein König seine Tochter dem versprochen, der ihn beim Wagenrennen besiegen würde. Die Prinzessin vergaffte sich in den schönen Pelops und bewog den Wagenlenker ihres Vaters mit Liebesversprechungen, die eisernen Pflöcke in den Achsen durch wächserne zu ersetzen. Der König verunglückte tödlich, und Pelops gewann Tochter und Königtum. Als der bestechliche Wagenlenker abkassieren wollte, wurde er von Pelops erschlagen. Dieses unfaire Wagenrennen galt den Griechen als ein Ursprung der Olympischen Spiele.

Von Tantalus und Pelops stammt das aus Sage und Tragödie bekannte Geschlecht der Tantaliden, das wegen der Untaten seiner Begründer zu immer neuen Verbrechen getrieben wurde.

Hier seien nur einige dieser Horrorgeschichten erwähnt. Atreus, ein Sohn des Pelops, beherrschte von der Burg Mykene aus den Süden des Peloponnes. Er verfeindete sich tödlich mit seinem Bruder Thyestes, als

Poseidon
Attische Schale
520—515 v. u. Z.

er dahinterkam, daß dieser ein Verhältnis mit seiner Frau hatte. Später lockte er Thyestes unter dem Vorwand der Versöhnung nach Mykene und setzte ihm Menschenfleisch zum Mahle vor.

Aus der Schilderung dieser Scheußlichkeiten darf man nun nicht etwa den Schluß ziehen, daß sie bei den Griechen gang und gäbe gewesen wären. Aber offenbar fanden Leser bzw. Zuhörer Vergnügen an diesen Schauermären, und die Dichter trugen dem Rechnung.

Söhne des Atreus, Atriden genannt, waren Agamemnon, der in Mykene, und Menelaos, der in Sparta regierte. Als Helena, die Frau des Menelaos, mit dem Trojaner Paris durchgegangen war, übernahm Agamemnon im Rachefeldzug gegen Troja den Oberbefehl über das Heer aller griechischen Könige. Aus dem Kriege nach zehn Jahren zurückgekehrt, wurde er von seiner Frau Klytämnestra und ihrem Geliebten im Bade erschlagen. Agamemnons Sohn Orest rächte den Vater, indem er seine Mutter Klytämnestra tötete.

20

Hissarlik
oder Troja?

Hat Heinrich Schliemann tatsächlich Troja gefunden? Die Frage dürfte den meisten Lesern ebenso überflüssig wie absurd erscheinen wie etwa: Ist Edison der Erfinder der Glühbirne? Jeder weiß oder glaubt zu wissen, daß vor mehr als hundert Jahren Schliemann in der Nähe der Dardanellen die von Homer in der »Ilias« besungene Stadt Troja (auch Ilion genannt) ausgrub, um die griechische Helden zehn Jahre gekämpft hatten und welche sie schließlich eroberten und zerstörten.

Die Archäologen, wenigstens viele von ihnen, sind indes davon gar nicht so überzeugt. Schliemann und spätere Ausgräber fanden natürlich kein Schild mit der Aufschrift »Troja«, sie fanden überhaupt nichts Schriftliches. Sie stießen auch nicht auf die Trümmer der verbrannten Stadt. Schliemann entdeckte zwar unter den vielen Schichten, die er anschnitt, auch eine mit Brandschutt (nach seiner Zählung Schicht II), dabei handelt es sich jedoch um die Reste einer Burganlage, nicht die einer Stadt, dazu aus dem 3. Jahrtausend v. u. Z. stammend. Sie ist also auch viel zu alt, um das homerische Troja zu sein. Schliemanns Gehilfe und Fortsetzer seines Lebenswerkes Dörpfeld bezeichnete dann Schicht VI (etwa 1500 bis 1000 v. u. Z.) als die in der »Ilias« geschilderte Stadt, sie wies jedoch keine Brandspuren auf, sondern wurde durch ein Erdbeben zerstört. Der Amerikaner Carl W. Blegen begann 1931 mit neuen Ausgrabungen, er konnte mit verfeinerten Grabungsmethoden insgesamt 46 Siedlungsschichten feststellen. »Homerisches Troja« nannte er die Schicht VII A (nach der Schliemann-Dörpfeldschen Zählung; etwa 1300 bis 1200 v. u. Z.), die zwar keine Spuren einer Zerstörung, nur eines kleineren Brandes zeigte, jedoch seiner (falschen) Auffassung nach gleichzeitig mit der Blütezeit Mykenes existiert hatte, woher ja der griechische Oberbefehlshaber Agamemnon laut Homer kam. Vom Trojanischen Krieg war also nichts festzustellen.

Aber, wird man einwenden, hat Schliemann nicht bei seinen Ausgrabungen den Goldschatz des trojanischen Königs Priamos und darin den Schmuck der Helena ans Tageslicht gefördert? Tatsache ist, daß Schliemann einen Schatz aus der Bronzezeit fand; der Bezug auf Priamos und Helena ist ganz willkürlich, allerdings mit großem Sinn für das Wirksame von Schliemann gewählt worden.

Nüchterne Tatsache ist, obwohl das manchem Homerbegeisterten mißfallen, ihn sogar schmerzen mag, daß im Ruinenhügel, der türkisch Hissarlik heißt, Zeugnisse aus vielen aufeinanderfolgenden historischen Epochen gefunden wurden. Alles andere gehört ins Reich der Phantasie.

War also demnach Schliemann ein Dilettant, ein Phantast, ein Betrüger? Viele Gegner und Feinde behaupteten das schon zu seinen Lebzeiten. Ein Betrüger war Schliemann ganz bestimmt nicht, denn er war fest überzeugt, daß man mit dem Homer in der Hand alles von diesem Dichter Geschilderte ausgraben könnte. Ein Phantast war Schliemann gewiß, aber einer von der Art, von der es viel zu wenige gibt. Sein Lebensweg, der schon oft dargestellt wurde, bietet genug Beweise dafür, daß er zwar ein exaltierter, aber vor allem doch ein genialer Mensch war. Schon wie er als Sohn eines wegen Suff und »Liederlichkeit« aus dem Amt gejagten Pastors, der sich kaum um ihn kümmerte, als Autodidakt eine hervorragende sprachliche Bildung erwarb (er beherrschte mehrere Dutzend Sprachen), wie er aus bitterster Armut sich zum Millionär emporarbeitete und -spekulierte, zeigt ein kaum zu überbietendes Maß an Zielstrebigkeit, ja Besessenheit. Im reifen Mannesalter widmete sich Schliemann seinen Jugendträumen. Der Millionär studierte in Paris, promovierte in Greifswald und begann dann auf eigene Kosten eine großangelegte Ausgrabung, wie es sie bis dahin nicht gegeben hatte. Wäre Schliemann nicht von der Idee besessen gewesen, die Spuren der alten Helden im Ruinenschutt finden zu können, hätte er sich schwerlich dieser kostspieligen und gesundheitsschädigenden Aufgabe gewidmet, hätte er kaum derartige Energie zur Überwindung widriger Umstände, besonders der Schikanen der türkischen Militärbürokratie, aufgebracht.

Als Dilettanten kann man Schliemann nur vom Standpunkt der heutigen Archäologie und ihrer überaus verfeinerten, geradezu kriminalistischen Methoden betrachten. Historisch gesehen war er ein Bahnbrecher der wissenschaftlichen Ausgrabung.

Der Ruinenhügel von Hissarlik war viele tausend Jahre hindurch bewohnt gewesen. Jede Generation hatte den Berg mit einer neuen Schicht von Abfällen sowie mit dem Schutt eingestürzter Gebäude erhöht. Und die jeweils nachfolgende Generation hatte darauf lustig weiter gehaust. Im Schutt einer solchen Siedlung finden sich Tausende zerbrochener Werkzeuge, verlorene Gegenstände, versteckte Schätze, vor allem aber Scherben von Tongeschirr. Diese Keramikscherben, nicht die Goldschätze, sind für die Wissenschaft das Wertvollste. Aus ihnen läßt sich der Wechsel der Kultur und oft auch der Bevölkerung rekonstruieren; sie erlaubt die besten Vergleiche mit anderen Fundorten.

Apotheose des Homer
Marmorrelief von einer Stele des Archelaos
4. Jahrhundert v. u. Z.

23

Man kann einen solchen Ruinenhügel durchschneiden wie eine Torte, die verschiedenen Tortenschichten erkennen und die Rosinen herauspolken. Heute bezeichnet man diese Methode als Stratigraphie (lateinisch: stratum = Schicht). Zu ihrer Entwicklung haben viel die Grabungen Schliemanns und Dörpfelds in Hissarlik beigetragen.

Nebenbei gesagt, kommt unser Wort Straße letztlich vom lateinischen stratum, das auch Pflaster bedeutete, nämlich von strata via (gepflasterter Weg).

Schliemann stieß in »Troja« in eine historische Epoche vor, die man bis dahin vorwiegend für ein Gebilde poetischer Vorstellungskraft gehalten hatte, nämlich in die sogenannte Heroenzeit, die man heute nüchtern als Bronzezeit bezeichnet. Und so war er doch irgendwie in das Zeitalter des »Trojanischen Krieges« gelangt.

Der erfolgreiche Ausgräber Schliemann setzte auch in Mykene bei den Feinden der Trojaner den Spaten an. Was er hier fand, war nicht weniger abenteuerlich. Auf einem Berg lag ein aus gewaltigen Steinen aufgetürmter Palast. Diese Bauweise nennt man kyklopisch, weil die mächtigen Wände wie von Riesen aufgetürmt wirken. Die Kyklopen (Rundaugen), auch Zyklopen genannt, waren ein Geschlecht einäugiger Riesen, dessen bekanntester Vertreter der in der »Odyssee« geschilderte Polyphem ist. Ältere Leser erinnern sich vielleicht noch der Zyklopenbrühe, so nannten wir eine Suppe, aus der nur ein (Fett-)Auge herausblickte.

Besonders ergiebig waren die zahlreichen Grabanlagen, die den Palast umgaben. Schliemann buddelte auch hier wieder einen Schatz aus und bezeichnete die Anlage, die er nicht als Grabbau erkannte, nach bewährter Methode als »Schatzhaus des Atreus«. Die goldene Totenmaske eines mykenischen Fürsten wurde »Maske des Agamemnon« benannt usw.

In unseren Tagen konnten britische Archäologen in Sparta, der Heimat des Sagenhelden Menelaos, umfangreiche Bauwerke etwa gleichen Alters freilegen. Andere Forscher, die seit 1950 in Mykene arbeiteten, bargen dort Tontäfelchen mit Schriftzeichen. Handelt es sich um den Küchenzettel des Königs Atreus für seinen lieben Bruder, um die Liebesbriefe der Klytämnestra oder um das Tagebuch Orests? Schliemann hätte sicher auch auf diese Frage eine Antwort gefunden.

Des Meeres und der Liebe Wellen

Seefahrender Dionysos mit Delphinen
Attische Schale des Exekias
6. Jahrhundert v. u. Z.

Das Ionische Meer im Westen Griechenlands ist, der Sage gemäß, nach der schönen Io benannt. Zeus warb um die Gunst dieser jungfräulichen Priesterin, wurde aber von ihr zurückgewiesen. Da umhüllte er sie als dunkle Wolke und verführte so das benebelte Mädchen. Hera, die Gattin des Zeus, sah die nicht in die allgemeine Wetterlage passende meteorologische Erscheinung und vermutete sofort das Richtige. Um ehelichen Auseinandersetzungen auszuweichen, verwandelte Zeus, als Hera herbeieilte, Io in eine weiße Kuh. Die gescheite Hera durchschaute den Trick, ließ sich das Tier von Zeus zum Geschenk machen und beauftragte Argus damit, die Nebenbuhlerin zu überwachen.

Argus hatte hundert Augen, die ihn kreisförmig umgaben. Wenn ein Teil von ihnen schlief, blickten die anderen nach allen Richtungen. Zeus aber sandte Hermes (Merkur), um Io zu befreien. Dem gelang es, mit seinem Flötenspiel den Mißtrauischen einzuschläfern. Dann hieb er ihm den Kopf ab.

Nun schickte Hera eine Bremse, welche die Kuh mit ihren Stichen quälte. Das wutentbrannte Rindvieh galoppierte über Land und See. Dabei durchquerte es auch das Meer zwischen Griechenland und Italien, das nach ihr seinen Namen erhielt.

Das Ägäische Meer im Osten Griechenlands verdankt dem attischen

König Ägeus seinen Namen. Attika, so wurde erzählt, mußte dem König Minos von Kreta alljährlich Jungfrauen und Jünglinge schicken, die dem Ungeheuer Minotauros zum Fraße vorgeworfen wurden. Schließlich sandte Ägeus seinen Sohn Theseus mit einem solchen Tribut nach Kreta, um das Monster zu töten. Würde er Erfolg haben, sollte das zurückkehrende Schiff weiße Segel setzen, käme es ohne Theseus zurück, schwarze. Theseus gelang es, mit Hilfe der kretischen Prinzessin Ariadne, die für ihn entflammte, den Minotaurus zu besiegen. Allerdings mußte er unterwegs die Geliebte auf der Insel Naxos zurücklassen. In seinem Kummer vergaß Theseus, die schwarzen gegen weiße Segel auszutauschen, und Vater Ägeus stürzte sich, ohne die Ankunft des Schiffes abzuwarten, verzweifelt ins Meer.

Theseus verließ Ariadne, die ihm und seinen Gefährten auf Kreta das Leben gerettet und Athen von einem fürchterlichen Tribut befreit hatte, nicht, weil er ihrer überdrüssig geworden wäre. Über seine Beweggründe gibt es verschiedene Sagentraditionen. Die eine erzählt, daß der Gott Dionysos (Bacchus), der Ansprüche auf Ariadne zu haben glaubte, ihn nötigte, aus Naxos schleunigst ohne die Heißgeliebte abzureisen. Eine andere Überlieferung berichtet, daß die Gefährten des Theseus diesen zwangen, Ariadne auf der Insel zu lassen, weil sie fürchteten, daß die Wut der Athener sich gegen die Kreterin ungeachtet ihrer Verdienste wenden würde. In beiden Fällen wird Ariadne die Gefährtin des Weingottes Dionysos.

Die Darstellung des Ariadnemythos als reine Liebesgeschichte, wie sie von Hoffmannsthal im Libretto zur bekannten Strauss-Oper vorgenommen wurde, ist erst eine neuzeitliche Interpretation.

Theuseus tötet den Minotauros
Attische Schale
6. Jahrhundert v. u. Z.

Im Labyrinth
der Weiberherrschaft

Schliemann war in Troja und Mykene sicherlich auch vom Glück begünstigt. Nur einmal hat ihn Fortuna verlassen. Mit sicherem Instinkt witterte der erfahrene Ausgräber, daß auf der sagenumwobenen Insel Kreta wertvolle archäologische Entdeckungen zu erwarten waren. Er bemühte sich, in Knossos Grund und Boden zu erwerben, auf dem Reste uralter Bauwerke zu erkennen waren. Der Besitzer des Geländes zögerte jedoch den Verkauf immer wieder hinaus und erhöhte von Mal zu Mal seine Geldforderungen, bis dies dem haushälterischen Schliemann über die Hutschnur ging und er an den ganzen Unternehmen die Lust verlor.

Nach Schliemanns Tode kaufte ein britischer Altertumsforscher, Sir Arthur Evans, das Territorium. Die Ausgrabungsergebnisse stellten die von Troja und Mykene weit in den Schatten. Auf Kreta, so zeigte sich, hatte eine hochentwickelte, ganz eigenständige Kultur geblüht – und das durch mehrere Jahrtausende (3. und 2. Jahrtausend v. u. Z.). Evans nannte sie nach dem König Minos der Sage minoische Kultur.

Weitläufige Paläste mit einzigartigen Wandmalereien, Kleinodien, die von hohem Geschmack zeugten, künstlerisch gestaltete Vasen von erstaunlicher Schönheit und Vielfalt wurden von Evans und späteren Ausgräbern ans Tageslicht gebracht. Fundstücke, die aus Ägypten stammten, erlaubten die zeitliche Festlegung der verschiedenen Schichten. Die minoischen Inschriften auf Siegeln und Tontäfelchen (in drei verschiedenen, zeitlich aufeinanderfolgenden Schriften) waren nicht zu lesen. Allerdings stimmt die jüngste von ihnen (Linear B genannt) mit den in Mykene gefundenen Schriftzeugnissen überein. Der enge Zusammenhang zwischen dem minoischen Kreta und dem alten Mykene war ohnehin auf den ersten Blick zu erkennen. Viele der von Schliemann aus den Gräbern geborgenen Schmuckstücke waren offenbar Import aus Kreta. Nach und nach wurde sichtbar, daß in alter Zeit das ganze griechische Festland unter minoischem Kultureinfluß gestanden hatte, zeitweise wohl sogar direkt untertan gewesen war.

Das würde auch die Erzählung von der Fahrt des athenischen Helden Theseus nach Kreta erklären. Sie wäre eine Erinnerung an einen Tribut an Menschen, den die Athener zollen mußten. Die verwirrenden Gebäude, die einem hinterwäldlerischen Athener als Irrgarten erschienen, und die göttliche Verehrung des Stieres, von der die Archäologen zahl-

Priesterin mit Schlangen
Fayence aus Knossos, mittelminoisch
1600–1580 v. u. Z.

reiche Darstellungen fanden, hätten den Mythos vom Labyrinth und dem Minotauros erzeugt.

Das heilige Zeichen des Stieres war die Doppelaxt (Labrys), in Knossos besonders häufig verwendet, von der sich wohl das Wort Labyrinth herleitet. Sein Architekt war, wie die Sage erzählt, Daidalos (griechisch: Künstler). Als König Minos ihn gewaltsam auf Kreta zurückhielt, konstruierte er Flügel aus Wachs und Federn und flog gemeinsam mit seinem Sohn Ikarus davon. Trotz väterlicher Warnung kam Ikarus der Sonne zu nahe, das Wachs schmolz, und Ikarus stürzte ab. Das Ägäische Meer, in dem er umkam, wurde deshalb auch Ikarisches Meer genannt. Im Jahre 1840 veröffentlichte Etienne Cabet einen utopischen Roman »Die Reise nach Ikarien«. Danach bezeichnete sich eine in Frankreich zeitweise ziemlich verbreitete Strömung des utopischen Sozialismus als Ikarier. Daidalos war der Sage nach auch ein berühmter Bildhauer. Die Kunsthistoriker benannten deshalb eine bestimmte Stilepoche der frühen griechischen Plastik nach ihm »daidalisch«. Sie zeichnete sich vor allem durch Monumentalität aus. Allerdings gehört sie ins 7. Jahrhundert v. u. Z., während der Palast von Knosses im 20. Jahrhundert v. u. Z. errichtet wurde. Dieser Widerspruch erklärt sich dadurch, daß der Ausdruck Daidalische Plastik eingeführt wurde, als man von den Herrlichkeiten minoischer Kunst noch nichts ahnte.

Die Kreter beherrschten in ihrer Blütezeit nicht nur Griechenland, sondern besaßen an vielen Küsten des Mittelmeeres, zum Beispiel in Kleinasien und Syrien, Stützpunkte und Faktoreien. Sie nutzten ihre günstige geographische Lage, um ein Handelsimperium zu errichten: Auch Italien wurde regelmäßig von kretischen Schiffen angesteuert, offenbar ebenfalls Libyen. Kunstgegenstände aus Straußeneiern und Elfenbein in den Palästen wiesen auf ferne Ursprungsländer hin. Die minoischen Kreter waren gute Rechner, sie besaßen ein Dezimalsystem und verwendeten Brüche, wie die Tontäfelchen zeigen, die großenteils wirtschaftliche Belege sind.

Seit etwa 1500 v. u. Z. liefen allerdings Mykene und andere Siedlungen auf dem griechischen Festland Kreta den Rang im Handel ab. Schließlich ist Kreta sogar von den Mykenern erobert und beherrscht worden.

1952 legte der britische Gelehrte Ventris eine Entzifferung der Linear-B-Schrift vor, die nach seiner Meinung in einem altertümlichen Griechisch verfaßt war. Jedoch fand dies keine allgemeine Zustimmung in der Wissenschaft und blieb bis heute strittig.

Auffällig ist, daß in Kreta in der Kunst, und die ist ja vorläufig die einzige Quelle für solche Probleme, fast ausschließlich Frauen als Herrscher oder Priester dargestellt sind. Man nimmt an, daß hier die Frauen in Gesellschaft und Staat die führende Rolle innehatten, ein Zustand, den man als Matriarchat (Mutterherrschaft) oder Gynäkokratie (Frauenherrschaft) bezeichnet. Matriarchalische Verhältnisse wurden von Forschungsreisenden bei asiatischen und afrikanischen Stämmen angetroffen, Überreste einer solchen Ordnung gab es in Brauch und Religion bei vielen Völkern, gerade im Mittelmeergebiet und in Vorderasien. Es wird von einem Teil der Gelehrten angenommen, daß das Matriarchat allgemein dem Patriarchat (Vaterherrschaft) vorausging, oder mindestens, daß den frühen Pflanzenbaukulturen die Vorherrschaft der Frau eigen war.

Einzelheiten über die Weiberherrschaft in Kreta sind nicht bekannt. Gerade dies reizte zur wollüstigen Ausmalung in Romanen, die mit der Wirklichkeit nicht viel gemein hat, aber auf die masochistischen Gefühle mancher Leser spekuliert. Der psychiatrische Begriff Masochismus stammt übrigens nicht aus der Antike, sondern ist nach dem Namen des österreichischen Schriftstellers Leopold von Sacher-Masoch (1836 bis 1894) gebildet, der in seinen Romanen mit Vorliebe darstellte, wie Männer von Frauen gedemütigt und mißhandelt werden.

Kretischer Reiterfries
Prinias, dädalischer Stil
7. Jahrhundert v. u. Z.

Vom Gold zum Eisen
oder
vom Stein zur Plaste?

Man nennt die Periode Goethes, Schillers, Herders oft das Goldene Zeitalter der deutschen Dichtung, die Zeit von Calderón und Lope de Vega das Goldenen Alter des spanischen Dramas. So unterscheidet man auch eine Goldene (Cicero, Cäsar, Vergil, Horaz) und eine Silberne Latinität (Martial, Seneca, Tacitus) in der römischen Literatur.

In der Antike war die Vorstellung von aufeinanderfolgenden Zeitaltern, die nach Metallen bezeichnet wurden, sehr verbreitet. Wir finden sie unter anderem in der Dichtung »Werke und Tage« des Griechen Hesiod. Am Anfang war das Goldene Zeitalter. Alle lebten wie Götter »ganz ohne Betrübnis«. Die Feldfrüchte wuchsen von selbst, die Herden vermehrten sich. Dem folgte ein Silbernes Weltalter, in dem Streit und Hader begannen, dann ein ehernes (bronzenes). »Damals war alles aus Bronze: Waffen, Ackergerät, sogar die Häuser.« Schließlich lebt ein eisernes Volk, weder am Tag noch in der Nacht findet es Ruhe vor Arbeitslast und Leid. Väter und Kinder, auch die Geschwister stehen sich als Feinde gegenüber.

Anlaß für solche Geschichtsbetrachtung gab wohl die Auflösung einer festgefügten, vornehmlich noch auf Verwandtschaftsbanden beruhenden Gesellschaft. Hesiod sieht diese Folge der Weltalter nicht absolut pessimistisch, wie man behauptet hat, denn er wünscht sich, daß er entweder früher oder später als in seinem eisernen Zeitalter leben dürfte, glaubte also an eine kommende bessere Zeit. Auch ist ja der optimistische Mythos von Prometheus in Hesiods »Theogonia« enthalten.

Man streitet nach wie vor darüber, ob man zur Zeit Hesiods (um 700 v. u. Z.) wußte, daß dem eigenen Zeitalter, in dem Waffen und Geräte aus Eisen waren, eine Epoche voranging, in der alles aus Bronze gegossen war. Eine solche Vermutung läßt sich nicht von der Hand weisen, denn in Homers »Ilias« wird fast nur Bronze, kaum Eisen erwähnt. Wußte man dies noch aus lebendigen Traditionen, oder war man vielleicht bei der Suche nach Schätzen auf bronzezeitliche Hinterlassenschaften gestoßen?

Daß Werkzeuge aus Stein, Bronze und Eisen wichtige Abschnitte der Menschheitsentwicklung charakterisieren, erkannte man in der ersten

Hälfte des 19. Jahrhunderts. Diese grobe Einteilung wurde inzwischen sehr verfeinert. Man unterschied zunächst Altsteinzeit (Paläolithikum) und Jungsteinzeit (Neolithikum). Das Paläolithikum teilte man in mindestens zwei große Epochen ein: das Altpaläolithikum, das die Zeit der Menschwerdung umfaßt (also mehrere Millionen Jahre währte), und das Jungpaläolithikum (seit etwa 70 000 v. u. Z.), aus dem die französischen und spanischen Höhlenmalereien am populärsten sind.

Zwischen Neolithikum und Bronzezeit setzte man die Kupfersteinzeit (Chalkolithikum) als Übergang an. Der größte Teil der altägyptischen und babylonischen Geschichte (bis etwa 1200 v. u. Z.) fällt in die Bronzezeit. Die Erforschung der Bronzezeit Griechenlands und des ägäischen Raumes wurde mit Schliemanns Ausgrabungen in Troja und Mykene eingeleitet.

Neolithikum, Bronzezeit und Eisenzeit umfassen in verschiedenen geographischen Gebieten verschiedene Zeiträume. So dauerte das Neolithikum im Vorderen Orient etwa vom 8. bis 4. Jahrtausend v. u. Z., auf dem griechischen Festland vom 6. bis 3. Jahrtausend, an Nord- und Ostsee vom 2. bis ins 1. Jahrtausend. Manche Völker lebten bis ins 19. Jahrhundert noch in der Steinzeit, so zum Beispiel die Stämme Neuguineas. Auch die Bronzetechnik, die seit etwa 3000 v. u. Z. in Mesopotamien festzustellen ist, etwas später in Ägypten und am Indus, breitete sich von diesen Zentren allmählich aus und erreichte zum Beispiel Skandinavien erst um 1000 v. u. Z.

Die Rohmaterialien für die Bronze (Kupfer und Zinn oder Silber) zu beschaffen war ziemlich schwierig. Sie kamen nur an wenigen Stellen vor, und Expeditionen in diese Gebiete waren so aufwendig, daß sie anfangs nur entwickelte Gemeinwesen aussenden konnten, zum Beispiel die Mesopotamier, Ägypter oder die minoischen Kreter. Oft mußten zur Gewinnung des Erzes von den Vertretern dieser Hochkulturen erst Bergwerke angelegt werden, so zum Beispiel die ägyptischen Kupferbergwerke auf dem Sinai und im Süden Palästinas. Deshalb war die Bronzezeit im Prinzip durch eine relativ starke Überlegenheit der größeren Staatswesen über die umwohnenden Stämme geprägt, obwohl es auch damals öfter vorkam, daß die Barbaren einen entwickelten Staat eroberten. Das änderte sich grundlegend, als die Eisentechnik im östlichen Kleinasien und im Kaukasusgebiet erfunden war. Eisen konnte relativ einfach gewonnen und zu Waffen und Werkzeugen verarbeitet werden. Deshalb wurden viele entwickeltere Kulturen, die vor allem auf der Bronzetechnik beruhten, in der Zeit von 1200 v. u. Z. überrannt, so auch die mykenische auf Kreta und in Griechenland. Orientalische Staaten,

Höhlenmalerei
Altamira, Spanien
Jungpaläolithikum

zum Beispiel das Hethiterreich, verschwanden gänzlich oder mußten schwer um ihre Existenz kämpfen wie Ägypten.

Die Eisenzeit währt nun schon drei Jahrtausende. Vielleicht werden einmal zukünftige Archäologen oder Historiker feststellen, daß sie in unseren Tagen von einer Plastezeit abgelöst wurde.

Man darf die Bedeutung des Materials, aus dem Waffen und Werkzeuge entstanden, nicht verabsolutieren. So war in den mittelamerikanischen Kulturen (Maya, Azteken usw.) die Bronze bis zur spanischen Eroberung unbekannt, trotzdem wurden in diesen Ländern bewunderungswürdige kulturelle Leistungen vollbracht. Die Werkzeuge bestanden dort meist aus dem messerscharfen Obsidianstein. Das Werkzeugmaterial ist nur ein Faktor, wenn auch ein sehr wichtiger, innerhalb der Produktionstechnik.

Säulenordnungen und Stämme

Um 1800 und in den Jahrzehnten danach schloß sich die Architektur in Deutschland besonders eng an antike Vorbilder an. So ist zum Beispiel das Brandenburger Tor in Berlin den Propyläen der Athener Akropolis nachempfunden. Diese klassizistischen Bauten verwenden meist mit großer Treue die verschiedenen Säulenordnungen Griechenlands.

Die strenge dorische Säule steht direkt auf dem Boden des Gebäudes, das Kapitell (der Kopfteil) wird von einer schlichten quadratischen Deckplatte abgeschlossen. Die schlankere ionische Säule ruht auf einer Basis, ihr Kapitell hat zwei ausladende Voluten, die ihre elegante, schwungvolle Form unterstreichen. Die korinthische Säulenordnung, die von der altäolischen herkommt, ist vor allem am reichlichen Pflanzenornament des Kapitells zu erkennen. Diesen klassischen griechischen Säulenformen gehen vielfältige und zum Teil sehr schöne ägyptische, vorderasiatische und minoische Säulen voraus, die aber in der modernen Kunst nur gelegentlich nachgeahmt werden.

Die dorische und die ionische Ordnung, die erste um 600 v. u. Z. auf dem Peloponnes, die zweite vor 500 v. u. Z. in Kleinasien entstanden, heißen nach zwei griechischen Hauptstämmen und werden auch gern benutzt, um deren verschiedenen Charakter zu versinnbildlichen: den herben dorischen und den fröhlichen ionischen. Das ist ein hübscher Vergleich, aber natürlich auch nicht mehr.

Nach griechischer Auffassung gab es vier Hauptstämme: Dorer, Ionier, Äolier und Achäer. Sie sind nacheinander in Griechenland eingewandert, wo sie sich mit einer fremden Bevölkerung, meist als Pelasger bezeichnet, vermischten und deren höhere Kultur zum Teil übernahmen. Die letzte Einwanderungswelle waren die Dorer, welche einen großen Teil der Ionier, aber auch der Äolier über das Ägäische Meer an die kleinasiatische Küste verdrängten. Die Dorer eroberten vor allem einen Teil des Peloponnes und setzten nach Kreta über. Damit rissen viele kretisch-mykenische Traditionen ab. Die Achäer lebten weiter auf der peloponnesischen Halbinsel, vor allem in ihrem Norden. Auf dem Festland konnten sich Ionier vor allem auf der Halbinsel Attika behaupten.

Im griechischen Kleinasien blühte die Kultur nach der Wanderungszeit zuerst wieder auf, wozu auch der Kontakt mit benachbarten klein-asiatischen Völkern beitrug. Hier entstanden »Ilias« und »Odyssee«. Hier entwickelte sich die ionische Naturphilosophie.

In der ionischen Stadt Milet lebte der weise Thales, der nicht nur durch den ihm zugeschriebenen Satz über das rechtwinklige Dreieck be-rühmt ist. Den Griechen galt er als der erste Philosoph, denn er war der Meinung, daß alles aus einem Urstoff, dem Wasser, bestünde. Man hat die Auswahl gerade des Wassers als Urstoff darauf zurückführen wollen, daß Milet eine Stadt der Schiffahrt und des Seehandels war und sozusa-gen vom wäßrigen Element lebte.

Nach solcher Denkweise wäre Anaximenes, ebenfalls ein Milesier, der aber die Luft als Urstoff bezeichnete, wohl durch das Segeln, wenn nicht gar durch den Luftverkehr zu dieser Ansicht gekommen. Ihr Landsmann Anaximandros entging solchen primitiven Deutungen. Er hat den Urstoff »arché« genannt und als ewig, unbegrenzt und un-veränderlich bezeichnet.

Im ionischen Ephesos wirkte Heraklit, der mit seiner Erkenntnis vom ewigen Wandel der Dinge gleichfalls ein Bahnbrecher philosophischen Denkens wurde. In Ionien entstand wahrscheinlich das früheste griechi-sche Alphabet. Auch Athen verdankte den als nahe verwandt betrachte-

K. F. Schinkel: Schauspielhaus Berlin
Architektonische Entwurfszeichnung

35

Parthenon:
Tempel der Athene auf der Akropolis
447–438 v. u. Z. von Iktinos erbaut

ten Ioniern viele Anregungen. Die ionischen Staaten bildeten einen Zwölferbund um den Poseidontempel auf der Insel Delos. In einem ähnlichen Städtebund hatten sich die Äolier vereinigt.

Der Name der Ionier hat weder mit dem Ionischen Meer, das ja weit von ihnen entfernt lag, noch mit der schönen Io, die von Hera in eine Kuh verwandelt wurde, etwas zu tun. Die Ionier führten ihre Herkunft auf einen mythischen Stammvater Ion zurück, ähnlich die Äolier auf einen Aiolos. Dieser ist mit dem aus der Odyssee bekannten Gott der Winde, der die verschiedenen Sorten der Luftbewegung in einer Höhle in Schläuchen aufbewahrt, nicht gleichzusetzen. Die Äolischen Inseln westlich von Sizilien (am bekanntesten Volcano und Stromboli), heißen nach dem Windgott.

Daß Gestalten wie Ion, Aiolos, Pelops aus dem Bestreben entstanden sind, unverständlich gewordene Bezeichnungen von Ländern und Völkern zu erklären, ist wohl selbstverständlich. An solchen Figuren setzten sich allmählich mythische Motive fest, und so entstanden im Laufe der Zeit umfangreiche Sagenkreise.

Im 6. Jahrhundert wurden die ionischen und die übrigen griechischen Städte an der kleinasiatischen Küste vom persischen Großkönig unterworfen. Im Jahre 494 v. u. Z. erhoben sich die Ionier, von Athen und einigen anderen Staaten unterstützt, zu einem Aufstand, der mit einer Niederlage endete. Der Ionische Aufstand leitete die Epoche der Perserkriege ein, in denen die Perser versuchten, alle griechischen Staaten ihrer Herrschaft untertan zu machen.

Die Geschichte des Aufstands hat Herodot, der später als Vater der Geschichtsschreibung bezeichnet wurde und selbst ein Ionier aus Halikarnassos war, anschaulich und mit vielen Details geschildert. Dafür ein Beispiel: Histiaios, einer der Großen Ioniens, der den Aufstand vorbereitete, wurde von den Persern genötigt, sich am Hofe des Großkönigs aufzuhalten. Dort kam er zu der Einsicht, daß es für die Ionier höchste Zeit wäre loszuschlagen. Er wagte nicht, einen Brief zu schreiben, weil alle Straßen von der persischen Polizei streng kontrolliert wurden. Histiaios ließ einen treuen Sklaven kahl scheren und schrieb seine Botschaft auf dessen Glatze. Als das Haar nachgewachsen war, schickte er den Diener mit der Weisung ab, sich in Milet zu melden und sich das Haar schneiden zu lassen. Die Botschaft wurde so tatsächlich unbemerkt übermittelt.

Die Stämme sprachen verschiedene Dialekte. Je nachdem, wo sich ein Literaturgenre zuerst entwickelt hatte, wurde in der Regel von allen Griechen der entsprechende Dialekt dafür benutzt. Die homerischen Epen waren in einer Ionisch-äolischen Mischung verfaßt, die auch in der Folge Sprache des Epos blieb. Im äolischen Dialekt schrieb die aus Lesbos stammende Sappho ihre Gedichte an schöne junge Mädchen. Chorlyrik wurde in dorischer Mundart verfaßt. In der Prosa, dann auch in Tragödie und Komödie, war der attische Zweig des Ionischen führend, der allmählich zur vorbildlichen Norm für das Griechische überhaupt wurde. Man stelle sich vor, daß bei uns alle Erinnerungen an Einkerkerungen plattdeutsch abgefaßt würden, weil Fritz Reuter sein Werk »Ut mine Festungstid« in diesem Dialekt schrieb. Allerdings gab es in der venezianischen Commedia dell'arte des 18. Jahrhunderts etwas entfernt Vergleichbares. Hier mußte jede der standardisierten Personen eine bestimmte italienische Mundart sprechen. Der geizige Herr Pantalone sprach venezianisch, der dumme Zanni bergamaskisch, der Doktor bolognesisch, der bramarbasierende Hauptmann neapolitanisch.

Kriegserklärung
an
die Heloten

Leichenbergung nach der Schlacht
Trinkschale aus Sparta

Als Verkörperung dorischer Tapferkeit, Genügsamkeit und Nüchternheit galten allezeit die Spartaner, bei denen diese Eigenschaften auf die Spitze getrieben schienen. Sparta, in der Landschaft Lakonien gelegen, wurde zur führenden Macht auf dem Peloponnes. Die meisten dortigen Staaten wurden, zum Teil wider ihren Willen, in einem Peloponnesischen Bund unter spartanischem Kommando vereint. An der Abwehr der Perser hatte Sparta großen Anteil. Im langen und schweren Peloponnesischen Krieg gegen Athen (431 bis 404 v. u. Z.) errang Sparta den Sieg, aber schließlich unterlag es den Thebanern (371 v. u. Z.).

Im Altertum waren viele Anekdoten über die Wortkargheit der Spartaner, aber auch über ihre Fähigkeit, sich kurz und treffend zu äußern, im Umlauf.

Im Jahre 490 v. u. Z. forderten Beauftragte des persischen Großkönigs von Sparta Erde und Wasser als Zeichen der Unterwerfung. Die Spartaner warfen die persischen Büttel mit dem Rufe: »Da habt ihr beides!« in den nächsten Brunnen. Zehn Jahre später stand ein kleines spartanisches Heer bei den Thermopylen in Mittelgriechenland einer ungeheuren persischen Übermacht gegenüber. Der persische Feldherr forderte die Spartaner auf, die Waffen abzuliefern. Ihre Antwort war: »Komm, und hole sie!« Der persische Parlamentär drohte daraufhin großsprecherisch, die Pfeile der Perser würden den Himmel verfinstern. »Desto besser, so werden wir im Schatten fechten«, lautete die lakonische Antwort. So jedenfalls berichten Plutarch und andere Historiker, die allerdings viele Jahrhunderte später lebten, und da sie niemals selbst Soldat waren, sich für kernige Soldatenworte leicht begeistern konnten. So soll nach dem Zeugnis patriotischer Historiker ja auch der General Cambronne, bei Waterloo 1815 zur Kapitulation aufgefordert, den klassischen Satz gesagt haben: »Die Garde stirbt, doch sie ergibt sich nicht!« Übrigens starb er erst 1842 als Pensionär im Alter von 72 Jahren. Nach einer anderen Version äußerte er etwas als »mot de Cambronne« (Ausspruch von Cambronne) noch viel klassischer Gewordenes, das im Französischen dasselbe bedeutet wie im Deutschen die Zumutung aus »Götz von Berlichingen«.

Auch bei der Schilderung der sprichwörtlichen spartanischen Lebensweise haben die Geschichtsschreiber sicherlich in manchen Punkten etwas dick aufgetragen. Bestimmt war die Kost der spartanischen Sklavenhalter nicht so mager, wie das berichtet wird. Bei ihren gemeinsamen Mahlzeiten auf dem Markt von Sparta, den Syssitien, soll vorwiegend die »schwarze Suppe«, eine Art Eintopf aus Schweineblut, gereicht worden sein. Man darf die Frage stellen, wer eigentlich die Bratenstücke bekam, wenn die Spartiaten nur das Blut verwendeten.

Tatsache aber ist, daß das ganze Trachten der herrschenden Schicht in Sparta auf Krieg und Eroberung gerichtet war. Sparta war deshalb zu allen Zeiten ein Idol kriegslüsterner Militärs. Die Spartaner waren im Zuge der Dorischen Wanderung um 1100 v. u. Z. in Lakonien eingedrungen und hatten die Einwohner unterjocht, die Heloten genannt wurden. Alles Land wurde gemeinsames Eigentum der Spartaner. Die Heloten, die es bebauten, mußten die Hälfte der Erträge an ihre Herren abliefern. Um sich gegenüber der großen Mehrheit der Ausgebeuteten behaupten zu können, standen die spartanischen Sklavenhalter ständig unter Waffen. Kriegsübungen waren von Kindheit an ihre wichtigste Beschäftigung. Besonders die Jugend wurde zu Härte und Grausamkeit erzogen. Die geistige Ausbildung war auf ein Minimum beschränkt.

Jedes Kind eines Spartiaten mußte den Ältesten vorgelegt werden. War es wohlgestaltet und kräftig, so befahlen sie seine Aufzucht, war es

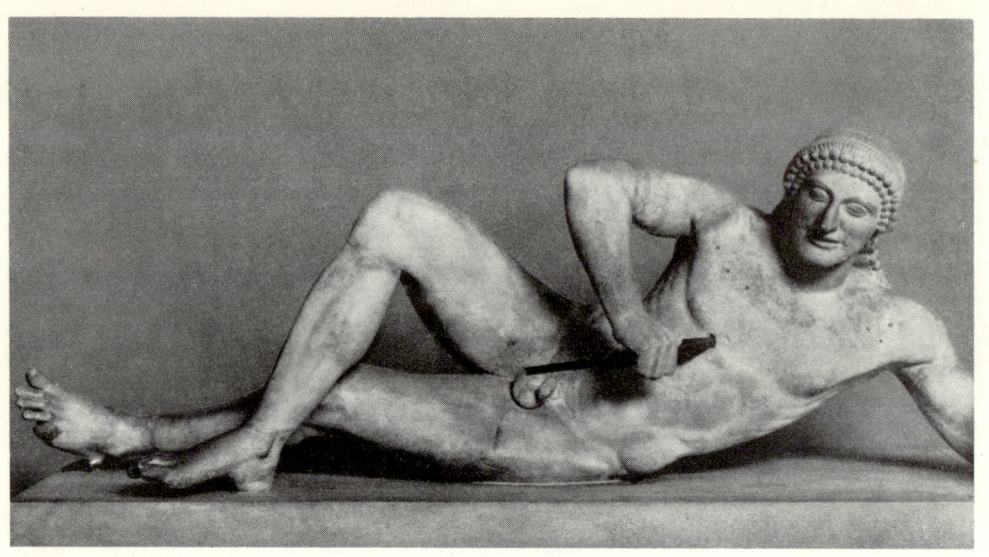

Sterbender Krieger
Giebelfigur vom Aphaiatempel in Aigina
490–480 v. u. Z.

schwach oder gar mißgestaltet, dann mußte es in eine dafür bestimmte Schlucht geworfen werden. Die Kinder wurden gemeinschaftlich erzogen. Zur Abhärtung mußten sie barfuß und in unzulänglicher Kleidung gehen. Sie wurden, wie Plutarch schreibt, gezwungen, Essen zu stehlen, um sie zur List im Kriege zu erziehen. Bestraft wurden nur die, welche sich dabei erwischen ließen.

Junge Leute wurden, nur mit einem Dolch bewaffnet, ausgeschickt, um Heloten zu überfallen und umzubringen. Formell wurde von den Ephoren, spartanischen Beamten, bei ihrem Amtsantritt den Heloten der Krieg erklärt. Andererseits mußten diese als Leichtbewaffnete an den Feldzügen der Spartiaten teilnehmen.

Im Krieg gegen Athen hatte sich eine Anzahl Heloten durch Tapferkeit ausgezeichnet. Nach der Rückkehr aus dem Felde wurden sie festlich bekränzt in die Tempel geführt, wie sie glaubten, um ihre Freiheit zu erlangen. Man sah sie nie wieder. Die Spartiaten hatten sie allesamt umgebracht, um sich so den »inneren Feind« vom Halse zu schaffen.

Trotz der gesunden spartanischen Lebensweise ging die Zahl der Spartiaten ständig zurück. Zuletzt waren sie nur noch hundert erwachsene Männer. Als die Goten im 5. Jahrhundert plündernd den Peloponnes durchzogen, zerstörten sie den heruntergekommenen Flecken en passant.

40

Zutritt für Frauen
bei Todesstrafe verboten

Im Jahre 1852 hielt der junge Archäologe Ernst Curtius in der Berliner Singakademie einen aufsehenerregenden Vortrag. Von Begeisterung für die humanistischen Werte der antiken Kultur erfüllt, schlug er vor, Olympia, die Stätte der olympischen Spiele des Altertums, auszugraben. Über zwanzig Jahre vergingen jedoch, bis die nötigen Geldmittel gesammelt waren. 1875 konnten die Forscher mit der Arbeit beginnen.

Die antiken olympischen Spiele waren zuvor nur aus der literarischen Überlieferung bekannt. Man wußte, daß sich in der Landschaft Elis (auf dem Peloponnes) im Tale des Flusses Alpheios ein dem olympischen Zeus geweihtes Heiligtum befunden hatte, in dem seit alters die Jünglinge ihre Kräfte im Wettkampf maßen. Allmählich kamen Kämpfer und Zuschauer aus allen Teilen Griechenlands hierher. Die panhellenischen olympischen Spiele wurden zu einer Feier, die alle Stämme und Landschaften verband. Keine kriegerische Handlung sollte die Spiele stören. Die Verletzung des olympischen Friedens galt als schwerer Frevel.

Seit dem 8. Jahrhundert fanden die Wettkämpfe in Olympia jedes

Apollon und Artemis
Vasenmalerei von der Insel Melos

vierte Jahr statt. Die Olympiade, ein Zeitraum von vier Jahren, wurde zur Grundlage der griechischen Zeitrechnung. 394 u. Z. wurden die Spiele von Kaiser Theodosius I. als heidnisch verboten.

Die wichtigsten Sportarten in Olympia waren Wagenrennen, Lauf mit und ohne Waffen, Ringkampf, Faustkampf, Pankration (eine Art Catch-as-catch-can), Fünfkampf und Reiten. Athlet durfte jeder freigeborene Grieche sein. Sklaven war die Teilnahme ausdrücklich untersagt, Frauen der Zutritt bei Todesstrafe verboten. Sportliche Übungen der Frauen gab es nur in Sparta. In einer Komödie des Aristophanes bewundert eine Athenerin eine spartanische Frau: »Wie strotzt dein Leib von Kraft, du könntest einen Stier würgen.« »Ich turne immer brav«, antwortet diese, »und schlage mir die Füße an den Hintern.«

Bei den viele Jahre währenden Ausgrabungen in Olympia wurden Sportanlagen (Stadion mit Zuschauertribüne, Pferderennbahn, Übungsplatz) und die Reste von Tempeln, darunter der berühmte Zeustempel, freigelegt, ferner die Ruinen von Schatzhäusern, Palästen und Bädern. Besonders wertvoll sind die ausgegrabenen Statuen von Olympiasiegern.

Ein Sieg in Olympia war eine hohe Ehre, für die den Göttern oft reiche Opfer dargebracht und Weihgeschenke in den Tempeln niedergelegt wurden. Eine besonders hohe Opfergabe wird ausdrücklich erwähnt: Ein Olympionike (Olympiasieger; griechisch nike = Sieg) aus Korinth stiftete dem Aphroditetempel seiner Heimatstadt 100 Sklavinnen, die dort der Sitte gemäß den Besuchern des Heiligtums gegen Entgelt für Liebesdienste zur Verfügung standen und eine vorzügliche Einnahmequelle der Priesterschaft bildeten. Der Dichter Pindar feierte die fromme Tat in einem Gedicht.

Die Ausgrabungen, die Ernst Curtius und sein Gehilfe Wilhelm Dörpfeld im Alpheiostal durchführten, gelten mit Recht als wissenschaftliche Großtat. Sie waren gleichzeitig ein wichtiger Anstoß zur Neubelebung der olympischen Idee.

Bei einem Besuch in Olympia lernte Schliemann Dörpfeld kennen und gewann ihn für seine Unternehmungen in Troja, wo der ausgebildete Architekt zur Entwicklung wissenschaftlicher Grabungsmethoden viel beitrug.

Olympia trug seinen Namen zu Ehren des olympischen Zeus, der nach griechischer Vorstellung seinen Sitz auf dem Olymp, einem Gebirge im nördlichen Griechenland, hatte. Das Zeusheiligtum in Olympia sollte Herakles seinem Vater zu Ehren errichtet haben. Er galt neben Pelops auch als Stifter der Spiele.

Heitere Spiele am Isthmos

Körperpflege der Sportler
Attische Vasenmalerei von Euphronios
6./5. Jahrhundert v. u. Z.

Panhellenische Spiele fanden nicht nur in Olympia statt. Vom »Kampf der Wagen und Gesänge, der auf Korinthus' Landesenge der Griechen Stämme froh vereint« berichtet Schiller in seiner bekannten Ballade »Die Kraniche des Ibykus«. Die Isthmischen Spiele fanden alle zwei Jahre statt und waren dem Poseidon gewidmet. Die Sieger erhielten deshalb nicht Lorbeer-, sondern Fichtenkränze aus dem heiligen Hain des Meeresgottes. Während der Isthmischen war ebenso wie während der Olympischen Spiele ein allgemeiner Landfrieden gefordert.

Die Pythischen Spiele wurden bei Delphi zu Ehren des Apollon veranstaltet. Hier standen künstlerische Wettbewerbe im Vordergrund, aber auch die athletischen Kämpfe waren berühmt. Die dem Zeus geweihten Nemeischen Spiele hießen nach dem Tal von Nemea in Argolis und zogen ebenfalls viele Wettkämpfer und Zuschauer an. Die Sieger erhielten einen Kranz aus Eppichblättern. Da die Olympischen Spiele jeweils im ersten Jahr einer Olympiade, die Isthmischen im zweiten und vierten, die Nemeischen ebenfalls im zweiten und vierten und die Pythischen im dritten gefeiert wurden, war der Wettkampfkalender gut gefüllt, von den vielen örtlichen Veranstaltungen, zu denen ebenfalls Fremde kamen, einmal ganz abgesehen. Allerdings gab es auch eine Konkurrenz zwischen den verschiedenen panhellenischen Wettkamporten. So waren die Eleer, in deren Gebiet Olympia lag, bei den Isthmischen Spielen nicht zugelassen.

Isthmos, das griechisch Enge oder Hals bedeutete, hieß die Landbrücke zwischen dem Peloponnes und dem Festland. Zwischen dem Saronischen und dem Korinthischen Meerbusen gab es hier eine Schleifbahn, auf der in der Frühzeit Schiffe sechs Kilometer weit über Land gezogen wurden. Später waren die Fahrzeuge wohl zu groß. Die Erinnerung daran blieb jedoch noch lange lebendig. Aristophanes stellt in seiner Komödie »Die Weiber am Thesmophorenfest« dar, wie sich ein Mann in Frauenkleidern unter die Athenerinnen mischt, um heimlich an den Kulthandlungen teilzunehmen, zu denen nur erwachsene Frauen zugelassen sind. Als er in Verdacht gerät, ein Mann zu sein, versuchen sich die empörten Frauen darüber Klarheit zu verschaffen und nehmen eine Art Leibesvisitation vor. Jedoch erwischen sie das Beweisstück zuerst nicht, weil es »zwischen vorn und hinten hin- und herwutscht.« »Du treibst's wie auf dem Isthmos, Kerl«, heißt es, »du ziehst 'rüber ihn und nüber.«

Schleifbahnen sind auch aus dem alten Rußland bekannt. Auf dem »Wege von den Warägern (den Schweden) zu den Griechen« gelangte man über Newa, Ladogasee, Wolchow und Lowat bis fast an die Wasserscheide zwischen Ostsee und Schwarzem Meer. Dann wurden die Schiffe ein Stück übers Land gezogen, und man fuhr den Dnepr hinab.

An der Schleifbahn auf dem Isthmos entwickelte sich Korinth zu einer blühenden Handelsstadt, die mit Athen wetteiferte. 146 v. u. Z. wurde Korinth zur Abschreckung ganz Griechenlands von den Römern in Schutt und Asche gelegt, später aber wieder aufgebaut. Ein Kanalbau wurde im Altertum mehrmals geplant, von Kaiser Nero sogar begonnen, scheiterte jedoch an der Höhe des Isthmos (79 m). Der 1893 vollendete moderne Kanal ist mit seinen hohen, steilen Wänden einmalig unter den künstlichen Wasserstraßen.

Im Laufe der Jahrtausende wurde immer wieder versucht, den Peloponnes durch eine Sperrmauer quer über den Isthmos zu schützen. Die erste derartige Mauer wurde noch vor dem Jahre 1000 v. u. Z. errichtet, die letzte zur Abwehr der Türken im Jahre 1443.

Später wurde jede Landenge als Isthmus bezeichnet. Am bekanntesten wurde der Isthmus von Panama. Als 1903 das Kolumbianische Parlament dem knechtenden Vertrag mit den USA über den Bau eines Kanals seine Zustimmung verweigerte und das Gebiet der Landenge deshalb zu einem neuen Staat gemacht wurde, kamen dafür zunächst zwei Namen in Gebrauch: Isthmo und Panama (nach der Stadt), wovon der erste sich jedoch auf die Dauer nicht durchsetzte.

Neuerdings wird auch das Projekt eines Kanals durch den Isthmus von Kra auf der Halbinsel Malakka diskutiert. Durch seinen Bau würde der Seeweg vom Indischen Ozean nach Ostasien wesentlich verkürzt.

Artemis
Römische Kopie

45

Eine Göttin,
die Jungfrau blieb

Athene, die Stadtgöttin Athens, entsprang dem Haupte ihres Vaters Zeus. Nach Hesiod geschah das folgendermaßen: Zeus vermählte sich mit Metis, einer Tochter des Ozeans. Als sie schwanger wird, befürchtet er, sie könne einen Sohn gebären, der mächtiger als er selbst werden würde. Er verschlingt die Metis, aber das ungeborene Kind arbeitet sich innerhalb des Körpers seines Vaters bis zum Haupte vor. Als die Zeit der Geburt herannaht, bekommt Zeus furchtbare Kopfschmerzen. Sein Sohn Hephaistos leistet Geburtshilfe, indem er mit einem wuchtigen Schlag seines Schmiedehammers den Schädel öffnet, aus dem die bewaffnete und gepanzerte Athene munter herausspringt.

Athene war die Lieblingstochter des Zeus, ein Muster an Klugheit, mit der er sich oft beriet. Sie blieb Jungfrau und wurde deshalb Pallas (Mädchen) Athene genannt.

Die Göttin lehrte die Menschen, vor allem ihre lieben Athener, viele Fertigkeiten: den Anbau des Ölbaums, das Spinnen und Weben, den Schiffsbau, den Gebrauch von Pferd und Wagen. Sie erfand die Flöte und setzte den ersten Gerichtshof in der Stadt ein.

In den Mythen um diese Gottheit spiegelt sich in erster Linie das Aufblühen Athens wider. Auf dem athenischen Burgberg stand bereits in minoischer und mykenischer Zeit ein Palast, schon damals war dort ein Mittelpunkt von Handwerk und Handel. Die Stürme der Dorischen Wanderung überstand die Landschaft Attika anscheinend glimpflich. Nach athenischer Tradition hatte Theseus die eigentliche Stadt gegründet, indem er einen Großteil der Bevölkerung von Attika bewog, die über die ganze Halbinsel verstreuten Dörfer zu verlassen und sich am Fuße der Burg anzusiedeln. Dieses Ereignis, bei dem natürlich Athene ihre Hand im Spiel hatte, wurde alljährlich in einer besonderen Feier gewürdigt. Der Handel mit Silber vom Gebirge Laureion, mit Olivenöl und Keramik führte zu einem raschen Aufstieg Athens, das bald zu einem wirtschaftlichen, politischen und geistigen Mittelpunkt wurde.

480 v. u. Z. besetzten die Perser die Stadt, aus der sich ihre Bewohner nach der nahegelegenen Insel Salamis zurückgezogen hatten, und verbrannten auch die Tempel auf der Akropolis. Nach dem Sieg bauten die Athener ihrer Stadtgöttin einen herrlichen Marmortempel, der als Parthenon weltberühmt ist. Parthenon leitet sich von parthenos (Jungfrau)

ab und bedeutet etwa Jungfrauengemach. (Von parthenos ist auch der biologische Begriff Parthenogenese abgeleitet, unter dem man die Entwicklung eines Eies ohne vorausgegangene Befruchtung versteht, ein Vorgang, der hauptsächlich bei Insekten bekannt ist.) Die Oberaufsicht beim Bau hatte der Bildhauer Phidias. Das dorische Gebäude ist 70 Meter lang und 31 Meter breit. Phidias schuf eine Statue der Göttin aus Gold und Elfenbein. Der reiche plastische Schmuck am Ostgiebel zeigt die Geburt der Athene. Ein britischer Lord namens Elgin ließ 1803 bis 1812 die meisten Figuren entfernen und verkaufte sie an das Britische Museum.

Die Epoche des Baus des Parthenon, die nach dem Politiker Perikles oft das perikleische Zeitalter genannt wurde, war eine Blütezeit aller Künste. Athen war die Heimstatt unvergänglicher Schöpfungen der Architektur, der Bildhauerei, der Vasenmalerei, der Dichtung und der Wissenschaften. Den politischen Niedergang, der mit dem verlorenen Peloponnesischen Krieg gegen Sparta einsetzte, hat die athenische Kultur noch auf Jahrhunderte hinaus überdauert. Erst in byzantinischer Zeit

Telemachos und Penelope vor Webstuhl
Attische Vasenmalerei
5. Jahrhundert v. u. Z.

47

Geburt der Athene
im Beisein von Poseidon und Hephaistos
Attische Vasenmalerei

wurde Athen dann zu einem Provinznest. Der Parthenon wurde jetzt zu einer Kirche der Jungfrau Maria. Als die Türken Griechenland unterjocht hatten, machten sie ihn zu einer Moschee.

Seine jetzige Gestalt als Ruine erhielt der Tempel, als 1687 ein türkisches Pulvermagazin in die Luft flog. Heute ist das wundervolle »Haus der Jungfrau« wie alle Bauten der Akropolis von der verschmutzten Luft der Großstadt Athen so bedroht, daß in Griechenland und der ganzen Welt Rettungsprojekte diskutiert werden. So wird erwogen, die ganze Akropolis unter eine Glasglocke zu setzen, wofür allerdings die Mittel fehlen. Eine praktikablere Lösung wäre es, die wichtigsten Skulpturen durch Nachbildungen zu ersetzen und die Originale in einem Museum unterzubringen.

Attisches Salz—
und ein bißchen Pfeffer

Unter dem Schutz des Mädchens Athene gediehen nicht nur Handwerk, Künste, Handel und Seefahrt, sondern auch Witz und Spottlust, die das ganze private und politische Leben durchdrangen, »attisches Salz«, wie man sagte. Sie fanden ihren Ausdruck in der Komödie, die vor nichts Respekt hatte – weder vor den politischen Größen, noch vor der Religion, noch vor der Intimsphäre der Athener.

Wort und Sache kommen vom Komos her. Das war ein lustiger Umzug nach einem Trinkgelage, in dem die Männer, meist in Begleitung leichter Mädchen, nachts durch Gärten und Felder zogen, wobei sie oft überdimensionale Phalloi, Nachbildungen männlicher Geschlechtsteile, feierlich wie eine Standarte trugen.

Die Komödien wurden zu den Festtagen, die dem Weingott Dionysos gewidmet waren, aufgeführt. Die Schauspieler waren maskiert, Bauch und Gesäß durch Polster spaßig betont, auch große lederne Phalloi gehörten zum Kostüm. Der Chor erschien oft in Tiermasken, wovon eine

Menander und die Muse
Römisches Relief
1. Jahrhundert

49

Reihe von Komödientiteln stammt: »Die Frösche«, »Die Wespen« und andere mehr.

In seinen »Rittern« enthüllte Aristophanes, der einzige Komödiendichter des 5. Jahrhunderts v. u. Z., dessen Werke uns erhalten blieben, die politische Korruption in seiner Vaterstadt. Der damals auf dem Höhepunkt seines Einflusses stehende Kleon, ein Gerbereibesitzer, wird darin weidlich durch den Kakao (den es allerdings noch nicht gab) gezogen, und gezeigt, wie er durch Schönrednerei und plumpe Schmeichelei das Volk betrügt. In den »Wolken« bekommt es der Philosoph Sokrates ab, der als in »Wolkenkuckucksheim« (die Wortfügung geht auf dieses Stück zurück) hausender Spinner dargestellt wird. In den »Fröschen« wird der Tragiker Euripides madig gemacht, in der »Weibervolksversammlung« bemüht sich Aristophanes, die Idee einer allgemeinen Ehe- und Gütergemeinschaft ad absurdum zu führen. Durch einen Trick – so wird gezeigt – gelingt es den Athenerinnen, die Mehrheit in der Volksversammlung zu gewinnen: In Männerkleidern und mit angeklebten Bärten schleichen sie sich morgens, als ihre Gatten noch schnarchen, dorthin und dekretieren die Sozialisierung von Mittagstisch und Ehebett. In der Folge spielen sich die wüstesten Szenen ab. Die alten Weiber prügeln sich mit den jungen um die Männer, um Speis und Trank wird ebenso erregt gezetert.

Auch der hochgeachtete Staatsmann Perikles bleibt nicht ungeschoren. So wird in einer Komödie erzählt, er habe den Peloponnesischen Krieg deshalb begonnen, weil seiner Geliebten, der Hetäre Aspasia, von Bürgern einer mit Sparta verbündeten Stadt zwei Freudenmädchen aus ihrem Bordell gestohlen worden waren. Ob die berühmte Aspasia, die Heldin mehrerer Romane, Freundin und später Gattin des Perikles, wirklich zur Zeit ihrer Bindung an den ersten Mann Athens Besitzerin eines Freudenhauses war, ist allerdings umstritten.

Prüde Seelen haben gegen Aristophanes den Vorwurf der Obszönität erhoben. Man muß aber zunächst berücksichtigen, daß in Athen Frauen der Zutritt zum Theater verboten war und auch die Schauspieler ausschließlich Männer waren. Frauenrollen wurden von Männern gespielt, wie ja auch im Theater der Shakespearezeit. Die Herren waren also ganz unter sich. Zum attischen Salz war auch etwas Pfeffer genehm – der wie der Kakao nach Attika damals noch nicht gelangte. Vor allem aber findet sich unter all den Derbheiten gar nichts im eigentlichen Sinne Schlüpfriges, geschweige denn Perverses. Auch die Sexuelles berührenden Szenen sind durch echten Humor und hohe Wort- und Verskunst geadelt.

Reiterchor mit Pferdemasken
Attische Vasenmalerei zu einer Komödie des Aristophanes
6. Jahrhundert v. u. Z.

Daß Aristophanes von den Frauen keine geringe Meinung hatte, zeigt seine Komödie »Lysistrate«. Mitten im Peloponnesischen Krieg aufgeführt, den der Dichter entschieden verurteilte, zeigte sie, wie Athenerinnen, Spartanerinnen und Frauen aus allen anderen kriegführenden Staaten mit einem konsequenten Liebes- und Verkehrsstreik ihre Männer zum Abbruch des Bruderkampfes zwingen.

In der Neuzeit sind die Stücke des Aristophanes immer wieder übersetzt und für die Bühne bearbeitet worden, vor allem »Der Frieden« und »Lysistrate«, deren Thematik leider so aktuell ist wie nie zuvor.

Menander, ein Komödienautor, der um das Jahr 300 v. u. Z. lebte, mußte sich solche politischen Äußerungen verkneifen. Unter der Herrschaft der Nachfolger Alexanders des Großen war dieser Bereich tabu. Allerdings war es noch möglich, das Gebaren der Privatpersonen – Heuchelei, Geiz, Großmannssucht – aufs Korn zu nehmen, und davon hat der attische Dichter reichlich Gebrauch gemacht, wenn auch mit gedämpfteren und feineren Tönen als Aristophanes. Im Mittelpunkt steht bereits die Liebesgeschichte, ohne die auch die moderne Komödie selten auskommt. Die Römer Plautus und Terenz, aber auch Jahrhunderte später die Franzosen Molière, Beaumarchais und viele andere Meister lernten bei Menander.

Abdera
ist allenthalben

Niemand kann sagen, wie eigentlich die Bürger des Städtchens Schildau (oder Schilda) in den Ruf gerieten, besonders töricht zu sein.

So weiß auch niemand, wieso die ionische Stadt Abdera an der Küste Thrakiens zum Schilda der Antike wurde. Ihren Einwohnern, den Abderiten, wurden tausend Narrheiten nachgesagt, obwohl aus ihrer Mitte die berühmten Philosophen Leukipp, Demokrit und Protagoras hervorgegangen waren.

In Abdera, so wurde zum Beispiel erzählt, zerfiel die Stadt in eine westliche und östliche Hälfte. Als Feinde die Stadt angriffen, sagten die Bewohner der Osthälfte: »Wozu sollen wir uns aufregen, die Feinde dringen doch durch das Westtor ein?«

Ein Abderit, hieß es, wollte sich erhängen. Aber der Strick riß, und beim Fallen verletzte er sich am Kopf. Der Mann lief zum Arzt, ließ sich ein Pflaster auf die Wunde kleben, ging heim und erhängte sich.

Ein Abderit sah einen Eunuchen mit einer Frau sprechen. Er erkundigte sich, ob das dessen Frau wäre. Als er belehrt wurde, ein Mann ohne Hoden könne keine Frau haben, sagte er: »Also ist es seine Tochter.«

Solche Geschichten waren in einem Buch zusammengetragen, das den Titel »Philogelos« (»Lachfreund« oder »Lach-Fan«) führte. Dieser Sammlung können wir entnehmen, daß die Einwohner der Griechenstadt Kyme in Kleinasien und der alten Phönizierstadt Sidon ebenso eine Zielscheibe des Spottes waren wie die Abderiten.

Als in Kyme ein vornehmer Mann begraben wurde, fragte ein Fremder einen von denen, die im Leichenzuge gingen: »Wer ist denn der Tote?« Ein Kymäer drehte sich um und sagte: »Der dort auf der Bahre liegt.«

Ein Sidonier sah Zwillingsbrüder. Als einige Leute ihre Ähnlichkeit bewunderten, sagte er: »Dieser ist jenem nicht so ähnlich wie jener diesem.« Ein Teil der im »Philogelos« zusammengetragenen Witze ist übrigens in etwas modernisierter Form heute noch im Umlauf.

Der Dichter Christoph Martin Wieland benutzte den Abderitenstoff, um Dummheit, Borniertheit und Selbstzufriedenheit in allen ihren Erscheinungsformen zu geißeln. Sein 1774 erschienener Roman gibt auch eine treffliche Antwort auf die Frage, wo Schilda bzw. Abdera denn eigentlich liege. Sie lautet: Abdera ist allenthalben und zu allen Zeiten.

Y oder i – das ist hier die Frage

Warum schreibt man »Polyarthritis« mit y, aber »Poliklinik« mit i? Das griechische Wort »polys« bedeutet »viel«. Polyarthritis ist eine Entzündung vieler Gelenke. Polytheismus ist die Verehrung vieler Götter, wie sie bei Griechen und Römern üblich war. Polyp wurde der Tintenfisch wegen seiner vielen Arme getauft, und ein Polyhistor ist ein Mensch, der auf vielen Gebieten beschlagen ist. Polygamie ist die Vielehe, meist als Polygynie (Vielweiberei), aber gelegentlich auch als Polyandrie (Vielmännerei) vorkommend, zum Beispiel im alten Tibet. Ein Polyglott kann viele Sprachen, ein Polygon ist ein Vieleck.

In der Poliklinik werden zwar viele Krankheiten behandelt, aber sie trägt ihren Namen, weil sie städtisch ist. »Polis« ist das griechische Wort für »Stadt«, was gleichbedeutend mit »Staat« war, denn die griechischen Staaten, von denen es mehrere Dutzend gab, bestanden in der Regel aus einer Stadt mit ihrer näheren Umgebung. In ihrer Mitte erhob sich meistens auf einem Berg eine »Oberstadt«, die Akropolis genannt wurde. Heute denkt man bei diesem Wort vorzugsweise an die Athener Akropolis. Der Staat im abstrakten Sinne hieß »politeia«. So nannte auch Platon seine berühmte Abhandlung zur Staatstheorie. Der Kosmopolit ist ein Weltbürger, so bezeichnet man auch Tiere oder Pflanzen, die an kein Gebiet gebunden sind.

Altgriechische Ortsnamen enthalten oft den Bestandteil »polis«, zum Beispiel Neapolis (Neustadt) in Süditalien oder Tripolis (Dreistadt) in Nordafrika und Syrien. Der Kaiser Hadrian gründete Hadrianopolis (Adrianopel, türkisch Edirne). Die Stadt Byzanz am Bosporus wurde von Konstantin, der sie zu seiner Residenz machte, in Konstantinopolis (Konstantinopel, heute Istanbul) umbenannt. Katharina II. von Rußland gab Städten an der Schwarzmeerküste griechische Bezeichnungen mit dem Element »polis«, so der Seefestung Sewastopol (ehrwürdige Stadt), aus den USA sind Indianapolis und Minneapolis bekannt.

Von der altgriechischen Polis, die immer von heftigen Auseinandersetzungen zwischen verschieden orientierten Kräften erfüllt war, leitet sich die »Politik« ab. In der Polis entstand auch die Polizei, wie schon ihr Name verrät. In Athen war sie aus skythischen Staatssklaven zusammengesetzt. Der das Griechische radebrechende Stadtpolizist war eine beliebte Figur im attischen Lustspiel.

53

Wenn später der Spreeathener den preußischen Polizisten als »Poly-pen« bezeichnete, dachte er sowohl an die langen Greifarme als auch an den ähnlichen Klang der beiden Wörter. Über ihre verschiedenartige Herkunft und Rechtschreibung machte er sich gewiß keine Gedanken.

Konstantinopel
Karte von 1420

Odysseus spann ein Seemannsgarn

Odysseus unter dem Widder
Attische Schale

Die Griechen waren tüchtige Seefahrer, und wie alle Fahrensleute verstanden sie auch, ein Seemannsgarn zu spinnen. Odysseus unterhält am Hofe des Phäakenkönigs Alkinoos die Gesellschaft mit seinen Abenteuern: von Menschenfressern und Kyklopen, vom verführenden Gesang der Sirenen, von Meerungeheuern wie Skylla und Charybdis, von der tollen Nymphe Kalypso.

Auch die Argonautensage besteht großenteils aus Seegeschichten. Mit ihrer »Argo«, der ein Stück Holz aus einer heiligen Eiche eingefügt ist, gelangen die Helden bis zur Kolchis, dem Goldland an der Ostküste des Schwarzen Meeres. Von der Anwesenheit griechischer Kaufleute bis tief ins heutige Georgien hinein zeugen Funde von schwarzfiguriger attischer Keramik, von Bronzegefäßen mit Bildern griechischer Gottheiten und andere Tauschwaren. Die Griechen holten aus dem goldreichen Land vor allem das begehrte gelbe Metall.

An den von Kaufleuten und Piraten erkundeten Küsten wurden von den Griechen dann zahlreiche, zum Teil noch jetzt bestehende Städte gegründet. Sie führen vielfach Namen, die auf griechische zurückgehen. In

Alexander der Große
Kopie nach der Marmorstatue von Lysipp
3. Jahrhundert v. u. Z.

Südfrankreich ist davon Massalia (Marseille) am bekanntesten. Unteritalien und Sizilien waren so mit griechischen Städten übersät, daß man sie im Altertum Großgriechenland nannte: Neapolis (italienisch Napoli, deutsch Neapel), Rhegion (heute Reggio di Calabria), Kroton (Cotrone), Taras (italienisch Taranto, deutsch Tarent), Messana (Messina), Syrakus (Siracuse).

In Libyen wurde nach der Griechenstadt Kyrene noch lange eine Landschaft Kyrenaika genannt. Auch am Bosporus (Byzanz) und den Küsten des Schwarzen Meeres existierten Dutzende solche Siedlungen.

Diese meist vom 7. bis 5. Jh. v. u. Z. gegründeten Städte waren keine Kolonien im späteren Sinn. Der begrenzte Ackerboden in Griechenland veranlaßte immer wieder Teile der Bevölkerung, übers Meer auszuwandern. Häufig verließ nach politischen oder sozialen Kämpfen der unterlegene Teil die Heimat. Die neugegründeten Städte waren politisch unabhängig, meist existierten jedoch Handelsbeziehungen mit den Herkunftsorten. Die Pflanzstädte hießen Apoikien, der Ausgangspunkt der Wanderung Metropole (metropolis: Mutterstadt). Später wurde dann auch die Hauptstadt einer Provinz oder eines Landes Metropole genannt. Daher leitet sich das Kurzwort Metro für die zunächst in den Hauptstädten (Paris, Moskau) gebaute Untergrundbahn ab. Von der Metropole hat auch der Metropolit, das Oberhaupt einer Kirchenprovinz, seinen Titel.

Die Beziehungen der Apoikien zu den Einheimischen gestalteten sich zuerst oft feindlich, diese wurden meist vertrieben. Später überwog friedlicher Warenaustausch. So versorgten zum Beispiel die griechischen Städte an der Nordküste des Schwarzen Meeres die skythischen Adligen mit prächtigen Goldschmiedearbeiten, die man in zahlreichen Hügelgräbern (Kurganen) gefunden hat. Die Stadt Naukratis an einem Mündungsarm des Nil wurde sogar mit Zustimmung der ägyptischen Könige gegründet.

Anderen Charakter hatten die Kolonien, welche Athen zur Zeit seiner höchsten Machtentfaltung bei seinen »Verbündeten«, den Städten des Attischen Seebundes, anlegte. Ärmere Athener erhielten hier je ein Landlos (kleros), blieben aber Bürger von Athen. Diese Kleruchien waren also reine Militärkolonien. Bei der erstbesten Gelegenheit verjagten die Landeseinwohner die unwillkommenen Kleruchen. Ähnliche Militärkolonien legte Alexander der Große in den eroberten orientalischen Ländern an.

Die Apoikien wie später auch die Kleruchien in Asien und Ägypten waren, ob sie nun den ursprünglichen Landesbewohnern willkommen waren oder nicht, wichtige Kontaktstellen für die gegenseitige Übernahme verschiedenster Kulturgüter.

War Dionys ein Wüterich?

Die griechischen Könige (Basileis genannt), wie sie in Ilias und Odyssee geschildert werden, sind rechte Duodezfürsten, die meist nur eine Insel oder eine Landschaft regieren und selbst dort nicht viel zu bestimmen haben. Sie schlagen sich mit ihren Adligen herum, und wenn ihre Krieger murren, müssen sie ihnen gut zureden. Eigentlich waren sie eine Art Häuptlinge. Schließlich wurde das Königtum vom erstarkten Adel ganz abgeschafft wie in Athen oder stark in seinen Rechten eingeschränkt wie in Sparta. Die religiösen Obliegenheiten des Königs gingen in Athen auf den jährlich wechselnden Archon Basileus über. In Sparta gab es von alters her zwei erbliche Könige, die aber weniger Macht hatten als die gewählten Ephoren (wörtlich: Aufseher).

Die Herrschaft des Adels, der Aristokratie (aristoi: der Beste), führte in Athen und anderen Staaten zur Verschuldung der Bauern und zu sozialen Unruhen. Die Männer, welche die Adelsherrschaft gewaltsam beseitigten, wurden als Tyrannen bezeichnet, ein Wort, das bei uns eine sehr negative Bedeutung hat. »Gegen die Tyrannen!« stand auf der zweiten Auflage von Schillers »Räubern« als Motto, was Wunder, daß sich der Landesherr Karl Eugen für das Werk nicht erwärmen konnte. Auch später hatten es dem Dichter die Tyrannen angetan. So ließ er einen gewissen Damon mit dem Dolch im Gewande zu einem Vertreter dieser Menschengattung namens Dionys schleichen, um ihn in den Orkus zu befördern.

Dionysios I. (430 bis 367 v. u. Z.) von Syrakus war keineswegs nur ein »Wüterich«. Er vereinigte eine Reihe griechischer Städte in Sizilien und Süditalien zu einem Bunde, dem es gelang, Karthago erfolgreich Widerstand zu leisten.

Berühmte Tyrannen waren Peisistratos (um 600 v. u. Z.) in Athen, der soziale Reformen durchführte, und der wiederum durch eine Schillersche Ballade bekannte Polykrates von Samos (um 515 v. u. Z.). Polykrates, von Beruf ein Kaufmann, beseitigte geheiligte, aber überlebte Privilegien und förderte auf jede Weise den samischen Handel (unter anderem durch den Bau einer Hafenmole). An seinem Hofe blühten Kunst und Wissenschaft.

Der verbreitetste griechische Name für Volk war demos. Von ihm stammt unter anderem der Begriff Epidemie, eine Krankheit, die sich über das ganze Volk verbreitet. Politiker nannten sich Demagogen (Führer des Volkes). In den Karlsbader Beschlüssen von 1819 gegen die patriotischen und freiheitlichen Kräfte wurde das Wort im Sinne von »Verführer des Volkes« angewandt. In »demagogisch« hat sich diese Bedeutung bis heute erhalten. Die Demokratie, welche der Monarchie, Aristokratie und Tyrannis in vielen griechischen Staaten folgte, war im alten Griechenland keine Volksherrschaft nach heutigen Maßstäben, bestenfalls Herrschaft des Demos, wozu Sklaven und Zugewanderte (Metöken) nicht zählten. Die Frauen und jüngeren Menschen gehörten zwar zum Demos, hatten aber offiziell nichts zu sagen. Im Grunde herrschten in der griechischen Demokratie die reichsten Sklavenhalter mit Hilfe der von ihr beeinflußten Versammlung des Demos.

Ein anderes griechisches Wort für Volk ist laos, erhalten im Namen Nikolaus und im Wort Laie. Als Laien bezeichnet man heute jeden, der kein Fachmann ist; ursprünglich hießen so nur die Nichtfachleute in Religionsfragen. Nachdem die Kirche um 325 ihr Bündnis mit dem Staat geschlossen hatte, standen auch innerhalb der Gemeinden den herrschenden Bischöfen und Priestern das beherrschte Volk, die Laien, gegenüber. Laizistisch ist seit dem 19. Jahrhundert gleichbedeutend mit weltlich; so nannte man zum Beispiel in Frankreich die Schule, die der klerikalen Leitung entzogen war.

Der Philosoph Aristoteles (384 bis 322 v. u. Z.) versuchte als erster, die Verfassungen zu klassifizieren. Er unterschied sechs Formen, drei gute, die das Gemeinwohl zum Ziele hätten, und drei entartete. Die ersten drei

Jüngling in thessalisch-thrakischer Reitertracht
Attische Schale von Euphronios
6./5. Jahrhundert v. u. Z.

59

Aristoteles
Relief, Chartres
um 1150

wären Monarchie (wörtlich: Herrschaft eines einzelnen), Aristokratie (Herrschaft der Besten) und Politeia (von Polis, auch allgemein für »Staat« gebraucht), in der das Volk den Staat zum allgemeinen Wohl verwaltete. Entartungen der genannten Verfassungen wären: vom Königtum die Tyrannis, von der Aristokratie die Oligarchie und von der Politeia die Demokratie. Die Tyrannis wäre eine Monarchie zum Nutzen eines einzelnen, die Oligarchie verfolge den Vorteil der Reichen und die Demokratie den Vorteil der Armen, aber dem Wohle der Gesamtheit diene keine von ihnen.

Solch eine Einstellung erscheint uns heute schematisch und recht naiv. Die von Aristoteles gebrauchten Begriffe haben sich jedoch erhalten (wenn wir von Politeia absehen), wobei sich indessen ihre Bedeutung stark gewandelt hat.

60

Schließung
einer
Finanzierungslücke

Zu Beginn unseres Jahrhunderts erschien von dem Ingenieur Max Eyth ein Roman »Der Kampf um die Cheopspyramide«. Der außergewöhnliche Erfolg, den das triviale Buch hatte, war vor allem darauf zurückzuführen, daß eine Hauptrolle darin ein schottischer Gelehrter, Joe Thinker, spielt, der aus der Cheopspyramide unerhörte altägyptische Weisheiten herausliest – auf mathematischem, physikalischem und astronomischem Gebiet. Die Behauptung, daß die Cheopspyramide nicht ein Grabmal, sondern eine architektonische Verschlüsselung wissenschaftlicher Erkenntnisse wäre, wurde seit etwa 1860 immer wieder von »Gelehrten« aufgestellt, deren Namen zu erwähnen sich nicht lohnt. Die genaue Jahreslänge, die Entfernung zwischen Erde und Sonne, die Erddichte, das englische Zoll, die Atomgewichte, das weibliche und männliche Klimakterium, die Schwangerschaftsdauer des Menschen und die Trächtigkeitsdauer der Säugetiere wurden aus den Maßen des gewaltigsten Bauwerkes der Welt herausgelesen.

Bereits das Mittelalter hatte seine »Pyramidisten«. Verbreitet war zum Beispiel die Deutung dieser Pharaonengräber als die aus dem Alten Testament bekannten Kornspeicher Josephs. Das ist sogar auf Mosaiken der St.-Markus-Kirche zu Venedig dargestellt. Eine andere Theorie brachte die Pyramiden mit der Sintflut in Zusammenhang. Auf die Prophezeiung seiner Magier hin, daß eine Riesenüberschwemmung bevorstehe, läßt der ägyptische König drei Pyramiden bauen. In ihnen legt er für diejenigen, welche die Katastrophe überleben würden, die Summe aller Wissenschaften und Künste nieder, dazu Proben aller Werkzeuge und Geräte.

Im Altertum war der Charakter der Pyramiden als Begräbnisstätten der Könige noch wohlbekannt, aber über ihre Erbauer liefen schon seltsame Geschichten um. Als Herodot das Nilland bereiste, erzählten ihm die ägyptischen Priester, dem König Cheops sei beim Bau seiner Pyramide das Geld ausgegangen. Da hätte dieser schlechte Mensch seine eigene Tochter in ein Bordell geschickt, um mit ihren Einnahmen die Finanzierungslücke zu schließen. Nachdem die königliche Kasse gefüllt war, wollte aber die Tochter auch eine eigene Pyramide haben. Jeder

Bordellkunde hätte dazu einen Stein mitbringen müssen. Aus dem unermüdlichen Fleiß der Prinzessin wäre die mittlere der drei Gise-Pyramiden erwachsen, sagten die Priester. Über diese von Herodot getreulich berichtete Story gab es früher auch ein recht lustiges Studentenlied, in dem allerdings nicht Cheops, sondern ein Ramses der geldgierige Papa war.

Ein anderer Fremdenführer »übersetzte« dem gutgläubigen Herodot einen Hieroglyphentext, in dem angegeben war, was die Arbeiter an Rettich, Zwiebeln und Knoblauch verzehrt hätten. Es seien dafür 1600 Talente Silber ausgegeben worden. Ist das richtig, schreibt der Historiker, was muß dann erst das übrige gekostet haben: Werkzeuge, Kleidung, Beköstigung, Baumaterial!

Die nüchterne archäologische Wissenschaft hat längst alle phantastischen Pyramidendeutungen und -geschichten entkräftet, allerdings ist das, was sie ermittelt hat, auch sensationell genug. Den Grundstein zur systematischen Erforschung der Pyramiden legte der Berliner Gelehrte Richard Lepsius, der um 1840 an der Spitze einer preußischen Expedition die Pyramiden von Gise, aber auch ihre Umgebung mit zahlreichen Überresten von Gräbern und Tempeln exakt aufnahm und viele solche Denkmäler überhaupt erst aus dem Sande ausgrub. Gleichzeitig fertigten die Forscher Abklatsche von Reliefs und Zeichnungen ägyptischer Bildwerke an.

Heute sind die über 30 großen Pyramiden alle gründlich erforscht. Daneben gibt es noch viele hundert kleiner Pyramiden von ägyptischen Prinzen, Prinzessinnen usw. und pyramidenförmige Beamtengräber.

Auch Bauten in Mittel- und Südamerika werden als Pyramiden bezeichnet, obgleich sie keine Grabmäler waren, sondern auf ihren Spitzen Tempel oder Götterstatuen trugen. In Mittelamerika wurden manche »Pyramiden« periodisch, meist alle 52 Jahre, mit einer neuen Schicht von Steinen ummantelt, so daß sie im Laufe von Jahrhunderten immer größer wurden. Die Spanne von 52 Jahren spielte in der Zeitrechnung dieser vorkolumbischen Kulturen eine besondere Rolle.

Eine Ummantelung haben einige Forscher auch für die ägyptischen Pyramiden angenommen. Schon Lepsius stellte die Theorie auf: Da kein Pharao wissen konnte, wie lange er leben würde, und die Pyramide ja bei seinem Tode einigermaßen fertig sein sollte, hätte man den Bau mit einer relativ kleinen Pyramide begonnen und sie dann laufend mit neuen Schichten umgeben. Spätere archäologische Untersuchungen haben diese Annahme nicht bestätigt, die von Lepsius gestaltete Frage konnte aber bisher auch nicht befriedigend beantwortet werden.

Die Cheopspyramide zerbröckelt

Über die Etymologie des griechischen Wortes Pyramide wurden frühzeitig Überlegungen angestellt. Ist es aus dem griechischen pyr (Feuer) herzuleiten, weil die Flamme kegelförmig (jedoch nicht pyramidenförmig) emporschlägt? Auch pyra, das griechische Wort für Scheiterhaufen, das mitunter auch für Grab verwendet wurde, zog man in Erwägung. Höchstwahrscheinlich stammt es von pyramis, einem Weizenbrot, das eine spitze Form besaß.

Pyramidion (Pyramidchen) wurde die Pyramidenspitze genannt (ägyptisch: Bembem). Auf ihr ließ sich nach der herrschenden religiösen Auffassung der Sonnengott nieder. Kleine Pyramiden wurden als Amulette oft mit ins Grab gelegt.

Beim Wort Pyramide denken wir nicht nur an die Bauten in Ägypten, sondern an eine bestimmte geometrische Figur: einen Körper auf quadratischer Grundfläche, der nach oben spitz zuläuft. Die älteste Pyra-

Gise: Cheopspyramide mit großer Sphinx
2700–2600 v. u. Z.

Bauern führen einen Stier
Relief aus Sakkara

mide zeigt diese Form noch nicht. Es ist die Stufenpyramide von Sakkara, die Pharao Djoser (2650 bis 2630 v. u. Z.) erbauen ließ. Sie besteht
aus sechs aufeinandergetürmten, nicht quadratischen, sondern rechtek-
kigen Terrassen. Die Djoser-Pyramide schließt sich an die traditionelle
Form des altägyptischen Grabmals an, nach einem arabischen Wort für
Bank von den Archäologen als Mastaba bezeichnet. Hier sind sozusa-
gen mehrere Mastabas, immer eine kleiner als die andere, übereinander
gesetzt worden.

Die von nachfolgenden Pharaonen errichteten Pyramiden kamen
dann der geometrischen Form schon nahe, teilweise sind sie aber so
stark zerstört, daß diese nur noch rekonstruiert werden kann. Eigentümlich ist die Knickpyramide König Snofrus (2600 bis 2575 v. u. Z.) in Dah-
schur, deren vier Kanten je einen stumpfen Winkel bilden. Sie entstand
wohl dadurch, daß der ursprüngliche Bauplan sehr steile Wände vorsah,
was sich im Verlauf der Arbeiten als undurchführbar erwies. Deshalb
wurde von einer bestimmten Höhe an wesentlich flacher weiterge-
baut.

Die Nachfolger Snofrus – Cheops, Chephren und Mykerinos – ließen
ihre Grabstätten bei Gise errichten. Die Cheopspyramide hat Seitenflä-
chen von je 230 Meter Länge. Ihre Höhe betrug ursprünglich 146 Meter
(Straßburger Münster 142 Meter). Sie besitzt mehrere Grabkammern,
von denen aber nur eine genutzt wurde. Darin fand man noch den Unter-
teil des Sarkophags, das sonstige Inventar war geplündert worden, wahrscheinlich wie auch bei allen anderen Pyramiden schon im Altertum.

In den folgenden Jahrhunderten wurden die Pyramiden immer kleiner. Um 1600 v. u. Z. wurden die letzten gebaut. Man gab nun anderen

Grabbauten den Vorzug. Alle Pyramiden waren mit Tempelanlagen und anderen Bauwerken verbunden und von zahlreichen Gräbern von Prinzen und Prinzessinnen sowie hoher Beamter umgeben.

Im Jahre 1954 wurde ganz in der Nähe von Cheops' letzter Ruhestätte das »Grab« eines 50 Meter langen Bootes aus dem Holz von Libanonzedern geöffnet. Das Fahrzeug war, nachdem es die Leiche des Herrschers zur Pyramide gebracht hatte, feierlich beigesetzt worden. Dieses älteste erhaltene Schiff der Welt war ganz ohne Nägel erbaut, die Planken wurden mit Stricken zusammengebunden. Ein Hafen, eigens für die Überführung eines Pharao angelegt, wurde 1981 bei Gise entdeckt.

Die Pyramiden von Gise waren schon in der Antike eine Touristenattraktion, wie Einritzungen schreibwütiger Besucher zeigen. Heute sind sie eine Devisenquelle für die ägyptische Wirtschaft. Die am häufigsten bestiegene Cheopspyramide wird jährlich gereinigt und ausgebessert. Das tut auch bitter not, denn Witterung und herumkletternde Fremde richten große Schäden an. Heute mißt die Cheopspyramide nur noch 137 Meter, also 9 Meter weniger als bei ihrer Erbauung. Die Spitze ist zu einer Plattform geworden, die den Besuchern dazu dient, einen Rundblick über Wüste und Niltal zu gewinnen. Als Cheops die Pyramide errichten ließ, wurden die über einen Meter hohen Quaderschichten aus relativ weichem Stein mit einer glatten Decke aus hartem Muschelkalk geschützt. Im Altertum war das Bauwerk also wirklich eine Pyramide im mathematischen Sinne, heute sieht sie nur noch von weitem so aus. In Wirklichkeit besteht sie aus zahlreichen Stufen. Die harte Decke ließen im Mittelalter die Mamelucken, eine Herrenschicht, die aus türkischen Söldnern entstanden war, abreißen und zum Aufbau ihrer Paläste verwenden. Das gleiche geschah mit den benachbarten Pyramiden.

Völlig verschwunden sind eine Reihe von Pyramiden des Mittleren Reiches (um 2000 v. u. Z.), deren harte Steinschale einen Ziegelkern umhüllte. Nach der Entfernung der oberen Schicht zerbröckelte das Mauerwerk aus Ziegeln ziemlich rasch.

Manche Fachleute halten die laufenden Reinigungen der Cheopspyramide eher für schädlich als nützlich. Bei der Chephren- und der Mykerinospyramide, die nicht gesäubert werden, bilden Sand und abgesplitterter Stein einen gewissen Schutz für die Quader.

Auch die Sphinx von Gise, eine 20 Meter hohe und 57 Meter lange, aus dem Gestein herausgehauene Löwenfigur mit Menschenantlitz, die unter Pharao Chephren (2540 bis 2515 v. u. Z.) geschaffen wurde, ist vom Zerfall bedroht. 1982 löste sich die linke Hinterpranke, die schon früher einmal neu befestigt werden mußte.

Esel und Gelehrte
in die Mitte!

Am 21. Juli 1798 hatten die Pyramiden von Gise eine eigenartige Funktion. Sie dienten als Kulisse einer Schlacht zwischen dem ägyptischen Mameluckenheer und einer französischen Expeditionsarmee unter dem Kommando des Generals Napoleon Bonaparte. Der General wußte nicht nur die Kriegstrommel, sondern auch die Reklametrommel zu rühren. Er hielt wie vor den meisten seiner Schlachten eine Ansprache an seine Truppen, die für die Veröffentlichung in der Presse reif war. »Soldaten, vierzig Jahrhunderte blicken auf euch!« wobei er das Alter der Pyramiden sogar einigermaßen richtig einschätzte, über das damals zum Teil ganz phantastisch hohe Zahlen im Umlauf waren. Als die französischen Truppen sich zum Karree formierten, um die feindliche Kavallerie abzuwehren, ertönte der Befehl: »Esel und Gelehrte in die Mitte!« Die französische Expedition führte nämlich nicht nur eine Anzahl der grauen Lasttiere mit sich, sondern eine in Frankreich zusammengestellte Mannschaft von Geographen, Botanikern, Zoologen und auch Historikern.

In der Schlacht bei den Pyramiden siegten die Franzosen. Der Feldzug im ganzen endete jedoch mit einem Debakel. Schon ein Jahr später verließ der General Bonaparte seine Soldaten. Die Überreste des Expeditionskorps mußten sich den Briten ergeben.

Dem Ägyptenfeldzug der Franzosen blieb der militärische und politische Erfolg versagt; für die Wissenschaft, besonders für die Altertumskunde Ägyptens, brachte er reiche Ernte. Zum erstenmal in der Neuzeit wurden die wichtigsten Bauwerke registriert und in Zeichnungen festgehalten, vor allem aber wurden Altertümer, die man transportieren konnte, haufenweise zusammengeschleppt. Allerdings mußte das ganze unrechtmäßig erworbene Gut bei der Kapitulation von den Franzosen herausgegeben werden – aber nicht an die Ägypter, sondern an die Engländer. So kommt es, daß sich diese Schätze bis heute im Britischen Museum befinden.

Darunter ist auch der Stein von Rosette, der von französischen Soldaten bei Schanzarbeiten gefunden wurde. Er trägt eine Inschrift in griechischer Sprache und in zwei verschiedenen altägyptischen Schriften. Von ihm nahm die erfolgreiche Entzifferung der Hieroglyphen ihren **Ausgang.**

Hieroglyphen, Hierodulen und Hieros gamos

Eine unleserliche Klaue bezeichnet man im Scherz als Hieroglyphenschrift. Tatsächlich waren die wirklichen Hieroglyphen, die Schriftzeichen, mit denen die Ägypter im Altertum Tempelwände, Obeliske usw. versahen, anderthalb Jahrtausende hindurch nicht lesbar, obgleich sie sehr sauber gezeichnet sind.

Nach dem Sieg des Christentums in Ägypten und dem Aufhören des alten Götterkults war nämlich die Tradition des Hieroglyphenschreibens und -lesens ausgestorben. Die letzte bekannte Inschrift in den alten Zeichen, die über 3000 Jahre in Gebrauch gewesen waren, stammt aus dem Jahre 394. Im täglichen Leben sowie für kirchliche Bedürfnisse wurde von den zu Christen gewordenen Ägyptern ein nach griechischem Vorbild gestaltetes Alphabet gebraucht.

Hieroglyphe ist aus den griechischen Wörtern hieros (heilig) und glyphein (einschneiden) gebildet. Fälschlich hielt man nämlich die altägyptischen Bildzeichen für heilige Symbole, die tiefe Weisheiten zum Ausdruck brächten. Von dieser irrigen Vorstellung gingen alle frühen Entzifferungsversuche aus, so auch der des Jesuitenprofessors Athanasius Kircher (1602 bis 1680), der als Erfinder der Laterna magica, des Projektionsapparates, in die Geschichte der Technik eingegangen ist.

Während seines jahrzehntelangen Aufenthaltes in Rom befaßte sich Kircher auch mit der Entzifferung der Hieroglyphen, die er auf den in der Ewigen Stadt aufgestellten Obelisken (damals wohl die einzigen altägyptischen Schriftdenkmäler in Europa) gründlich studierte. Seine Veröffentlichungen zu diesem Thema galten lange als maßgeblich. Seine Geburtsstadt Geisa in der Rhön gab noch im Jahre 1921 einen Notgeldschein mit seinem Bildnis heraus, auf dem er als »Entzifferer der Hieroglyphen« bezeichnet wird. »Erfolgloser Entzifferer« hätte es richtig heißen müssen, denn damals war schon seit einem Jahrhundert bekannt, daß der gelehrte Pater keine einzige Hieroglyphe richtig gelesen hatte. In einem 1650 erschienenen Werk übersetzte er die Zeichen, welche in Wirklichkeit »Osiris sagt« bedeuten, folgendermaßen: »Das Leben der Dinge nach Typhons Besiegung, die Feuchtigkeit der Natur, durch die Wachsamkeit des Anubis.«

Ein Schlüssel zum Lesen der Hieroglyphen war erst nach der Expedition Bonapartes gegeben. Der geniale französische Orientalist Jean

François Champollion, der konsequent davon ausging, daß die Hieroglyphen keine Symbolzeichen, sondern Wort- und Lautzeichen waren, entzifferte zuerst den Königsnamen Ptolemaios auf dem Stein von Rosette, dann den Namen Kleopatra auf einem Obelisk (übrigens nicht den der weltberühmten Kleopatra, sondern einer ihrer Vorgängerinnen). Die Probe aufs Exempel war, daß er die Namen Ramses und Thutmosis dann auch auf anderen, einsprachigen Denkmälern lesen konnte. Champollions im September 1822 an die Akademie geschriebener Brief, in dem er seine Entdeckungen mitteilte, gilt mit Recht als Geburtsurkunde der Ägyptologie. Vom Ansatz des französischen Gelehrten ging in den nächsten Jahrzehnten die vollständige Entzifferung der ägyptischen Schrift aus.

Champollions Entdeckung wurde von vielen Gelehrten angezweifelt. Zu seinen bedeutenden Fürsprechern gehörte jedoch Wilhelm von Humboldt, der in der Preußischen Akademie der Wissenschaften über die bahnbrechende Entdeckung informierte. Die Akademie gab daraufhin dem jungen Gelehrten Richard Lepsius die Möglichkeit, sich in die neue Wissenschaft einzuarbeiten. Lepsius setzte das Werk Champollions erfolgreich fort und legte damit den Grundstein für die Blüte dieses Wissenschaftszweiges in Berlin.

Als Hieroglyphen werden auch Schriftzeichen anderer Völker bezeichnet, zum Beispiel die älteste minoische Schrift, das sogenannte Hieroglyphen-Hethitische in Kleinasien, die Schrift der Maya in Mittelamerika und andere. In allen Fällen handelt es sich natürlich nur um eine oberflächliche Ähnlichkeit mit dem äußeren Bild des altägyptischen Zeichensystems.

»Hieros« ist auch im Begriff »Hierarchie« enthalten, der wörtlich

Hieroglypheninschrift Amenemhet III.
Relief aus dem Tempel des Sokar, Krokodilopolis
19./18. Jahrhundert v. u. Z.

Schreiber mit Hieroglyphentafel
Ägyptische Skulptur aus Granit
1580–1350 v. u. Z.

»Herrschaft der Heiligen« bedeutet und womit man ursprünglich die Herrschaft der Priester über die Laien bezeichnete. Da innerhalb der katholischen Geistlichkeit eine strenge Folge der Ämter mit verschiedenen Weihen besteht, nannte man dann auch diese Rangordnung so. Als der absolutistische Staat seit dem 17. Jahrhundert einen umfangreichen Beamtenapparat mit einer dem kirchlichen Vorbild ähnelnden bürokratischen Stufenleiter hervorbrachte, wurde das Wort ironisch auch hierfür verwendet.

Hierodulen (heilige Sklaven) wurden Sklaven und Sklavinnen genannt, welche Eigentum der Tempel waren. In vielen Heiligtümern mußten sie sich den Besuchern preisgeben. Es wäre falsch, darin ausschließlich ein Mittel zur Erhöhung der Tempeleinnahmen zu sehen. Vielmehr handelte es sich bei dieser Sitte zumindest ursprünglich um einen Fruchtbarkeitskult. Man glaubte, daß die Vereinigung an einem heiligen Ort die Fruchtbarkeit von Pflanze, Tier und Mensch im ganzen Lande fördere.

In Babylon übten auch freigeborene Frauen diese Funktion in den Tempeln aus. Sie waren in verschiedene Dienstränge eingeteilt, der oberste war Töchtern aus den besten Familien vorbehalten, darunter waren nicht selten Prinzessinnen des königlichen Hauses. Die Tempeldamen waren juristisch besser gestellt als die verheirateten Frauen, sie lebten teils in »Klöstern«, teils auch in eigenen Stadtwohnungen. Ihr öffentliches Ansehen war hoch.

Auch in den Tempeln Palästinas gab es Knaben und junge Mädchen, die sich bei und in den Tempeln zu Ehren der Gottheit hingaben. Aus dem Tempel zu Jerusalem ließ König Josia (639 bis 606 v. u. Z.) sie vertreiben und ihre Wohnungen niederreißen. Im Hebräischen wurden die Hierodulen Kedeschen genannt, was auf den Namen der Stadt Kadesch zurückgeht, in der die Tempelprostitution besonders zu Hause war. Im pharaonischen Ägypten hat es eine kultische Preisgabe nicht gegeben, ebenfalls in China nicht. Dagegen war sie in Indien stark verbreitet. Das Wort Bajadere, das ursprünglich eine indische Hierodule, später ein Freudenmädchen überhaupt bezeichnete, wurde durch das portugiesische bailadaira (Tänzerin) vermittelt. Goethe stieß auf den Stoff zu seiner Ballade »Der Gott und die Bajadere« in einem französischen Reisebericht über Ostindien.

Ähnliche Vorstellungen wie dem Hierodulenwesen liegen auch der alljährlichen Hochzeit des Gottes mit der Oberpriesterin zugrunde. Aus Ägypten ist vor allem die Vereinigung des Amun in Theben mit einer »Gottesweib« genannten Priesterin bekannt. Da der Amun-Tempel über märchenhafte Reichtümer und in der späten Pharaonenzeit auch über eine politisch ziemlich selbständige Stellung verfügte (man spricht von einem Gottesstaat des Amun), waren die Könige bestrebt, einer ihrer Schwestern oder Töchter das Amt des Gottesweibs zu verschaffen. Die Hochzeit mit dem Gott soll in Theben nur angedeutet worden sein. Das Gottesweib blieb Jungfrau und vererbte ihr Amt durch Adoption. Anders in Mesopotamien, wo meist der Oberpriester, in den Haupttempeln sogar der König, den Gott im Hochzeitsbett vertrat. Man bezeichnet dies griechisch als hieros gamos (heilige Hochzeit).

Interviews am Nil

Herodot betrat um das Jahr 455 v. u. Z. ägyptischen Boden. Er kam eigens, um hier für sein großes ethnographisches und historisches Werk, in dessen Mittelpunkt die Kriege zwischen Persern und Griechen stehen sollten, Material zu sammeln. Er wollte, wie er selbst sagt, daß jenes: »was die Menschen getrieben, was Griechen und Nichtgriechen Großes und Bewunderungswürdiges geleistet, ... nicht mit der Zeit verwischt und vergessen würde«.

Der Forscher begann seine Erkundung (das griechische Wort historia = Geschichte bedeutet Erkundung) in Naukratis. Diese um 650 von Milet aus gegründete ionische Stadt besaß ein Monopol für den Handel mit Griechenland und vermittelte auch manchen Kultureinfluß. Naukratis lag im Mündungsgebiet des Nil, im Delta, wie es die Griechen nach ihrem dreieckigen Buchstaben nannten, ein Ausdruck, der auch zu einem allgemeinen geographischen Begriff geworden ist. Die Griechen benannten die ägyptischen Städte meist mit in die eigene Sprache übersetzten oder ihrer Zunge angepaßten Namen, wie sie auch ägyptische Gottheiten gern mit den ihren gleichsetzten. Diese griechischen Bezeichnungen der altägyptischen Städte sind im Deutschen so fest eingebürgert, daß die einheimischen alten Namen kaum angewandt werden.

Herodot reiste zunächst stromaufwärts und besuchte Heliopolis (griechisch: Sonnenstadt, da hier der Sonnengott Re verehrt wurde). Die Stadt war etwas oberhalb der Stelle erbaut, in der sich der Nil in mehrere Arme teilt, also in verkehrsmäßig günstiger Lage. Später errichteten die Araber aus den gleichen Gründen etwas nordwestlicher davon Kairo, das sich heute schon bis zu den Ruinen von Heliopolis ausgedehnt hat.

Re fuhr täglich in der Sonnenbarke von Ost nach West über den Himmel, nachts von West nach Ost durch die Unterwelt. Nach einem anderen Mythos wurde er morgens von der Himmelsgöttin Nut geboren und abends verschluckt. Nut stand auf allen vieren auf der Erde, ihre Fingerspitzen und ihr Kopf waren der Westen, Beine und Schoß der Osten. Auch sie wurde in Heliopolis angebetet, ebenso heilige Affen, die man als Söhne des Re betrachtete. Re wurde häufig auch als Kater verehrt, der gegen eine Schlange kämpft. Die Katze wurde in Oberägypten zum Haustier. Sie wurde aus der nubischen Falbkatze domestiziert. Allmählich breitete sie sich über das ganze Mittelmeergebiet aus. In Griechenland wurden zuvor Wiesel als Mäusefänger gehalten. In Mitteleuropa wurde die Hauskatze erst im frühen Mittelalter von den Mönchen heimisch gemacht. Sicherlich haben sich aber die aus Ägypten stammenden Hauskatzen mit der einheimischen Wildkatze vermischt.

Nicht weit von Heliopolis entfernt lag Memphis (ägyptisch Men-noffer-Pepi: Es bleibt die Schönheit von Phiops). Pepi oder Phiops war ein Pharao (2298 bis 2258 v. u. Z.), dessen Pyramide beim wenig entfernten Ort Sakkara auf der Westseite des Nils liegt. Auch Gise und andere Pyramidenorte sind ja wenig entfernt. Memphis war im 3. Jahrtausend v. u. Z. die Hauptstadt, später wurde es geradezu eine Weltstadt. Hier verehrte man hauptsächlich Ptah, den Herodot Hephaistos nennt, also mit dem griechischen Schmiedegott identifiziert.

Ptah war der erste und höchste aller Götter, jedenfalls nach der Theologie der memphitischen Priester. Er schuf Götter, Welt und Menschen, indem er ihnen Namen gab. Den ersten Menschen bildete er aus Ton auf der Töpferscheibe. Er war auch Schutzherr aller Handwerke und Künste. Die sicherlich besonders großartigen Tempel von Memphis wurden zum Aufbau von Kairo verwendet, so daß sich hier über der Erde kaum etwas an Altertümern erhalten hat.

Die amerikanische Stadt Memphis (Tennessee) ist ebenso wie Cairo (Illinois) wegen der Lage an einem Strome, der mit dem Nil wetteifern kann, so getauft worden.

Lange Zeit war auch Theben in Oberägypten Residenz der Pharaonen (daher sein Name Ta-ape: Harem). Hier wurde besonders der Kult des

Theben: Ramesseum
Totentempel Ramses II.
13. Jahrhundert v. u. Z.

Zum Sonnengott betender Mann
Ägyptische Skulptur
um 1450 v. u. Z.

Amun gepflegt, der vor allem in Gestalt des lebendigen Apisstiers angebetet wurde. In ihm saß auch die Seele des Gottes Ptah, des Re und des
Osiris. Dieser Stier wurde an bestimmten Feiertagen durchs Land geführt, um die Felder zu segnen. Nach seinem Tode wurde der Bulle als
Mumie in einem riesigen Sarkophag beigesetzt, oft in einem besonderen
Tempel, der nach dem griechischen Namen des Stieres, Serapis (zusam-
mengezogen aus Osiris und Apis), Serapeum genannt wird.

Die Griechen nannten die Stadt das »hunderttorige Theben«, um es
von dem gleichnamigen Theben in Mittelgriechenland, welches sie als
das »siebentorige Theben« bezeichneten, zu unterscheiden.

Herodot befragte zuerst die »Haiphestos«-Priester in Memphis über
die Geschichte Ägyptens, dann auch ihre Kollegen in Heliopolis und
Theben. Die Priester waren nicht der Meinung, daß die Ägypter die ersten Menschen gewesen seien. Ihr König Psammetich ließ zwei Kinder
aufziehen, erzählten sie dem Fremden, in deren Gegenwart niemand
sprechen durfte. Als sie groß genug waren, suchte sie der König auf. Sie

liefen ihm entgegen und riefen »Bekos«. Psammetich befahl nachzuforschen, in welcher Sprache diese »Urlaute« etwas bedeuteten. Man fand heraus, daß die Phryger in Kleinasien das Brot »bekos« nannten. Er schloß daraus, daß die Phryger ein älteres Volk seien als die Ägypter.

König Rhampsenit, erzählten die Priester dem Herodot weiter, habe sich ein Schatzhaus bauen lassen, das nur durch eine Tür seines Palastes zu betreten war. Der schlaue Baumeister habe jedoch einen Stein so lose angebracht, daß man ihn heimlich herausnehmen und eindringen konnte. Der Architekt hinterläßt das Geheimnis seinen zwei Söhnen, die von diesem Wissen reichlich Gebrauch machen. Der König bemerkt das Fehlen des Geldes und läßt eine Fußangel im Schatzhaus auslegen. Einer der Brüder verfängt sich darin, auf seine Bitte schneidet ihm der andere den Kopf ab. Der König läßt nun, um die Identität des Täters festzustellen, den Leichnam öffentlich ausstellen. Der Meisterdieb macht die Wächter betrunken und stiehlt den Toten. Der König weiß sich nicht anders mehr zu helfen, als daß er seine Tochter ins Bordell schickt. Jeder Freier muß ihr erzählen, was seine verruchteste und was seine klügste Tat gewesen sei. Der Dieb erzählt, seine verruchteste Handlung war es, dem Bruder den Kopf abzuschneiden, seine klügste, den Leichnam zu rauben. Die Prinzessin packt den Mann, aber sie hält nur einen Arm in der Hand, den abgeschnittenen Arm des toten Bruders, während der Ganove sich schnell aus dem Staube macht. Der König erhob jetzt den Menschen, der klüger war als alle Ägypter, zu seinem Schwiegersohn und Nachfolger. Diese ägyptische Geschichte ist, wie so manche andere, mit vielen Erweiterungen und Varianten in den Märchen- und Sagenschatz vieler Völker eingegangen. Die berühmten Märchen aus »Tausendundeiner Nacht«, die im Mittelalter in Ägypten aufgezeichnet wurden, sind aber großenteils nicht ägyptischen Ursprungs. Sie kamen über Persien, wie zum Beispiel das »Papageienbuch« zeigt, aus Indien, wo der »Ozean der Märchenströme« floß.

Herodot übermittelt neben vielen zutreffenden Nachrichten über die Geschichte, Religion, Sitten und Gebräuche auch Anekdotisches und Schwankhaftes. Wollte er seinem gelehrten Werk dadurch ein größeres Publikum verschaffen? Er bemerkt lakonisch: »Ob einer alles glauben will, was die Ägypter erzählen, ist seine Sache.«

Götter
finden eine neue
Heimat

Auch ein Labyrinth, wie es ihnen aus der heimischen Sagenwelt vertraut war, glaubten die Griechen in Ägypten zu erkennen, und zwar am Moeris-See (heute: Karunsee), mitten in der westlichen Wüste. Das dortige Sumpfgebiet, 44 Meter unter dem Meeresspiegel gelegen, war von den Ägyptern frühzeitig melioriert und in eine Kornkammer verwandelt worden. Heute ist es als Oase Fayum bekannt. Das Bauwerk, das die Fremden für ein Labyrinth hielten, war der Totentempel eines Pharao, zugleich wurde hier der krokodilgestaltige Gott Suchos verehrt. Herodot spricht deshalb von der Hauptstadt des Fajum als Krokodilopolis.

Nilaufwärts gelangte Herodot bis zum 1. Katarakt, also bis zum heutigen Assuan. Hier grenzt Ägypten an Nubien, das Land der Äthiopen (griechisch: verbrannte Gesichter). Dies weist ebenso wie das arabische Wort Sudan (Land der Schwarzen) auf die dunkle Hautfarbe hin. Der heutige Staat Äthiopien (früher meist Abessinien genannt) darf mit dem antiken Begriff nicht gleichgesetzt werden. Jener bezeichnete, ähnlich wie ursprünglich Sudan, alles Land südlich der Sahara. Dessen Ausdehnung war unbekannt. Der Grenzort auf einer Nilinsel, wo Elfenbein aus Nubien umgeschlagen wurde, hieß griechisch Elephantine. Berühmt war der dortige Wasserstandsmesser (Nilometer).

Herodot setzt sich in seinem Geschichtswerk kritisch mit verschiedenen phantastischen Theorien über die Ursache des Nilhochwassers auseinander. Einige Gelehrte behaupteten, ein Nordwind, der in die Mündung drücke, sei dafür verantwortlich, die anderen, der Nil komme aus dem Ozean vom anderen Ende Afrikas, und eine wechselnde Meeresströmung verursache seine Schwellung, die dritten, diese käme vom schmelzenden Schnee innerafrikanischer Berge. Herodot aber hält ganz richtig periodische Regenfälle im Quellgebiet für die Ursache des Hochwassers.

Über Äthiopien erhielt der Reisende recht zutreffende Informationen. Es war ein kultiviertes Land mit der Hauptstadt Meroë, in der »Zeus« und »Dionysos« verehrt wurden. Ausgrabungen in den letzten Jahrzehnten haben gezeigt, daß in Nubien eine lange Reihe von Kulturen und Staaten aufeinanderfolgte.

Herodot erzählt, daß unter König Psammetich (664 bis 610 v. u. Z.) ägyptische Truppen, die in Elephantine stationiert waren, des Soldatendaseins überdrüssig, nach Äthiopien abzogen. Der König setzte ihnen nach, um sie zur Umkehr zu bewegen. »Denkt an eure Weiber und Kinder«, rief er. Da zeigte einer von ihnen sein Glied und antwortete: »Wo das ist, werden wir schon Weiber und Kinder haben!« Auf diese Überläufer führt Herodot die Verbreitung ägyptischer Sitten zurück. Allerdings war der ägyptische Einfluß viel älter, er reicht weit ins 2. Jahrtausend v. u. Z. zurück. Mehrfach eroberten die Pharaonen das südliche Nachbarland, umgekehrt setzten sich auch die Äthiopier in Ägypten fest. Verdis »Aida« machte diese Kämpfe weltberühmt.

Das ägyptisch-nubische Grenzgebiet war der Schauplatz umfangreicher internationaler Aktionen zur Rettung von Kulturdenkmälern, die unter den Wassern des großen Stausees nördlich von Assuan zu versinken drohten. Etwa zwei Dutzend wertvolle archäologische Denkmäler von erheblicher Größe wurden versetzt, darunter auch die wichtigen Teile des weltberühmten Felsentempels von Abu Simbel mit den vier 20 Meter hohen Kolossalstatuen Ramses II. Die auf dem Boden des ägyptischen Staates liegenden Altertümer wurden meist etwas stromabwärts wieder aufgebaut, die auf sudanesischem Territorium befindlichen auf die über 600 Kilometer weite Reise nach der Hauptstadt Khartum geschickt. Dort können Einwohner und Fremde jetzt im Nationalmuseum und seinem Park die meroitischen Gottheiten bewundern.

Löwenhäuptige Kriegsgöttin Sachmet
Ägyptische Granitskulptur
1403–1365 v. u. Z.

Dynastien
und stets siegreiche
Pharaonen

Etwa 170 Jahre nach Herodot verfaßte der ägyptische Priester Manetho in griechischer Sprache eine Geschichte seines Vaterlandes. Da ihm alte Königslisten und Annalen zugänglich waren, hätte sie uns sicherlich viele wertvolle Informationen vermittelt. Jedoch ging die Schrift Manethos verloren und ist uns nur aus Zitaten anderer antiker Autoren bekannt. Wir können uns lediglich damit trösten, daß die heutige Ägyptologie über ein auf vielen Gebieten reichhaltigeres Material verfügt als der priesterliche Historiker.

Manetho gab eine umfangreiche Liste aller ihm bekannten ägyptischen Könige, die er in 30 Dynastien einteilte. Freilich waren ihm manche Herrscher unbekannt; einige Dynastien, die von ihm zeitlich hintereinandergestellt wurden, regierten gleichzeitig in verschiedenen Landesteilen. Trotzdem ist die Aufstellung des Manetho ein so gutes Gerüst für die ägyptische Geschichte, daß ihre Zählung der Dynastien in der Geschichtswissenschaft allgemein üblich geworden ist. Die Zeitangaben des Manetho sind allerdings viel zu hoch gegriffen, und die anderthalb Jahrhunderte ägyptologischer Forschung haben immer aufs neue zu ihrer Reduzierung geführt. Mit der Geschichte Mitteleuropas verglichen, sind sie trotzdem fast unvorstellbar lang. Manetho stand unserer Zeit näher als der des Königs Menes (etwa 2850 v. u. Z.), des ersten Herrschers der 1. Dynastie.

In Anlehnung an Manethos drei Dekaden von Dynastien hat die Ägyptologie die altägyptische Geschichte in ein Altes Reich, in ein Mittleres und Neues Reich eingeteilt. Diese etwas schematische Gliederung wurde verfeinert, indem noch eine Frühzeit, zwei Zwischenzeiten und eine Spätzeit eingeführt wurden. Die Abgrenzungen werden aber recht unterschiedlich vorgenommen.

Schon vor Manethos 1. Dynastie gab es Könige in Ägypten, wie die Funde von Schminktafeln zeigen, die mit Bildern und Symbolgestalten verziert sind. Einer dieser frühen Herrscher führte offenbar den Namen Skorpion.

Ein Kunstwerk aus dieser Zeit zeigt Fabelwesen, wie sie aus der gleichzeitigen mesopotamischen Kultur bekannt sind, und aus Schiffen

Ramses II.
Kopf einer Granitstatue
13. Jahrhundert v. u. Z.

typisch mesopotamischer Form aussteigende Krieger. Man vermutet deshalb, daß schon in der allerfrühesten Zeit Kontakte zwischen Mesopotamien und Ägypten bestanden.

Djoser, der Schöpfer der ältesten Pyramide, war ein König der 3. Dynastie (etwa 2650 bis 2480 v. u. Z.), Cheops, Chephren und Mykerinos zählten zur 4. Dynastie. Beide Dynastien gehören zum Alten Reich. Die 11. und 12. Dynastie (2052 bis 1492 v. u. Z.) bilden das Mittlere Reich, die 14. bis 24. das Neue (17. bis 11. Jahrhundert v. u. Z.). Da die Könige der 19. und 20. Dynastie häufig den Namen Ramses (»Re hat ihn gezeugt«) trugen (insgesamt elf), nennt man diese durch Eroberungen in Vorderasien gekennzeichnete Epoche (14. bis 11. Jahrhundert v. u. Z.) oft Ramessidenzeit. Als Ramesseum wird der Totentempel Ramses II. bezeichnet, in dem eine Darstellung der Schlacht bei Kadesch in Syrien (1284 v. u. Z.) angebracht war. Sie zeigte, wie die Ägypter unter ihrem König die Hethiter besiegen. Ein langer ruhmrediger Bericht darüber fand sich auch im Felsentempel von Abu Simbel. Nach hethitischen Quellen dagegen soll das hethitische Heer ruhmreich gesiegt haben. Die ägyptischen Herrscher ließen solche stereotype Siegesberichte gern auf ihren Denkmälern anbringen.

In der Spätzeit beherrschten zeitweise Libyer (22. und 23. Dynastie) und Äthiopier (25. Dynastie) das Land. Die 24. und 26. Dynastie hatten ihren Sitz in Sais, das durch ein Gedicht von Schiller (»Das verschleierte Bild von Saïs«) sich einer gewissen Bekanntheit erfreut. Der von Herodot öfter erwähnte Psammetich gehörte zu den saitischen Königen. Als 27. Dynastie zählt Manetho die Perser, die das Land 525 v. u. Z. ihrem Weltreich einverleibten, während die 28. bis 30. Dynastie verschiedene ägyptische Versuche, sich wieder unabhängig zu machen, bezeichnen.

Die erste Zwischenzeit (zwischen dem Alten und dem Mittleren Reich) war von sozialen Erschütterungen und dem Zerfall der zentralen Staatsgewalt gekennzeichnet. Von einer damaligen »Dynastie« hieß es zum Beispiel, 70 Könige hätten 70 Tage geherrscht. Das ist eine höfliche Umschreibung für vollständige Anarchie.

Die zweite Zwischenzeit (zwischen Mittlerem und Neuem Reich) wird von dem Eindringen der Hyksos (um 1600 v. u. Z.) bestimmt, die aus Asien kamen und sich das Delta unterwarfen. Sie kämpften vorzugsweise mit Streitwagen. So wurden die Ägypter erstmals mit dem Pferd bekannt. Einige Gelehrte haben den Aufenthalt der Kinder Israels, von dem im Alten Testament erzählt wird, in die Zweite Zwischenzeit ansetzen wollen. Jedoch fehlt von Joseph und Moses in den ägyptischen Quellen jede Spur. Freilich ist es möglich, sogar wahrscheinlich, daß die später als »Israel« bekannten Stämme im Grenzgebiet nomadisierten und dem Pharaonenreich zeitweise untertan waren.

332 v. u. Z. eroberte der Makedonenkönig Alexander Ägypten. Sein Feldherr Ptolemaios Lagos war der Begründer der ptolemäischen Dynastie, die man als die 31. zählen kann. Dessen Sohn Ptolemaios II. gab

auch Manetho die Weisung, sein Geschichtswerk zu verfassen. Auf die Ptolemäer folgte die römische und byzantinische Herrschaft, die über 600 Jahre dauerte.

Ägypten war mit den ihm abgepreßten Getreidelieferungen der wichtigste Ernährer erst von Rom, dann von Konstantinopel. Im 3. und 4. Jahrhundert wurde Ägypten christlich und spielte eine maßgebliche Rolle in der Kirchengeschichte. So lebten die ersten Mönche in der ägyptischen Wüste. Auch nach der Eroberung durch die arabischen Mohammedaner blieben die Ägypter überwiegend Christen. Erst im Laufe von Jahrhunderten gingen sie, um dem Steuerdruck zu entgehen und ihre soziale Lage zu bessern, zum Islam über. Sie gaben auch ihre Muttersprache auf, die eine 4 000jährige Geschichte als schriftlich fixierte Sprache aufzuweisen hat, worin sie nur dem Chinesischen vergleichbar ist. Einige Millionen Ägypter sind heute noch koptische Christen.

Unser Wort Pharao stammt aus dem Alten Testament (hebräisch: par'oh) und soll ägyptisch »Großes Haus« bedeutet haben, einer der unzähligen Königstitel. »Ägypten« haben wir aus dem Griechischen übernommen. Das griechische Wort (Aigyptos) geht wahrscheinlich auf Hiku-ptah zurück, einen der Namen der Stadt Memphis.

König Tiglatpileser III. auf einem Streitwagen
Relief aus dem Palast Mimirud-Kalach, Assyrien
um 730 v. u. Z.

Eine Königin mit Bart

Eine kniende Pharaonenfigur aus Rosengranit gehört zu den schönsten Statuen des Ägyptischen Museums auf der Berliner Museumsinsel. Die Skulptur verrät nicht, daß hier eine Frau dargestellt ist, nämlich die Königin Hatschepsut (nach 1500 v. u. Z.) aus der 18. Dynastie. Hatschepsut, Tochter des Königs Thutmosis I., war nach ägyptischer Sitte mit ihrem Halbbruder Thutmosis II. vermählt, den sie jedoch mehr und mehr von der Regierung ausschloß. Um die ungewohnte Herrschaft einer Frau ihren Untertanen erträglicher zu machen, ließ sich Hatschepsut in Inschriften als »König« und »er« bezeichnen und auf Bildwerken ohne weiblichen Busen und mit Bart darstellen.

Der Kinnbart war im alten Ägypten ein durch das Protokoll geregeltes Herrschaftssymbol. Nur der König durfte einen langen rechteckigen Bart tragen, die höchsten Beamten lediglich einen etwa quadratischen. Der königliche Bart wurde sogar als besondere Gottheit verehrt. Politisch-religiösen Gründen und nicht etwa einer Hormonstörung entsprießt also der Damenbart der Hatschepsut.

Die Statuen der Pharaonin sind meist nur in beschädigter Form erhalten. Als die Regierung der Hatschepsut ein Ende gefunden hatte — wir wissen nicht, ob durch ihren natürlichen Tod oder durch einen Putsch —, ließ ihr Nachfolger Thutmosis III. nämlich die Bildwerke, die an sie erinnerten, größtenteils zertrümmern und auch ihren Namen aus den Inschriften auskratzen. Damit wollte er die Schmach vergessen lassen, daß ein Weib auf dem Thron der Pharaonen gesessen hatte.

Auch auf mittelalterlichen Bildwerken finden wir eine Frau mit Bart, allerdings mit Vollbart, zum Beispiel in der Nikolaikirche zu Rostock. Sie wird Heilige Kümmernis genannt, auch Wilgefortis, Deliberata und ähnlich. Der Legende nach war sie die christliche Tochter eines heidnischen Königs, der sie gewaltsam mit einem anderen heidnischen Fürsten verheiraten wollte. Um dieser Vermählung zu entgehen, betete sie um einen Vollbart. Ihr Vater ließ sie deshalb hinrichten. Die Märtyrerin war im Mittelalter eine sehr beliebte Heilige, deren Geschichte auch in der »Legenda aurea«, der großen Sammlung von Heiligengeschichten, erzählt wird.

Die Bratspieße
der Kleopatra

Neben den Pyramiden und Sphingen sind die Obeliske die populärsten Zeugnisse ägyptischer Kunst. Ihr Name ist verwandt mit dem der kleinen griechischen Silber- oder Kupfermünzen, die Obolos hießen. Einen Obolos legte man auch den Verstorbenen in den Mund. Es sollte der Lohn für den Fährmann sein, der die Toten über den Unterweltstrom in das Reich der Schatten brachte. Obolos bedeutet griechisch wörtlich »Spieß« oder »Bratspieß«. Etwa zwischen 800 und 600 v. u. Z. wurden in Griechenland nämlich eiserne Geräte als Geld verwendet.

Als die Griechen nach Ägypten kamen, sahen sie in den Tempelbezirken hochaufragende Steinpfeiler, die sie an einen Bratspieß erinnerten. Die Obeliske waren Sinnbild des Sonnengottes Re, der sich nach ägyptischem Glauben auf ihrer Spitze, wie die Pyramidenspitze als Bembem bezeichnet, niederließ. Der höchste in Ägypten erhaltene Obelisk steht in Karnak und mißt 28 Meter. In einem Steinbruch bei Assuan wurde ein unvollendeter Obelisk von 41,75 Meter Länge gefunden.

Als die Römer Ägypten erobert hatten, verschleppten sie eine große Anzahl von Obelisken in ihre Stadt, wo sie zum Teil heute noch öffentliche Plätze schmücken, unter anderem den Petersplatz. Einige Staaten der Neuzeit wollten hinter den römischen Imperatoren nicht zurückstehen. 1836 wurde in Paris auf dem Place de la Concorde ein Obelisk aus der Tempelstadt Luxor aufgestellt. Zwei Obelisken aus Alexandria, nach der bekanntesten ägyptischen Königin »Nadeln der Kleopatra« genannt (21,6 und 22 Meter hoch), hatten ein gleiches Schicksal. Einer davon wurde 1878 nach London gebracht, der andere 1881 nach New York.

In der europäischen Kunstgeschichte spielt der Obelisk seit der Renaissance eine vielfältige Rolle. Nachahmungen altägyptischer Werke (zum Beispiel vor dem Park von Sanssouci zu Potsdam, mit Phantasiehieroglyphen versehen) finden sich ebenso wie Obelisken als Teile neuzeitlicher Architektur (zum Beispiel der Mendebrunnen in Leipzig). Unter derartigen Schöpfungen aus dem 20. Jahrhundert sind der Obelisk auf der Prager Burg und ein Denkmal für Martin Luther King in Houston (Texas) bemerkenswert.

Gott Amun-Re
Tempel zu Karnak
um 1450 v. u. Z.

Ein Leuchtturm,
der bis heute strahlt

Leuchtturm der Insel Pharos
Rekonstruktionszeichnung
280–279 v. u. Z. erbaut

Alexandria in Ägypten wurde 332 v. u. Z. von Alexander dem »Großen«
gegründet. Ich empfinde zwar Widerwillen dagegen, einen Eroberer mit
solchem Ehrentitel zu bezeichnen, aber wie soll man ihn sonst nennen?
Alexander »von Makedonien« ist nicht eindeutig, weil es vorher schon
zwei Könige dieses Namens gab, vom sagenhaften Taufpaten, dem Trojaner Paris (Alexander war einer seiner Nebennamen) einmal ganz abgesehen. Alexander III. wäre zwar korrekt, ist jedoch ganz ungebräuch-
lich.

Alexander war der Sohn Philipps II. von Makedonien (356 bis 336
v. u. Z.). Als König des noch halbbarbarischen, aber gerade dadurch militärisch leistungsfähigen Staates war es Philipp gelungen, sich in einer
Reihe von Kriegen, gleichzeitig aber auch durch Bestechung von Politikern alle griechischen Poleis zu unterwerfen. Er wurde ermordet, als er
mit einem starken Heer die Meerengen nach Asien überschreiten und einen Zug gegen das Persische Reich unternehmen wollte.

Im Jahre 1977 wurde unweit Saloniki von griechischen Archäologen
das Grab Philipps gefunden. Daß es sich um die Bestattung gerade die-
ses Königs handelte, zeigten fünf Miniaturporträts mit Darstellungen
Philipps II., seiner Frau Olympias, von der er sich getrennt hatte, seines
Sohnes Alexander sowie seiner Eltern. Das architektonisch prachtvolle
Grabmal enthielt ein goldenes Gefäß von 8 Kilogramm Gewicht, das of-

fenbar die Knochen von Philipps letzter Frau Kleopatra (aber wieder nicht die berühmte!) enthielt, die ebenfalls den Tod gefunden hatte, sei es durch Mord oder erzwungenen Selbstmord.

Es war nämlich die erste Heldentat Alexanders, alle ihm verwandten oder verschwägerten Personen umbringen zu lassen, die vielleicht Ansprüche auf den makedonischen Königsthron und -titel hätten erheben können. Zu seiner Entschuldigung läßt sich nur anführen, daß sie andernfalls sicherlich ihn aus dem Wege geräumt hätten.

Als der 24jährige Alexander nach Ägypten kam, hatte er, die Pläne seines Vaters verwirklichend, die Perser bereits in mehreren Schlachten besiegt und Kleinasien sowie Syrien erobert. Es waren von ihm schon mehrere Städte mit Namen Alexandria gegründet worden, darunter Alexandria am Issos (heute Iskenderun in der Türkei; Iskander ist die türkische Form des Namens Alexander). Auf seinen weiteren Feldzügen, die ihn bis an die Grenze Indiens und nach Mittelasien führten, veranlaßte der König noch eine Anzahl von Gründungen, die nach ihm Alexandria hießen, unter anderem das heutige Herat in Afghanistan und das heutige Leninabad in der Tadshikischen Sowjetrepublik.

Alexander kehrte 323 v. u. Z. nach Alexandria in Ägypten zurück – als Toter. Er war im Juni dieses Jahres in Babylon gestorben infolge von Trunksucht und anderen Ausschweifungen, wie gemunkelt wurde. Sein Grab wurde bis heute nicht gefunden; in der Sauregurkenzeit macht seine angebliche Entdeckung gelegentlich Nessie Konkurrenz.

Die großzügig angelegte Stadt wurde als Residenz des Ptolemaios, eines Feldherrn Alexanders, und seiner Nachkommen, der Ptolemäer, rasch zur größten und zu einer der prachtvollsten Städte der Welt. Ihr weithin ragendes Wahrzeichen war der Leuchtturm auf der Insel Pharos, die den Hafen vom Meer trennte. Er soll die Cheopspyramide an Höhe weit übertroffen haben und galt wie diese als eines der Weltwunder. Sein Licht leitete die Schiffe zum größten Hafen des Mittelmeeres.

Berühmter als die vielen prächtigen Paläste und Tempel der Stadt waren die Bibliothek und das Museion. In der alexandrinischen Bibliothek, einer Gründung Ptolemaios I., wurde die gesamte griechische Literatur (Dichtung, Naturwissenschaft, Geschichtsschreibung usw.) gesammelt. Während der Kämpfe, die Cäsar 48/47 v. u. Z. gegen die Ägypter zu bestehen hatte, ist sie größtenteils abgebrannt. Sie soll damals 700 000 Schriftrollen besessen haben.

Das Museion war ein den neun Musen geweihtes Forschungsinstitut, an dem philologische, astronomische, mathematische und naturwissenschaftliche Studien betrieben wurden. Hier entstand zum Beispiel die

In einer Bibliothek
Römisches Hochrelief

klassische Darstellung der Geometrie des Euklid, bis heute ein Grund-
werk der Mathematik.

Im Deutschen war ein Museum (so die lateinische Form von Museion) übrigens noch lange eine Stätte des Studiums und erst in zweiter
Linie eine Sammlung. Als Goethe im »Faust« schrieb: »Wenn man so in
sein Museum gebannt ist und sieht die Welt kaum einen Feiertag…«, so
war damit die Studierstube gemeint.

Nach Alexandria wird eine ganz wesentliche und auch für die Folge-
zeit fruchtbare Entwicklungsstufe der Wissenschaft, Philosophie und Literatur als alexandrinisch bezeichnet.

Der Name Alexandriner für ein in der französischen Dichtung vorzugsweise verwendetes, im 17. und 18. Jahrhundert auch in Deutschland
beliebtes Versmaß, zwölf- oder dreizehnsilbige Zeilen mit einem Einschnitt in der Mitte, geht allerdings nicht auf Alexandria, sondern auf
den französischen Alexanderroman des Mittelalters zurück.

Der Turm, der in Alexandria errichtet wurde, nicht der Leuchtturm
auf Pharos, sondern der Leuchtturm der Wissenschaft erhellte das Altertum und strahlt bis in unsere Zeit.

Massenhochzeit
und Kulturmischung

Die alexandrinische Epoche in Kunst, Wissenschaft, Philosophie und Religion wird auch als Hellenismus bezeichnet, ein Begriff, der umfassender ist, weil er nicht nur eine Stadt, sondern den ganzen Mittelmeerraum und Vorderasien ins Auge faßt.

Hellas war der einheimische Name Griechenlands, Hellenen die Selbstbezeichnung seiner Bewohner. Unter dem archäologischen Begriff helladisch sind die frühgeschichtlichen Kulturen des griechischen Festlands zu verstehen, die mit der minoischen auf Kreta gleichzeitig waren (etwa 2500 bis 1200 v. u. Z.). Hellenische Kultur, Literatur usw. ist gleichbedeutend mit griechischer. Was aber ist dann Hellenismus und hellenistisch?

In der alten Perserstadt Susa fand in einer Nacht des Jahres 324 v. u. Z. ein in der Geschichte wohl einmaliges Fest statt. Bei Fackelschein und Strömen von Wein feierten Alexander und sechstausend seiner Offiziere und Soldaten Hochzeit mit persischen und anderen orientalischen Schönen. Alexander ehelichte Roxane, die Tochter eines persischen Großen. Diese Massenhochzeit war ein Symbol der von Alexander angestrebten Verschmelzungspolitik. Als der König bald darauf starb und sein Reich von seinen Generalen aufgeteilt wurde, blieb von diesen Bestrebungen jedoch kaum etwas übrig. Die Nachfolger errichteten ihre Staaten politisch im wesentlichen auf den makedonischen und griechischen Elementen, die als Eroberer in den Orient gekommen waren. Griechisch (hellenisch) wurde die Sprache der Verwaltung am Nil wie am Euphrat.

Als der deutsche Historiker Johann Gustav Droysen um 1830 den Ausdruck Hellenismus in die Geschichtswissenschaft einführte, betrachtete er den Hellenismus einfach als Fortsetzung der griechischen Geschichte. Dafür sprachen die großartigen griechischen Kulturleistungen dieser Zeit: der Pergamonaltar in Kleinasien, die Bibliothek von Alexandria in Ägypten, die naturwissenschaftlichen und philosophischen Forschungen, die epikureische, kynische oder stoische Philosophie. In den drei Jahrhunderten von Alexander bis zum Freitod der ägyptischen Königin Kleopatra, der letzten makedonischen Herrscherin, entstanden Werte von bleibender Bedeutung, von deren Erbe die römische, die europäische und die islamische Kultur später im stärksten

Maße zehrten. Die einheimische Bevölkerung, vor allem die Ackerbauern, die mit ihrer Arbeit die Grundlage für diese Blüte der hellenistischen Kultur schufen, blieb von ihr aber weitgehend ausgeschlossen.

Heute muß man die Auffassung Droysens von der Kultur dieser Zeit als bloßer Fortsetzung der hellenischen als einseitig bezeichnen. Man könnte selbst die Wortprägung »Hellenismus« in Frage stellen und durch einen passenderen ersetzen, wenn das bei eingebürgerten Begriffen nicht ein sinnloses und bilderstürmerisches Unterfangen wäre. Droysen hatte offenbar nur die Wissenschaft und die »höheren Sphären« der Kunst im Auge. Die Euklidische Geometrie, das Wirken der alexandrinischen Grammatiker usw. ist freilich eine direkte Fortführung der vorangegangenen hellenischen Leistungen, weitgehend auch die meisterhaften Schöpfungen der Architektur und Bildhauerei. Dafür waren Ägypten und andere orientalische Länder mit ihren Reichtümern nur die materielle Grundlage. Ganz anders sieht es in Handwerk, Technik und Kleinkunst aus. Hier fand, ob gewollt oder nicht, tatsächlich ein kultureller Verschmelzungsprozeß statt.

Das politische Auftreten der Nachfolger Alexanders trug stark orientalische Züge. Die Ptolemäer in Ägypten ließen sich nicht nur auf Denkmälern ägyptischen Stils und mit ägyptischen Inschriften als Pharaonen darstellen, sie nahmen auch gegenüber ihren makedonischen und grie-

Kaiser Tiberius vor Isis und Osiris
Ägyptisches Relief von der Nilinsel Philae
1. Jahrhundert

Prozession ägyptischer Priester und Priesterinnen zu Ehren der Isis
Römisches Relief 2. Jahrhundert

chischen Untertanen die traditionelle Stellung orientalischer Despoten ein. Sie und ihre Angehörigen wurden als Gottheiten angebetet. Ptolemaios II. ging so weit, für die von ihm geliebte Hetäre Beliche einen Tempel der Aphrodite Beliche zu errichten.

Noch Augustus trat in die Fußstapfen der Ptolemäer, indem er sich in Ägypten wie ein Pharao verehren ließ. 1982 konnten Berliner Ägyptologen feststellen, daß eine Figur auf einer Granitstele, die man bisher für einen ägyptischen König gehalten hatte, die Gesichtszüge des ersten römischen Kaisers trug.

Daß die hellenistische Philosophie stark von orientalischen Ideen beeinflußt ist, wird kaum jemand bestreiten. Die Verschmelzung ägyptischer und griechischer Religion ist noch offensichtlicher. So war der größte und schönste Tempel in Alexandria das Serapeum. Hier wurde der mit Zeus gleichgesetzte Amun und der mit ihm in einer Person vereinigte Osiris verehrt. Der Serapiskult verbreitete sich über den ganzen Mittelmeerraum. Ebenso die Verehrung der Isis, deren Bilder sogar im Rheinland gefunden wurden.

Diese Verschmelzung der verschiedensten Kulte brachte die Menschen unterschiedlicher Herkunft einander näher. Diese religiöse Annäherung und die damit einhergehende Lösung der Religion von der Stammeszugehörigkeit erleichterten später wesentlich den Siegeszug des Christentums. Man bezeichnet diese Erscheinung als Synkretismus, was mit Kreta aber nichts zu tun hat, wie schon behauptet worden ist.

Nette
Familienverhältnisse

Eine griechische Sage erzählt, wie sieben Helden gegen die Stadt Theben in Mittelgriechenland kämpften. Sechs von ihnen kommen im Krieg um. Der Überlebende veranlaßt ihre Söhne, die Väter zu rächen. Diese ziehen aus und überwinden die Thebaner. Diese Heroengeneration nannten die Griechen Epigonen (Nachkommen). Heute versteht man unter diesem Wort nicht eine Generation, die erfolgreicher ist als ihre Väter, sondern ein Geschlecht unschöpferischer Nachahmer, Wissenschaftler oder Künstler, die den Geist großer Vorgänger auf Flaschen ziehen. In der Geschichte bezeichnet man die Söhne und weiteren Nachkommen der Feldherren Alexanders des Großen, der Diadochen, als Epigonen. Diese machen auch keine sehr gute Figur.

Nach langen Streitigkeiten um die Nachfolge Alexanders und um die Verteilung der Länder entstanden folgende Staaten: das Reich des Ptolemaios Lagos in Ägypten, das Reich des Seleukos in Vorderasien, das Reich des Antigonos in Makedonien.

Die Epigonen in Ägypten übernahmen mit anderen ägyptischen Institutionen und Sitten auch die Schwesternheirat, mit der die Pharaonen sich fremde Verwandtschaft und damit das Hineinreden aller möglichen Großen des Landes ersparen wollten. Wenn die Thronfolger immer ihre Schwestern heirateten, blieb man ganz en famille. Allerdings wurde dieses System nie ganz konsequent durchgeführt. Ptolemaios II. heiratete seine Schwester Arsinoë, wofür er den Ehrennamen Philadelphos (der Schwesternliebende) erhielt. Hofschranzen und Gelehrte suchten aus der griechischen Mythologie nun alle Fälle von Verbindungen mit Schwestern zusammen, um auch den Makedonen und Griechen die Sache annehmbarer zu machen. Waren nicht auch Zeus und Hera Geschwister? Allerdings entstanden diese griechischen Sagen nicht deshalb, weil in Hellas der Inzest Brauch gewesen wäre. Im Gegenteil, die Blutschande galt als schlimmes Verbrechen. Die griechische Götterfamilie entstand im Laufe vieler Jahrhunderte. Miteinander konkurrierende Kulte wurden dadurch ausgesöhnt, daß man die verehrten Götter und Göttinnen zu Mann und Frau, Vater und Sohn, Bruder und Schwester usw. machte. Da dies an verschiedenen Orten verschieden gehandhabt wurde, entstand schließlich ein Durcheinander, das den Gesetzen des Anstands in vielen Punkten nicht entsprach. In Alexandria ging man nun aber zur genüßlichen Ausmalung der gewagten Ehe- und Liebesbeziehungen in der Mythologie über.

Der von Ptolemaios II. eingeschlagene Weg wurde von seinen Nachfolgern fortgesetzt. Es gab dann auch Ehen zwischen den verschiedenen Generationen der Familie. Der Stammbaum dieser Dynastie ist so absurd, daß es kaum möglich ist, ihn darzustellen, was sich auch nicht lohnt. Nun sollte man bei soviel Familiensinn glauben, die Ptolemäer hätten besonders gut miteinander harmoniert. Die Brüder-Gatten, Schwestern-Gattinnen, Brüder-Schwäger, Schwestern-Schwägerinnen usw. haben sich jedoch wechselseitig mit Gift und allen denkbaren Hieb- und Stichwaffen um die Ecke gebracht, daß es nur so eine Art hatte. Die Männer dieser netten Familie haben sich seit Ptolemaios III. um die Politik kaum noch gekümmert und ihre Tage mit Ausschweifungen aller Art dahingebracht. Hetären, Lustknaben, Tänzer und Musikanten waren ihre Gesellschaft und besaßen oft auch entscheidenden Einfluß auf die Regierungsgeschäfte.

Einige Ptolemäerinnen indes zeichneten sich durch überdurchschnittliche Energie und Intelligenz, aber auch durch Grausamkeit und Mordlust aus. Kleopatra III. (noch immer nicht die ganz berühmte) war die Tochter von Ptolemaios VI. und dessen Schwester Kleopatra II. Jedoch vertrieb ein jüngerer Bruder den König, nahm sich seine königliche Schwester und regierte als Ptolemaios VIII. Die Tochter Kleopatras II. (später als Königin Kleopatra III.) verstand es, ihre Mutter aus der Gunst von deren Bruder-Gatten, ihrem Onkel, allmählich zu verdrängen. Erst lebte der König mit Schwester und Nichte (Mutter und Tochter), schließlich gelang es der Tochter, ihre Rivalin, die eigene Mutter, umzubringen und sich vom königlichen Onkel ehelichen zu lassen. Nach dem Tod ihres Mannes regierte sie mit fester Hand und gewann Ägypten für eine Zeit eine starke außenpolitische Position zurück. Ihren ältesten Sohn vertrieb sie, der jüngere stand immer unter Alkohol.

Wir wollen uns die Fortsetzung der netten Familiengeschichten ersparen, die in diesem Stil weitergeht. Die Letzte dieses Stammes war Kleopatra VII., die tatkräftig auch in die römische Geschichte eingriff.

Realistische,
aber manchmal recht gewagte
Kabarettszenen

Komödianten
Griechische Terrakottagruppe

Auch solche Schriftsteller der hellenistischen Epoche, die keine Krie-
cher waren, sahen sich genötigt, ihrem lieben Landesherrn immer wieder
mal einige Worte zu widmen, die an ihrer Ergebenheit keinen Zweifel
aufkommen ließen. Im übrigen wandten sie sich anderen Themen zu.

Sie stellten zum Beispiel das Privatleben der mittleren und unteren
Volksschichten sehr realistisch dar, wie einige im Sand Ägyptens aufge-
fundene Papyrusblätter zeigen. Es handelt sich um griechische Texte des
Schriftstellers Herondas, kurze kabarettartige Szenen. Sie wurden von
nur einem Schauspieler ohne Maske aufgeführt, der durch wechselnde
Stimme und Mimik die verschiedenen Personen charakterisierte.

Da läuft eine Mutter zum Lehrer und läßt ihr Söhnchen, das in Spiel-
lokalen Geld durchbringt, tüchtig verbleuen. Eine Kupplerin kommt zu
einer Strohwitwe, deren Mann nach Ägypten gefahren ist, und will sie
durch Schilderung der Liebesfreuden und mit einem kleinen Geldange-
bot zu einem Seitensprung verlocken. Ein Bordellwirt klagt vor Gericht
gegen einen vornehmen Herrn, der ihm eines seiner Mädchen entführt
hat, auf Schadenersatz.

Eine eifersüchtige Dame bezichtigt ihren Lieblingssklaven der Un-
treue. Weder sein Leugnen noch seine Bitten um Verzeihung vermögen

die Wütende zu besänftigen. Er muß sein schönes Gewand ausziehen und wird in den Karzer geführt, wo ihn einer seiner Mitsklaven auspeitschen soll. Kaum ist er zur Tür hinaus, wird die Eifersüchtige schon wieder schwankend, läßt ihn zurückholen und schiebt seine Bestrafung unter einem Vorwand auf – für immer, wie anzunehmen ist.

Zwei Freundinnen sitzen im diskreten Gespräch beieinander. Die Sklavin wird hinausgeschickt. Metro erkundigt sich bei Koritto, wer ein bestimmtes Ding für sie fabriziert hat. Koritto hat es einer Freundin geliehen, wo es Metro sah und sich in den Kopf setzte, auch so etwas zu erwerben. Ein schönes großes Ding aus rotem Leder. Die Damen geraten bei der Erörterung der Frage in Aufregung. Schließlich verrät Koritto den Schuster Kerdon als den geschickten Hersteller.

Das Ding wird nicht beim Namen genannt, aber es handelt sich um einen Olisbos. Das Wort steht allerdings nicht im Konversationslexikon. Die Heimlichtuerei der Freundinnen geschieht aber weniger aus Sittsamkeit, sondern mehr deshalb, weil auf solche Produkte vom Staat eine hohe Akzise erhoben wird, deren Zahlung man umgehen will.

Da die Männer ihre Zeit und Kraft damals in der Regel ganz ungeniert bei Hetären vergeudeten, ist es kein Wunder, daß die Frauen nach mannigfachen Auswegen suchten, von denen in den Szenen des Herondas wenigstens einige angedeutet sind.

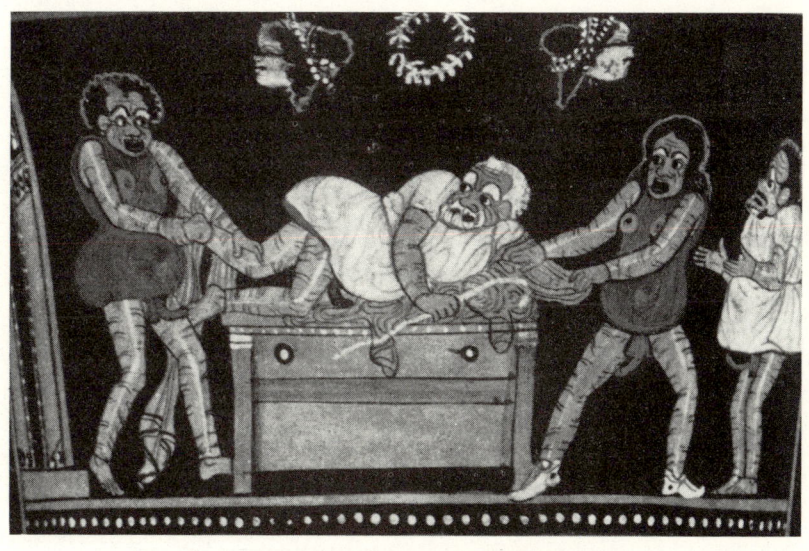

Szene einer Volkskomödie
Unteritalische Vasenmalerei des Asteas
4. Jahrhundert v. u. Z.

93

Babylonische Gefangenschaft
und
babylonische Hurerei

Der Name der Stadt Babylon kommt im Deutschen meist in ziemlich negativen Wendungen vor: Babylonische Verwirrung, babylonische Gefangenschaft, große Hure von Babylon. Dabei stand diese Metropole am Euphrat an Schönheit Memphis oder Theben keineswegs nach und dürfte sie an Größe und politischer Bedeutung sogar weit in den Schatten gestellt haben. Durch viele Jahrhunderte war Babylon Mittelpunkt von Staaten, die sich über große Teile Vorderasiens erstreckten. Der jüngste von ihnen, das Neubabylonische Reich (625 bis 539 v. u. Z.), dehnte seine Macht auch auf Palästina aus, wo er allerdings in die Sphäre einer anderen Großmacht, nämlich Ägyptens, kam. In die Auseinandersetzungen dieser Rivalen geriet auch das Königreich Juda im südlichen Palästina. Mehrmals unterwarf es sich den Babyloniern, mehrmals fiel es unter dem Einfluß Ägyptens wieder von ihnen ab. 597 eroberte der babylonische König Nebukadnezar die Hauptstadt Judas, Jerusalem. Dessen König, Jojachin, wurde als Gefangener fortgeschleppt, der Tempelschatz geraubt und ein Teil der Bevölkerung nach Babylonien deportiert. Außer der Familie Jojachins betraf das alle Beamten, Krieger und Vornehmen, überdies Schmiede und andere Handwerker.

Ein Verwandter des Königs von Juda, den Nebukadnezar als Vasallenkönig einsetzte, Zedekia, versuchte, das kleine Land wieder von der babylonischen Herrschaft zu befreien. Jerusalem wurde nach längerer Belagerung eingenommen, geplündert und zerstört. Zedekia fiel nach einem Ausbruchsversuch in Gefangenschaft. In seiner Gegenwart wurden seine Söhne niedergemacht, er selbst wurde geblendet. So fand der Staat Juda im Jahre 587 v. u. Z. zunächst sein Ende. Die Überlebenden mußten nun ebenfalls nach Babylonien in die Gefangenschaft gehen.

Eine Reihe von Scherben mit Berichten über diese Ereignisse, wahrscheinlich aus Jerusalem an den Kommandanten der Stadt Lachis gerichtet, wurden in dieser palästinensischen Stadt ausgegraben. Eine noch anschaulichere zeitgenössische Quelle sind die Warnungen des Propheten Jeremia, der den Kampf des kleinen Staates gegen ein Weltreich von vornherein für aussichtslos hielt und dann das Schicksal seiner Vaterstadt beklagte. Daher stammt der Ausdruck Jeremiade für Gejammer und Klagelieder.

Unter dem Namen »Nabucco« wurde Nebukadnezar Titelheld einer Verdi-Oper, in der die Gefangenen ihr Schicksal im Dreivierteltakt eines populären Chorliedes beklagen.

Während der Babylonischen Gefangenschaft (auch Babylonisches Exil genannt, wobei wir unter Exil jetzt etwas anderes verstehen) lebten die Judäer in Babylonien nicht als Gefangene im eigentlichen Sinne, sondern als Verbannte. Sie hatten Land zugewiesen erhalten und konnten sich eine wirtschaftliche Existenz aufbauen. Die alttestamentliche Religion hat sich gerade in dieser Zeit der Prüfung und Selbstkritik ausgeformt. Die Gefangenschaft fand ihr Ende, als der Perserkönig Kyros 539 v. u. Z. Babylon eroberte und damit das babylonische Reich zerfiel. Viele Exilierte kehrten nach Jerusalem zurück, bauten die zerstörte Stadt unter großen Schwierigkeiten wieder auf und errichteten einen neuen Tempel.

Der Ausdruck Babylonische Gefangenschaft wird auch auf einen bestimmten Abschnitt der Geschichte des Papsttums angewendet. Im Jahre 1309 zwang der französische König Philipp, der Schöne genannt, den Papst Clemens V., seinen Sitz nach Avignon in Frankreich zu verlegen. Damit befanden sich die Päpste in politischer Abhängigkeit von diesem Staat. Die Epoche der Babylonischen Gefangenschaft wird meist bis 1377 gerechnet. Seitdem gab es wieder Päpste in Rom, aber auch noch in Avignon bis 1417.

Die Formen des babylonischen Kultus, in dem Fruchtbarkeitsriten und Tempelprostitution eine wesentliche Rolle spielten, erregten den Abscheu der Exilierten aus Juda. Deshalb ist in den biblischen Büchern so oft die Rede von »babylonischer Hurerei«. Babylon wird geradezu als die Große Hure bezeichnet.

Herodot, der die Stadt, die damals unter persischer Herrschaft stand, besuchte, entwirft von seltsamen babylonischen Sitten ein drastisches Bild. Jedes Mädchen, schreibt er, muß sich einmal im Leben am Tempel der Aphrodite oder Mylitta, gemeint ist wohl die Ischtar, hinsetzen und sich jedem beliebigen Fremden preisgeben. Die Männer gehen auf und ab, um sich eine auszusuchen. Sie werfen dem Mädchen, das ihnen gefällt, ein Geldstück in den Schoß. Dieses darf es nicht zurückweisen, denn es ist jetzt heilig. Hat sich das Mädchen dann hingegeben und seine Pflicht gegen die Göttin erfüllt, so geht es nach Hause und würde sich für keine noch so große Summe erneut prostituieren. Ist sie hübsch und schlank gewachsen, so hat sie es bald hinter sich. Häßliche aber müssen lange da sitzen, schreibt Herodot, manche drei bis vier Jahre. Wieviel von diesem Bericht der Wahrheit entspricht und wieviel aus den Flunkereien eines phantasievollen Fremdenführers stammt, ist schwer abzuschätzen.

Als auch das persische Reich sein Ende gefunden hatte, wurde Palästina schließlich ein Teil des Seleukidenreiches. Dessen Herrscher versuchten, in die allgemeinen synkretistischen Tendenzen auch den Tempel von Jerusalem einzubeziehen und dort den Zeus verehren zu lassen. Das führte zu einer heftigen religiösen und nationalen Widerstandsbewegung. Ihr entstammen auch die Bücher Daniel, die damals verfaßt wurden. In ihnen wird der Kampf dieses legendären Propheten gegen das babylonische Heidentum verherrlicht, in Wirklichkeit war natürlich immer das heidnische Seleukidenreich gemeint. Ähnlich war dann »Babylon« in der Zeit des frühen Christentums ein verdeckter Ausdruck für das heidnische Rom.

Jüdisches Tempelgut als römische Beute
Relief vom Titusbogen
Rom, 1. Jahrhundert

96

Lehrbücher und Schularbeiten auf Tontäfelchen

Assurnasirpal II. auf der Löwenjagd
Assyrisches Marmorrelief
um 885–860 v. u. Z.

In weinseliger Laune schloß im Frühjahr 1802 der junge Göttinger Gymnasiallehrer Georg Friedrich Grotefend mit Freunden eine Wette ab, daß er in wenigen Wochen die altorientalische Keilschrift entziffern werde. Das Unglaubliche wurde Wirklichkeit: Grotefend gewann seine Wette. Ihm hatte lediglich die Abschrift von einem Statuensockel aus Persepolis, einer der Hauptstädte des Perserreiches, vorgelegen, die ein dänischer Reisender an Ort und Stelle angefertigt hatte. Grotefend wußte, daß die Inschrift in drei verschiedenen Sprachen abgefaßt war, eine davon war Persisch. Aus der geringen Zahl der Zeichen schlußfolgerte er, daß es sich in diesem Falle um ein Alphabet (das die einzelnen Laute bezeichnete) handeln mußte. Die bildliche Darstellung wies darauf hin, daß sich die Inschrift auf den aus der griechischen Geschichte gut bekannten Xerxes bezog, dessen Flotte 480 v. u. Z. von den Athenern vernichtet worden war.

Grotefend las, von der Wiederholung bestimmter Zeichen ausgehend: Xerxes, der große König, König der Könige, Sohn des Königs Darius, der Achämenide. Tatsächlich hatte er, ohne den gleichen Text in einer lesbaren Übersetzung zu besitzen wie später Champollion bei der Entzifferung der Hieroglyphen, 13 Zeichen der persischen Keilschrift richtig gedeutet.

Grotefends geniale Leistung kann trotzdem nicht als Ausgangspunkt der Keilschriftkunde bezeichnet werden. In seinen beengten Göttinger

Verhältnissen konnte er weder genügend viele Schriftdenkmäler studieren noch sich gründlich genug mit orientalischen Sprachen befassen.

Erst die um 1840 vorgenommenen Forschungen des Briten Henry G. Rawlinson legten den Grundstein zur Entzifferung der Keilschrift. Rawlinson war Beauftragter der British East India Company und als Diplomat und Offizier in vielen Ländern Asiens tätig. Auch er setzte wie Grotefend den Hebel bei der persischen Form der Keilschrift an. Er zeichnete zunächst eine längere mehrsprachige Inschrift an einem Felsen in Behistan (westlicher Iran) auf, wozu er sich vom Gipfel an einem Seil herablassen mußte. Rawlinson war auch an der weiteren Lösung der Rätsel, welche die Keilschrift aufgab, hervorragend beteiligt.

Der Gebrauch der Keilschrift für Inschriften auf Stein ist eigentlich zweckentfremdet. Diese Schrift, deren Name darauf zurückgeht, daß sie aus sich kreuzenden Strichen besteht, die an einem Ende dicker sind als am anderen, wurde im steinlosen mesopotamischen Flachland entwickelt. Der Schreiber drückte mit einem Griffel aus Schilfrohr seine Zeichen in weiche Tontäfelchen, die schnell an der Luft trockneten. Schriftdenkmäler, die langfristig gebraucht wurden, brannte man zum Teil auch in Töpferöfen. Aber auch die Hunderttausende von nur an der Luft getrockneten Täfelchen, die wir heute besitzen, sind größtenteils erstaunlich gut erhalten, obwohl sie zum Teil auf 4000 bis 5000 Jahre zurückblicken.

Die Perser waren zu ihrer alphabetischen Keilschrift durch die Babylonier angeregt worden. Die babylonische Keilschrift ist jedoch eine ziemlich verwickelte Kombination hauptsächlich von Wort- und Silbenzeichen. Es bedurfte eines ungeheuren Fleißes, großer Beharrlichkeit und enormer Gedankenarbeit, um diese Schrift lesen zu lernen. Allerdings wurde die Arbeit dadurch erleichtert, daß die Sprache der Babylonier mit bekannten Sprachen wie dem Hebräischen, Arabischen, Syrischen usw. verwandt ist.

Der Arbeitsaufwand mehrerer Generationen von Wissenschaftlern war jedoch der Mühe wert. Bei den Ausgrabungen in Mesopotamien fand man umfangreiche Archive mit Tontäfelchen. Sie enthielten Wirtschaftsabrechnungen, Kauf- und Kreditverträge, Gesetzestexte, Urteile usw. Aber auch die Täfelchen von Schreiberschulen mit Vorlagen und mehr oder weniger gelungenen Abschriften wurden entdeckt; Listen von Wörtern, also eine Art Lexika und ähnliches. Dazu kommen vielfältige Texte, die es erlauben, die komplizierte Geschichte der Staaten des Zweistromlandes zu erschließen. Vor allem aber wurde man mit Hymnen, Fabeln, Sprichwörtern und umfangreichen Götter- und Heldensagen bekannt, von denen das Gilgamesch-Epos, in dem auch die Sintflut geschildert wird, wohl das berühmteste ist.

An den Höfen mesopotamischer Herrscher gab es schon im 2. Jahrtausend v. u. Z. Bibliotheken, in denen die vorhandenen »Bücher« auch in Katalogen verzeichnet waren. Die umfangreichste Sammlung ist die des Königs des Assyrischen Reiches Assurbanipal (um 650 v. u. Z.) in Ninive. Die Assyrer (nach der Stadt Assur am Tigris genannt) hatten die gleiche Sprache wie die Babylonier. Es war wohl die Bibliothek des Assurbanipal, die den Anstoß gab, die Wissenschaft, die sich mit solchen Texten befaßt, Assyriologie zu nennen. Die Sprache der Babylonier, Assyrer und anderer Staaten Mesopotamiens nennt man Akkadisch nach der Stadt Akkad (bis heute nicht aufgefunden), die erstmals Mittelpunkt eines Reiches war, das ganz Mesopotamien und seine Nachbargebiete umfaßte (um 2400 v. u. Z.).

Im 2. Jahrtausend v. u. Z. war die akkadische Sprache sogar ein internationales Verständigungsmittel. In Ägypten wurden Tontäfelchen entdeckt, auf denen die Herrscher des Hethiterreiches in Kleinasien mit den Pharaonen korrespondierten. Auch die Kleinstaaten Syriens und Palästinas verkehrten in der Regel in akkadischer Sprache und Keilschrift mit dem ägyptischen Hof.

Transport eines Standbildes (Lamassu)
Assyrisches Alabasterrelief, Palast des Sanherib, Ninive
7. Jahrhundert v. u. Z.

Ein Volk großer Erfinder
trat aus dem Dunkel

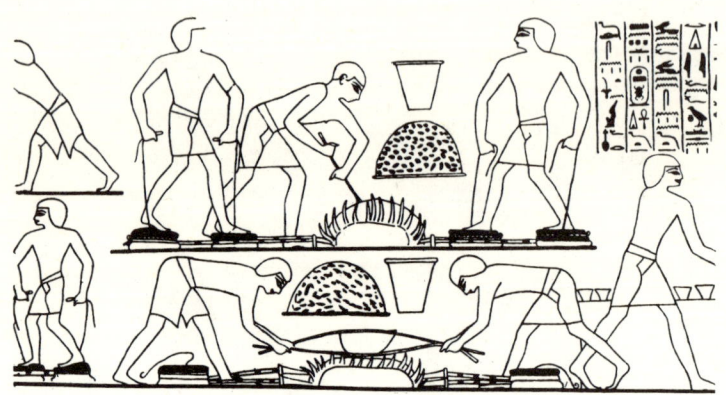

Arbeit am Schmelzofen
Ägyptische Wandmalerei
15. Jahrhundert v. u. Z.

»Die Geschichte beginnt mit Sumer«, heißt ein Buch des amerikanischen Assyriologen Samuel Noah Kramer. Was ist das: Sumer? Unter den Keilschrifttexten fanden die Gelehrten auch solche in einer völlig fremden Sprache. Schließlich entdeckte man sogar Täfelchen, die eine Art Wörterbücher dafür enthielten. So stellte sich allmählich heraus, daß die Träger dieses geheimnisvollen Idioms die ursprünglichen Benutzer, ja sogar Erfinder der Keilschrift waren und die Babylonier diese erst von ihnen übernommen hatten. Nach dem Vorbild der Babylonier bezeichnen wir diese Menschen als Sumerer. Hier tritt ein Volk auf, über das uns weder in der Bibel noch bei griechischen Schriftstellern etwas überliefert ist, das jedoch in der Weltgeschichte eine Rolle spielte wie kaum ein anderes.

Heute kann man Sumerisch schon ganz ordentlich lesen – wenn auch nicht so sicher wie Griechisch, nicht einmal wie Akkadisch. Irrtümer und Fehlinterpretationen sind nicht ausgeschlossen. Manchmal kann ein einziges Tontäfelchen zu ganz neuen Lesungen führen.

Die Sumerer erfanden etwa 3000 v. u. Z. als erstes Volk eine Schrift. Aus den ausgegrabenen Tontäfelchen der untersten Schichten mesopotamischer Fundorte (Ur, Uruk, Isin, Larsa, Kisch) wissen wir, daß die Schriftzeichen zunächst reinen Bildcharakter trugen. Der Stier wurde durch den Kopf eines Stieres, das Getreide durch einen Halm, Mann und Frau durch Abbildung ihrer Geschlechtsteile dargestellt usw. Dann wurden Zeichen kombiniert, zum Beispiel Frau und Berge bedeutete: Frau aus dem Bergland = Sklavin. Die Ägypter oder die Chinesen haben das ganz ähnlich gemacht. Allmählich wurden die Zeichen immer schematischer, sie nahmen die bekannte Keilform an. Als die Babylonier die Schrift für ihre gänzlich verschiedene Sprache übernahmen, benutzten sie die sumerischen Zeichen für ihre ganz anders ausgesprochenen Begriffe, ferner aber auch für gleich oder ähnlich klingende babylonische Wörter und für Silben, besonders solche, die der Deklination oder Konjugation dienten. Da sie aber keineswegs konsequent verfuhren, entstand das überaus komplizierte System der babylonischen Keilschrift, in dem sich manches aufgehellt hat, seit man das Sumerische kennt. Die babylonische Literatur, so stellte sich auch heraus, bestand zum großen Teil aus Übersetzungen und Bearbeitungen sumerischer Werke; so das berühmte Gilgamesch-Epos.

Die Sumerer standen jedoch nicht nur am Beginn der Schrift- und Literaturentwicklung. Wie die Funde zeigen, erfanden sie Rad und Wagen, die schnell rotierende Töpferscheibe, die Verarbeitung von Gold und Silber, den Bronzeguß. Alle diese Errungenschaften haben sich von der verhältnismäßig kleinen Landschaft Sumer am Unterlauf von Euphrat und Tigris auf die benachbarten Völkerschaften übertragen. Die Sumerer schufen in Mesopotamien (griechisch: Land zwischen den Flüssen, deutsch meist Zweistromland genannt), in dem ähnlich wie am Nil periodische Überschwemmungen auftraten, ein umfangreiches Be- und Entwässerungssystem.

Mesopotamien ist von Hunderten kegelförmiger Hügel übersät, von den heutigen Einwohnern arabisch Tell genannt, die alle ein kleines Troja (oder Hissarlik), manche sogar ein großes Troja sind. Die oberste Schicht stammt meistens von Arabern oder Türken, die darunterliegenden sind aus der Zeit der Sassaniden und Parther (iranischer Völker bzw. Staaten). Dann folgt meist eine seleukidische Schicht, darauf eine neubabylonische, eine altbabylonische Schicht usw. In den untersten, sumerischen Schichten stößt man auf die Grundmauern umfangreicher Tempel- und Palastanlagen, Speicher, Wohnhäuser und anderer Bauten.

Vor über dreißig Jahren glaubte man allgemein, dies seien die ältesten Städte der Welt. Heute muß man den Satz »Am Anfang war Sumer« etwas relativieren. Anfang der Schrift, des Rades, der Metallurgie: ja – des Städtebaus: nein.

Die Mauern
von Jericho

Weizen und Gerste haben ihre wildwachsenden Stammformen in Gräsern, die bis heute in Kleinasien, Syrien, Palästina sowie den Hochebenen des Irak und Iran wachsen. In diesen Gebieten wurde – wie die Archäologie gezeigt hat – vor etwa 12 000 Jahren mit dem Anbau dieser Pflanzen und ihrer Züchtung begonnen. Dieser Feldbau war die Voraussetzung zur Haltung von Schafen, Ziegen und Rindern. Aus Sammlern und Jägern wurden einzelne Menschengruppen erstmals zu Bauern. Diese wahrhafte Revolution der Lebensweise vollzog sich in den relativ trockenen Hochländern, die Strom- und Überschwemmungsgebiete wurden erst Jahrtausende später von Ackerbau und Viehzucht treibenden Völkern erschlossen.

Von den Hochländern breitete sich die neue Wirtschaftsform allmählich über Vorderasien, Nordafrika und Europa aus. Ähnliche Zentren früher Landwirtschaft gab es unter anderem auch in Südostasien, Mittelamerika und dem Andenhochland, wo wildwachsender Reis, Mais, Kartoffeln usw. zu Kulturpflanzen umgeformt wurden.

Im vorderasiatischen Gebiet, in dem Weizen und Gerste zuerst angebaut wurden, entdeckte man die ältesten Städte oder, wenn man so will, an Städte erinnernde Anlagen. Westlich des Jordan liegt der im Alten Testament erwähnte Ruinenhügel von Jericho. Schon im 8. Jahrtausend v. u. Z., also 4000 bis 5 000 Jahre bevor an Euphrat oder Nil an so etwas zu denken war, umgab das damalige Jericho eine gewaltige Steinmauer. Sie umfriedete eine Fläche von zweieinhalb Hektar, die mit Hütten bebaut war. Etwa 3 000 Menschen könnten hier gewohnt haben. Die Mauer war etwa 4 Meter hoch und 1,6 Meter dick. Ein runder Turm hatte einen Durchmesser von 8 Metern und war auch mindestens so hoch. Die zum Bauen verwendeten Steine wogen mehrere Tonnen. Neben dem Ackerbau, den sie betrieben, haben die Einwohner wahrscheinlich mit Salz gehandelt. Ähnliche Anlagen aus den folgenden Jahrtausenden, zum Teil Tempel mit Kultfiguren und bemalten Wänden enthaltend, fanden Ausgräber noch an mehreren Punkten dieses geographischen Raumes.

Die Ruinen von Jericho beschäftigten auch die Phantasie der Menschen in der alttestamentarischen Zeit. Es entstand die Sage, die Mauern der Stadt seien vom Posaunenschall der über den Jordan dringenden Kinder Israels eingestürzt.

Die vielen Verbindungsglieder zwischen Jericho und den Sumerern, die wahrscheinlich auch irgendwo in einem vorderasiatischen Bergland siedelten, bevor sie in den noch wenig erschlossenen Süden Mesopotamiens kamen, sind noch nicht aufgefunden. Die archäologische Wissenschaft wird noch lange brauchen, bis sich wenigstens genauere Konturen dieser frühesten Geschichte ergeben. Aber schon jetzt kann man sagen, daß die Menschheitsgeschichte nicht nur aus kriegerischen Auseinandersetzungen und Eroberungen bestand, sondern vor allem auch aus der Übernahme wirtschaftlicher und kultureller Errungenschaften, die weiterentwickelt und bereichert wurden. Von den Hochebenen Vorderasiens flossen Kulturströme nach Mesopotamien und Ägypten, wo die Möglichkeit, das überaus fruchtbare Land zu besiedeln, zu einem sprunghaften Aufschwung führte, der auf die Nachbargebiete zurückwirkte. Solche Kulturströme flossen nach Kreta, nach Indien und über Mittelasien vielleicht auch in den Fernen Osten. Der Ackerbau eroberte sich Europa, den größten Teil Afrikas südlich der Sahara usw. Babylonische Kulturgüter gelangten nach Kleinasien, in den Iran und in andere Länder.

Die minoischen Kreter sowie die Einwohner der phönizischen Städte am Westrand Asiens trugen auf ihren Seefahrten viele Errungenschaften orientalischer Kultur in alle Länder am Mittelmeer.

Freilich verlief dieser Prozeß nicht ohne Widersprüche. Handel und Seefahrt waren meist mit Piraterie verbunden, die entwickelteren Völker machten ihre schwächeren Nachbarn zu Sklaven, die Barbarenstämme versuchten, in die reicheren Kulturlandschaften einzudringen und sie zu erobern. Kulturen und Staaten gingen unter (so zum Beispiel das minoische Kreta). Dabei gingen Kulturgüter unwiederbringlich verloren. Selten aber ist es, daß nicht wenigstens Teile davon erhalten blieben. Der rasche Aufschwung der griechischen Kultur in historischer Zeit ist auch der Übernahme vieler handwerklicher Fertigkeiten zu danken, die aus dem minoischen Kreta stammten.

Manche Traditionen rissen indes völlig ab. Der Untergang der alten Religionen Ägyptens und Mesopotamiens führte dazu, daß die Fertigkeit, Hieroglyphen oder Keilschrift zu lesen, in Vergessenheit geriet. Man darf es als eine Kulturtat der Assyriologie und ähnlicher Wissenschaften betrachten, die ja oft als Zeitvergeudung angesehen werden, daß große Teile der Literatur und Kunst der alten Völker auch unsere Gegenwart bereichern.

Zwischen Adria
und
Tyrrhenischem Meer

Das Adriatische Meer erhielt seine Bezeichnung nach einer antiken Stadt Atria, die etwa in der Gegend des späteren Venedig lag. Die Römer nannten es das »Obere Meer«. Als »Unteres Meer« bezeichneten sie die zwischen Italien und den Inseln Korsika, Sardinien und Sizilien gelegenen Gewässer, die wir als Tyrrhenisches Meer kennen. Tyrrhener war das griechische Wort für die Etrusker, die an der Westküste Mittelitaliens wohnten. Dieses Volk war einst über das Meer hierher gekommen, vielleicht aus Kleinasien. Die Etrusker widmeten sich vor allem dem Bergbau und der Metalltechnik, mit deren Produkten sie im gesamten westlichen Mittelmeer handelten. Großes Geschick bewiesen sie auch bei der Trockenlegung von Sümpfen.

Die etruskische Sprache ist, da sie in einem dem griechischen sehr ähnlichen Alphabet geschrieben wurde, zwar lesbar, jedoch völlig unverständlich. Bisher sind alle Lesungsversuche gescheitert.

Die Etrusker bildeten in Mittelitalien einen losen Bund von zwölf Städten, später kamen noch ein zweiter in der Po-Ebene und ein dritter in Kampanien (zwischen Rom und Neapel) hinzu. Rom lag also eingekeilt zwischen etruskischen Städten und wurde zeitweise von ihnen beherrscht. Der späteren römischen Sage nach waren die letzten drei Könige Roms Etrusker: zwei davon gehörten einem Geschlecht aus der tyrrhenischen Stadt Tarquini an. Tarquinius Priscus soll die Cloaca maxima haben erbauen lassen, einen unterirdischen Kanal, der das Sumpfgebiet zwischen den Sieben Hügeln, das spätere Forum, trockenlegte, ferner den Jupitertempel auf dem kapitolinischen Hügel und eine Bahn für Wagenrennen, den Circus maximus. Tarquinius Superbus (der Übermütige) soll nach römischer Tradition den Untergang des Königtums herbeigeführt haben (510 v. u. Z.). Sein Sohn vergewaltigte Lucretia, die Gattin eines vornehmen Römers, übrigens auch eines Etruskers, die sich wegen dieser Schande erstach, ein beliebtes Motiv der Malerei der Neuzeit. Ihr Freitod soll zur Erhebung der Römer unter Führung des Brutus und zum Ende der etruskischen Herrschaft geführt haben.

Vor den etruskischen Königen wurden noch vier einheimische von den Römern gezählt, sie sind aber so stark mit mythischen Zügen behaftet, daß manche heutigen Historiker meinen, es habe überhaupt in Rom nur etruskische Könige gegeben, und die Stadt wäre einfach eine etruskische Gründung gewesen. Sogar ihr Name Roma wird auf das Etruskische zurückgeführt.

Auf jeden Fall haben die Römer, wie die archäologischen Funde zeigen, vieles von den Tyrrhenern übernommen, das später als typisch römisch galt: die Liktorenbündel aus Ruten und Beil als Herrschaftssymbol, das Weissagen aus der Leber der Opfertiere und die Gladiatorenkämpfe. Das Erlernen der etruskischen Sprüche für den religiösen Kult war noch lange eine Pflicht römischer Priester.

Später unterwarfen die erstarkten Römer wie alle Völker Italiens auch die Etrusker. Diese gaben ihre Sprache zugunsten des Lateins auf und wurden allmählich zu Römern. Einer der Letzten, der sich seiner etruskischen Herkunft bewußt war, soll Maecenas gewesen sein. Dieser überaus reiche Freund des Augustus war ein Förderer der Dichter Vergil, Horaz, Properz und anderer. Nach ihm wurde ein freigebiger Gönner von Künstlern oder Wissenschaftlern Mäzen genannt.

Von dem Landschaftsnamen Etrurien, lateinisch Tuscia, leitet sich das italienische Wort Toscana für eine der wichtigsten Regionen des Landes mit der Hauptstadt Florenz ab.

Zum Markt ziehender Bauer
Römisches Marmorrelief
1. Jahrhundert v. u. Z.

Alba Longa – Mutter Roms?

Die malerischen Albaner Berge und der schöne Albaner See heißen nicht nach Angehörigen des albanischen Volkes, obwohl es solche, einst als Flüchtlinge über die Adria gekommen, in Italien gibt. Die Namen von See und Berg halten die Erinnerung an eine bereits im Altertum zerstörte Stadt wach – Alba Longa.

So war vor der Gründung Roms die führende Stadt in der Landschaft Latium. In der königlichen Familie gab es einen Streit. Der jüngere Amulius stieß den älteren Bruder Numitor vom Thron. Damit dieser keine Nachkommen haben sollte, ließ er dessen Sohn ermorden und die Tochter Rhea Silvia zur Vestalin machen, zu einer Priesterin, die Jungfrau bleiben mußte. Aber der Gott Mars ließ Rhea Silvia durch einen Wolf in eine Höhle treiben und beschattete sie dort. Sie wurde Mutter von Zwillingen, Romulus und Remus. Sie wurde wegen angeblicher Unkeuschheit ertränkt, die Kinder befahl Amulius, auf die gleiche Weise zu töten. Die faulen Diener setzten den Korb, in dem sie die Säuglinge getragen hatten, aber einfach in den Tiber und machten, daß sie nach Hause kamen. Das Wasser führte den Korb davon und spülte ihn flußabwärts ans Ufer. Eine Wölfin säugte die Kleinen. Später wurden sie von mitleidigen Hirten gefunden und aufgezogen.

Auch Moses wurde auf dem Nil in einem Körbchen auf die Reise geschickt und von einer Tochter des Pharao gefunden. Ein Keilschrifttext wiederum erzählt von einem ausgesetzten Prinzlein Scharru-kin (griechisch Sargon) von Akkad. Der schwamm auf dem Euphrat, wurde von

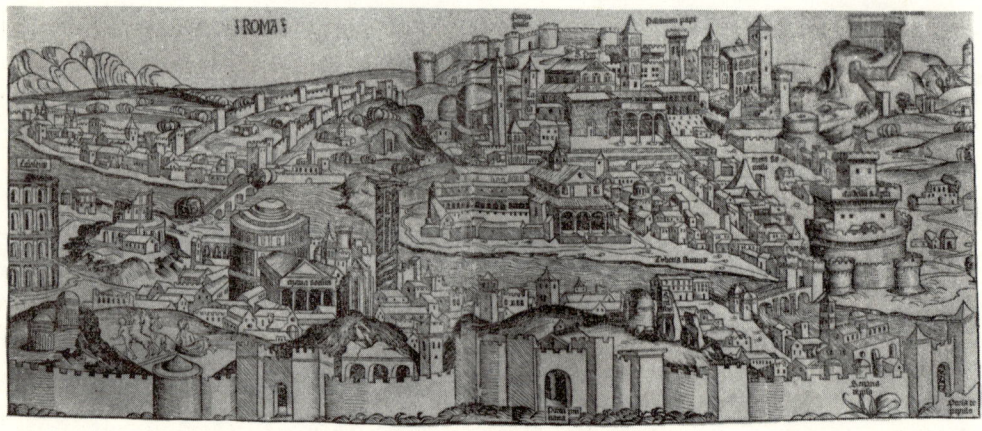

Rom · Holzschnitt aus der Schedelschen »Weltchronik« 1493

einem Gärtner entdeckt und konnte später den ihm zustehenden Königsthron erlangen. Scharru-kin bedeutet »echter König«. Offenbar hatte er es besonders nötig, einen Namen anzunehmen, der seine Legitimität betonte, und eine Geschichte zu verbreiten, die ihn zum Königssproß machte und vom Makel befreite, Sohn eines Gärtners und damit ein Usurpator zu sein.

Die Geschichte mit dem Kind im Körbchen ist von Volk zu Volk gewandert. Dabei haben die Römer wohl weder die alttestamentliche, noch die akkadische Erzählung gekannt, es gibt sicher eine lange Reihe von Zwischenstationen.

Das zweimalige Auftreten des Wolfes dürfte auf totemistische Traditionen zurückweisen. Mit der Geschichte von den Stadtgründern Romulus und Remus haben sich die Einwohner Roms möglicherweise von einer ihnen nicht mehr genehmen etruskischen Frühgeschichte zu befreien gesucht.

Als später den Römern die griechische Literatur bekannt wurde, leiteten sie ihre Herkunft von den Trojanern ab. Der aus der brennenden Stadt geflüchtete Äneas sei nach langen Irrfahrten nach Latium geraten und habe dort die Tochter des Königs Latinus geheiratet, Alba Longa gegründet und sei erster König der Stadt gewesen. Römische Historiker dachten sich dann noch genügend Namen von Herrschern dieser Stadt aus, um die Lücke zwischen dem Trojanischen Krieg und dem Gründungsdatum Roms zu füllen. Auch Livius, der berühmteste römische Geschichtsschreiber, hat diese und andere Legenden kritiklos übernommen. Vergil bearbeitete den Stoff im Nationalepos »Äneis«.

Ihre angebliche Abstammung von Alba Longa hat Rom nicht gehindert, die Hauptstadt Latiums zu zerstören und selbst an deren Stelle zu treten. Allerdings haben die Römer bestimmte Götterkulte aus Alba Longa fortgesetzt, teils um sich diese Götter nicht zum Feind zu machen, teils wegen des damit verbundenen Prestiges.

Der Albanersee spielte in der Geschichte noch einmal eine Rolle, als die Römer 397 v. u. Z. die etruskische Stadt Veji belagerten. Damals stieg der See gewaltig an. Ein etruskischer Wahrsager prophezeite ihnen, sie würden Veji erst einnehmen, wenn der Wasserspiegel wieder sänke. Die Römer beschlossen, etwas nachzuhelfen. Bei befreundeten Etruskern erlernten sie die Kunst, einen Abzugtunnel zu erbauen, und der Wasserspiegel sank auf das normale Maß. Nun wandten die Römer die neue Technik auch für militärische Zwecke an und untergruben mit einem Tunnel die Stadtmauer von Veji. Die Mauer stürzte ein, die Römer eroberten die Stadt, und der Wahrsager hatte recht behalten.

Die Sieben-Hügel-Stadt

Die sieben Hügel, auf denen Rom erbaut wurde, sind Palatin, Kapitol, Quirinal, Viminal, Esquilin, Caelius und Aventin. Ausgrabungen haben ergeben, daß der Palatin schon seit der Bronzezeit besiedelt war. An dieser Stelle sollte Romulus das »viereckige« Rom (Roma quadrata) gegründet und mit einer entsprechenden Mauer umgeben haben. In der Kaiserzeit ließen sich die Herrscher hier ihre Residenzen errichten. So entstand aus Palatin das Wort Palast für den Sitz eines Monarchen, auch das Wort Pfalz, der ursprünglich nur vorübergehende Sitz eines deutschen Königs ist davon abgeleitet. Von den Pfalzgrafen am Rhein kommt dann der Name der Landschaft. Palas nennt man in der Kunstgeschichte die mittelalterlichen Gebäude, die von Fürsten bewohnt wurden, so zum Beispiel den berühmten Palas auf der Wartburg. In »Palais« hat die französische Form von Palast ins Deutsche Eingang gefunden, als deutsche Fürsten in Paris und Versailles ihr Vorbild sahen.

Das Kapitol war die Burg der Stadt Rom, auf der ein Tempel der Götterdreiheit Jupiter–Juno–Minerva stand. Er galt als Mittelpunkt des Reiches. Sein Name ist von caput (Kopf) abgeleitet, von dem auch Kapital, Kapitell, Kapitel, Kap, Kapitän und eine Reihe anderer Wörter stammen. Die Bezeichnung Kopf für einen Berg ist ja recht naheliegend. Die Römer verbanden aber mit einer Namenserklärung ihren Weltherrschaftsanspruch. Ein etruskischer Zeichendeuter sollte gewahrsagt haben, von dem Punkte, wo einst ein blutiger Kopf aus der Erde zum Vorschein komme, werde die Weltherrschaft ausgehen. Bei Ausschachtungsarbeiten hätte man dann solch einen Kopf am Kapitol gefunden. Der Name Kapitol wurde später für das Gebäude übernommen, in dem in Washington der amerikanische Kongreß seine Tagungen durchführt. Auch in einzelnen Bundesstaaten der USA werden die Versammlungsorte der Parlamente so genannt.

Als die Gallier um 390 v. u. Z. Rom belagerten, hatten sich die Einwohner auf das Kapitol zurückgezogen. Die Feinde versuchten in der Nacht die Mauern des Berges zu erklimmen, aber das Schnattern der aufgeweckten Gänse vereitelte ihre Absicht. Vom Tarpejischen Felsen, der am Rand der Erhebung lag, wurden im Altertum Staatsverbrecher hinabgestürzt.

Der Quirinal ist in der neueren Zeit zu einem Begriff der Politik geworden. Hier ist in einem Palast heute der Sitz des italienischen Präsidenten.

Die Geschichte von Romulus und Remus
Relief an einem Altar in Ostia

Der Vatikanhügel gehört nicht zu den Sieben Hügeln Roms. Er lag ursprünglich weit außerhalb der Stadt und wurde erst im Mittelalter zum
Papstsitz.

Zwischen den Hügeln lag der Forum genannte Marktplatz, auf dem
auch Volksversammlungen und Gerichtsverhandlungen stattfanden.
Deshalb nennt man die Gerichtsmedizin auch forensische Medizin und
spricht von forensischer Beredsamkeit.

Das Volk trägt vielerlei Namen

Die neumodischen Ausdrücke Popmusik, Pop-art und ähnliche Zusammensetzungen gehen letztlich auf ein solides antikes Wort zurück, nämlich auf das lateinische populus (Volk). Poppig ist also, was volkstümlich ist, genauer gesagt, sein möchte. Die Bürger der Siebenhügelstadt nannten sich mit Stolz populus Romanus. Die Standarten ihrer Legionen waren mit den Buchstaben SPQR geziert, der Abkürzung für Senatus Populusque Romanus (Senat und römisches Volk). Das sich von populus herleitende Eigenschaftswort publicus bedeutete »dem ganzen Volk zugänglich, öffentlich«, wovon unser Publikum, Publizist sowie solche englischen Fügungen wie publicity (öffentliche Bekanntheit) oder public relations (Öffentlichkeitsarbeit) kommen. Res publica (öffentliche Sache) hieß bei den Römern der Staat, daher das deutsche Republik.

Indes war auch das römische Volk seit alters in soziale Stände geteilt: die herrschenden Patrizier und die Plebs, das eigentliche Volk. Plebs kam von plere (füllen), bedeutete also Füllung, Masse. Gleichen Ursprungs sind unser komplett (vollzählig), Kompliment (Erfüllung einer Höflichkeitspflicht) und Plenum (Vollversammlung). Von plebs stammt auch das Wort Plebiszit (wörtlich »Volksbeschluß«) für eine allgemeine Abstimmung.

Das niedere Volk wurde in Rom auch vulgus genannt, daher die Bezeichnung »vulgär« für etwas Gewöhnliches, Gemeines. Unter Vulgarisierung der Wissenschaft versteht man also etwas ganz anderes als unter ihrer Popularisierung.

Die Angehörigen der Plebs, die Plebejer, mußten lange um ihre Gleichberechtigung kämpfen. So verweigerten sie 494 v. u. Z. den Waffendienst und verschanzten sich auf dem Heiligen Berg in der Nähe der Stadt. Die Patrizier konnten sie nur zur Rückkehr bewegen, indem sie ihnen das Recht einräumten, Volkstribunen zu wählen. Diese Vertreter der Plebejer konnten jede Amtshandlung eines Beamten unterbinden, indem sie das Wort »Veto« (Ich verbiete) ausriefen.

Das Veto der Volkstribunen spielte in den späteren römischen Parteikämpfen eine wechselnde Rolle. Es wurde für die verschiedensten Interessen ausgesprochen. Augustus, der Begründer des Kaisertums, ließ sich die Gewalt eines Tribunen auf Lebenszeit übertragen. So wurde das Veto eine Stütze der Monarchie.

Im polnischen Reichstag hatte im 17. und 18. Jahrhundert jedes Mitglied das Recht, mit seinem Veto einen Beschluß zu verhindern. Dieses Liberum Veto (Freies Veto) hat stark zu der Anarchie beigetragen, durch die der polnische Staat zugrunde ging.

Auch das Recht des Präsidenten der USA, ein vom Kongreß beschlossenes Gesetz nicht zu unterzeichnen und damit nicht rechtskräftig werden zu lassen, wird oft als Vetorecht bezeichnet. Allerdings kann es durch einen Beschluß mit Zweidrittelmehrheit überwunden werden.

Die französische Verfassung von 1791 sah ein suspensives (aufschiebendes) Veto des Königs vor. Das brachte Ludwig XVI. den Spitznamen »Veto« und seiner Frau Marie-Antoinette »Madame Veto« ein.

Von Veto spricht man auch, wenn im Sicherheitsrat der Vereinten Nationen eines der fünf ständigen Mitglieder nicht zustimmt, denn ohne Einstimmigkeit der Großmächte ist laut Charta kein Beschluß gültig.

Stadtvikar Probianus im Tribunal
Elfenbeinschnitzerei, byzantinisch
um 400

Der Auszug der Plebejer auf den Heiligen Berg wird Sezession (wörtlich Beiseitegehen) genannt. Daran knüpften die Vertreter der Südstaaten der USA an, die 1861 aus der Union ausschieden und einen eigenen Bundesstaat gründeten. Der Krieg zwischen Nord und Süd bis 1865 wird deshalb Sezessionskrieg genannt.

Der Austritt oppositioneller Kunstrichtungen aus den offiziellen Organisationen, welche die neuen Werke nicht zu den Ausstellungen zuließen, wird ebenfalls als Sezession bezeichnet. Das Wort Sezessionsstil bezeichnet jedoch in Deutschland nichts Einheitliches. In der Münchner (1892) und Berliner (1892/98) Sezession überwogen impressionistische und naturalistische Tendenzen, jedoch spielte in München auch der sogenannte Jugendstil eine Rolle. Nachdem die Strukturen in den Sezessionen sich verfestigt hatten, gab es immer neue Abspaltungen. Die bedeutendste war in Berlin der Auszug der jungen Expressionisten, die 1910 die Neue Sezession gründeten. In Wien, Prag und Krakau fanden sich in der Sezession Vertreter dessen zusammen, was in Deutschland Jugendstil hieß. So bedeutet für Österreich, die Tschechoslowakei und Polen der Sezessionsstil auch eine ganz klar umrissene Kunstströmung.

Ihren Höhepunkt erreichte die neue Woge auf der Pariser Weltausstellung von 1900. Man gab ihr damals den Namen »Neue Kunst« oder »Moderne Kunst«, auch »Blumenstil«. Spötter nannten sie »gereizter Regenwurm« oder »Strumpfbandlinie«. In Deutschland setzte sich der Name »Jugendstil« durch. Er stammt von der 1896 gegründeten Münchener Wochenschrift »Jugend«, die in ihren Illustrationen die neue Richtung repräsentierte.

Der Sezessionsstil war also eine Rebellion gegen Althergebrachtes, verglichen mit der Sezession der Plebejer jedoch eine recht harmlose.

Noch zwei andere Wörter für Volk waren im Altertum und sind noch bei uns geläufig: das griechische ethnos und das lateinische natio. Beide bezeichnen die Abgrenzung des Volkes und des Staates gegenüber anderen. Ethnos bedeutet außer Volk gelegentlich auch Stamm. Ethnographie oder Ethnologie ist die Wissenschaft der Völkerkunde. Das lateinische natio kommt von natus (geboren),von dem auch Natur, Natalität (Geburtenhäufigkeit), Nativität (Stand der Gestirne bei der Geburt), Renaissance (Wiedergeburt) und der Vorname Renate (die Wiedergeborene durch den Übertritt zum Christentum) abgeleitet sind.

Tribunen,
Triumphe, Trivialitäten
und
Kümmelblättchen

Tri bedeutet lateinisch (übrigens auch griechisch) drei. Tribus heißt Drittel, aber auch Stamm. Das älteste römische Gemeinwesen setzte sich nämlich aus drei verschiedenen Stämmen zusammen, den Ramnes, Tities und Luceres, die ihre Abstammung auf etruskische, sabinische und latinische Zuwanderer zurückführten. Mit dem Anwachsen Roms wurde die Zahl der Stämme allmählich erhöht, die eigentlich nicht mehr zutreffende Bezeichnung »tribus« aber beibehalten. Bis 214 v. u. Z. vergrößerte sich die Zahl der römischen »Drittel« auf 35.

Bei Diskussionen über die innere Entwicklung afrikanischer Länder wird häufig der Begriff Tribalismus gebraucht. Man versteht darunter eine übermäßige Betonung von Stammesbesonderheiten und -interessen, die gegen die nationale Einheit gerichtet ist. Das Wort geht auf das englische »tribe« oder französische »tribue« (Stamm) zurück.

Von »tribus« stammen auch »Tribut« und »Kontribution«, da diese Abgaben anfänglich von der Gesamtheit eines Stammes geleistet werden mußten. Der Tribun war ursprünglich der Häuptling einer Tribus, später führten auch andere militärische Befehlshaber und Beamte diesen Titel.

Nach den Volkstribunen, die sich die Plebejer als ihre Vertreter wählten, bezeichnet man auch in der Neuzeit einen Verfechter von Volksinteressen als Tribunen. Im Mittelalter nahm 1347 der Empörer Cola di Rienzi die Bezeichnung »Tribun der Freiheit, des Friedens und der Gerechtigkeit« an, nachdem er an der Spitze der armen Bürger den Adel aus Rom verjagt und die Republik ausgerufen hatte. Richard Wagner widmete dem Kampf und tragischen Untergang des Tribunen seine Oper »Rienzi« (1842).

Der erhöhte Sitz eines altrömischen Tribunen bei der Stammesversammlung wurde Tribunal genannt. Später ging diese Benennung auf den Stuhl des Richters und dann auch auf das Gericht über. Das Wort nahm in seiner aus dem Französischen abgeleiteten Form Tribüne auch die Bedeutung von erhöhten Sitzen des Publikums an.

»Tri« ist auch in anderen Wörtern unserer Sprache vertreten, die eine

Dreiheit bezeichnen, zum Beispiel in Trigonometrie als der Lehre von den Dreiecken; in der dreifarbigen Trikolore; in der Trilogie, die aus drei literarischen Werken besteht.

In der Malerei hat sich das Triptychon einen festen Platz erobert. Der Name für diese dreigeteilten, meist großflächigen Gemälde setzt sich aus griechisch »tri« (drei) und »ptyche« (Falte) zusammen. Ursprünglich war das die Bezeichnung für mittelalterliche Flügelaltare, die sich zuklappen lassen.

Bei anderen Begriffen, die mit Tri beginnen, ist der Bezug auf die Drei nicht mehr ohne weiteres zu erkennen. Etwas Abgedroschenes oder Alltägliches bezeichnet man oft als trivial. So wird künstlerisch wertlose, schematische Literatur für ungebildete Leser Trivialliteratur genannt; Trivialnamen nennt der Chemiker die umgangssprachlichen Bezeichnungen von Verbindungen, zum Beispiel Soda für Natriumkarbonat. Denn Trivium, der »Dreiweg«, hießen im Mittelalter die Elementarfächer Grammatik, Dialektik (die Kunst, ein Gespräch zu führen) und Rhetorik. Erst wer diese drei »trivialen« Fächer beherrschte, wurde zum Quadrivium, dem »Vierweg« (Arithmetik, Geometrie, Astronomie, Musik), zugelassen, das mit dem Trivium zusammen die Sieben Freien Künste bildete.

Der Triumph war im antiken Rom der feierliche Einzug des siegreichen Heeres. Wahrscheinlich leitet sich sein Name davon ab, daß bei diesem Zug ursprünglich ein tänzerischer »Dreischritt«, eine Art Siegesreigen, aufgeführt wurde. Der Feldherr fuhr dabei auf einem mit vier Schimmeln bespannten Wagen. Er trug ein Purpurgewand, sein Haupt war mit Lorbeer geschmückt. Dem Volk wurden Gefangene, Beutestücke sowie Bilder mit Kampfszenen gezeigt. Später blieben Triumphzüge den Kaisern vorbehalten. Zum Andenken daran ließen sie prachtvolle Triumphbogen errichten. Auch der zum Siege führende Trumpf leitet sich von »Triumph« her.

Übrigens enthält auch das Kartenspiel »Kümmelblättchen« eine versteckte, allerdings besonders schwer erkennbare Drei. Es heißt nicht etwa so, weil dabei »gekümmelt« (Kümmelschnaps getrunken) wird. Eigentlich hieß das Spiel »Gimelblättchen«. Gimel aber ist der Name des hebräischen Buchstabens G, der als dritter im Alphabet steht und als Zahlzeichen für »drei« verwendet wird. Beim Kümmelblättchen muß nämlich immer unter drei Karten eine gewählt werden.

Zweimal Empire und Empirismus

»Empire« gehört zu den wenigen Wörtern im Deutschen, die je nach ihrer Aussprache eine verschiedene Bedeutung haben. »Empire« als Fremdwort aus dem Französischen (etwa Angpihr gesprochen) bedeutet ursprünglich »Kaiserreich«, und zwar das Napoleons I. (1804 bis 1815), dann aber die Architektur, das Kunstgewerbe und die Mode dieser Epoche, die in ganz Europa nachgeahmt wurden. Typisch für den Empirestil waren Entlehnungen aus der griechisch-römischen Welt, aber als Huldigung für Napoleon I. auch ägyptische Elemente.

Empire als Fremdwort aus dem Englischen (etwa Empair gesprochen) bezeichnete das britische Weltreich. 1931 wurde dafür der Begriff British Commonwealth of Nations (Britische Gemeinschaft von Nationen) – heute Commonwealth of Nations – eingeführt. In den USA wird der Staat New York, einst der wichtigste der Union, als Empire State bezeichnet, wovon noch der Name des Wolkenkratzers Empire State Building, lange Zeit das höchste Gebäude der Welt, kündet.

Sowohl das englische wie das französische Wort gehen auf das lateinische »imperium« zurück. So hieß die politische, militärische und juristische Gewalt der römischen Könige, die mit dem Übergang zur Republik auf zwei Konsuln und andere Behörden übertragen wurde. Später wurde das Gebiet, über das Rom herrschte, »Imperium Romanum« genannt.

Zunächst wurden die Städte und Stämme Italiens unterworfen oder zu Bündnissen gezwungen. Die siegreichen Kriege gegen Karthago machten Sizilien, Sardinien, Korsika, Spanien, Nordafrika zu Teilen des Imperiums. Im 2. und 1. Jahrhundert wurden die Diadochenreiche im Osten des Mittelmeeres einverleibt. Cäsar eroberte Gallien, etwa dem heutigen Frankreich und Belgien entsprechend. Den Schlußstein bei der Unterwerfung der Länder rund um das Mittelmeer bildete Ägypten. Im Norden wurden Rhein und Donau die Grenzflüsse. Zeitweise gehörte auch Mesopotamien zum Römischen Imperium. Nicht zu Unrecht hat man deshalb das Streben nach einem Weltreich als Imperialismus bezeichnet.

Nichts mit englischem oder französischem Empire hat der philosophische Terminus Empirismus zu tun. Er kommt vom griechischen »peira«, das »Versuch, Erfahrung« bedeutet. Davon leitet sich auch das Wort Pirat ab, das einen Seeräuber, einen Glücksritter bezeichnete, »der es mal versuchte«. Empirismus ist eine Philosophie, die nur auf der Erfahrung basieren will.

Schnittiger Name
als
Herrschertitel

Äskulap-Stab
Weihrelief aus Marmor
320–300 v. u. Z.

Eine der Prophezeiungen, mit denen die Hexen den Macbeth in Shake-speares Tragödie zu neuen Untaten anstacheln, lautet: »Dich besiegt keiner, den ein Weib geboren hat.« Macbeth hält sich für unüberwind-lich – bis er eines Tages auf einen Gegner trifft, der »vor der Zeit ge-schnitten aus dem Mutterleib«. Interessant für die Geschichte der Medi-zin ist, daß die Schnittentbindung damals (nach 1600) also schon als bekannt vom Dichter vorausgesetzt wurde. Aus Wittenberg ist ein erfolg-reicher Kaiserschnitt für das Jahr 1610 verbürgt.

Die Bezeichnung Kaiserschnitt (lateinisch Sectio caesarea) scheint in die Römerzeit zurückzuführen. Gajus Julius Cäsar, so wird behauptet, sei auf solche Art zur Welt gebracht worden, doch fehlt dafür jeder Beweis. Wahrscheinlich ist aber das Adjektiv caesarea in diesem medizinischen Fachausdruck gar nicht vom Namen Cäsar abzuleiten, sondern vom Verb caedere (schneiden).

An diese Herkunft hat man aber nicht mehr gedacht, als man den Ausdruck übersetzte. Man verwendete einfach die deutsche Form für Cäsar, denn etwas anderes ist ja »Kaiser« nicht. Es spiegelt sogar recht genau wider, wie der Name Cäsar von dessen Zeitgenossen ausgesprochen wurde: Kaisar.

Der Familienname Cäsar entwickelte sich nach dem Tode Gajus Julius Cäsars (44 v. u. Z.) allmählich zum Titel. Sein Nachfolger Octavian (31 v. u. Z. bis 14 v. u. Z.) führte den Namen Cäsar als dessen Adoptivsohn. Die späteren »Kaiser« hießen später auch dann Cäsar, wenn sie nicht mehr mit ihren Vorgängern durch Verwandtschaft oder Adoption verbunden waren. Octavian nannte sich Imperator Caesar Augustus (der Erhabene). In unserem Sprachgebrauch ist er unexakt der erste römische »Kaiser« mit Namen »Augustus«.

Seit der endgültigen Reichsteilung (395) herrschten zwei Kaiser: einer in Rom und einer in Konstantinopel. Das Ostreich überstand alle Stürme, bis es 1453 von den Türken erobert wurde. Bei den slawischen Völkern hieß der Kaiser am Bosporus »Zar«, was durch die Ausstoßung des ersten Vokals aus »Cäsar« (jetzt schon am Anfang wie Z gesprochen) entstanden war. 1547 ließ sich der Moskauer Großfürst Iwan IV. zum Zaren krönen und setzte damit die Tradition von Konstantinopel fort. Peter I. nahm jedoch 1721 den Titel Imperator an. Seine Nachfolger hießen offiziell so bis 1917, wobei sie in der Umgangssprache aber nach wie vor Zar genannt wurden.

Der letzte Kaiser des Westreiches, Romulus Augustulus, wurde 476 von dem Söldnerführer Odoaker abgesetzt. Die westliche Kaiserwürde wurde dann aufgefrischt, als der fränkische König Karl zu Weihnachten des Jahres 800 vom Papst in Rom gekrönt wurde.

Diese Tradition erlosch mit Kaiser Franz II. Dieser Monarch führte dann seit 1806 den Titel Franz I. Wie kam eine derartige Zurückstufung zustande? Als Franz II. war er Kaiser des Heiligen Römischen Reiches (deutscher Nation, wie man sagte). Dieses Amt aber mußte er niederlegen, weil dieser ohnehin nur sehr lockere, eigentlich nur noch formell existierende Staatsverband zu bestehen aufgehört hatte bzw. von Napoleon aufgelöst worden war. Von seinem Kaisertitel mochte sich Franz ungern trennen, also wandelte er seine Erblande in das Kaisertum Österreich um, dessen Monarchenreihe er nun als Franz I. eröffnete.

Dom, Domino und
Don Juan

Wenn jemand vorgibt, für ein allgemeines Interesse seine Stimme zu erheben, in Wirklichkeit aber damit seine Privatinteressen vertritt, so wirft man ihm vor, er spreche »pro domo« (lateinisch »für das Haus«, für sein eigenes selbstredend, für die eigene Tasche). Die Wendung geht auf den römischen Staatsmann Cicero zurück, sie blieb bis heute in Gebrauch, weil 2000 Jahre hindurch viele Politiker (und andere) gern pro domo sprachen.

Das lateinische Wort domus ist mit dem griechischen domos (Haus, Wohnung, Tempel, Zimmer, Dach) und mit dem russischen Wort dom (Haus) urverwandt.

Von domus stammen zahlreiche Fremdwörter: Domizil für Wohnsitz, Domestik für Hausangestellter, Domestikation für die Umwandlung von Wildtieren in Haustiere. Auch eine Bischofskirche (Kathedrale), gelegentlich auch eine andere große Kirche, wird Dom genannt.

Der Hausherr, woraus später der Herr schlechthin wurde, hieß lateinisch dominus, daher dominieren, Dominante usw. Domäne ist ein Herrschaftsbereich oder Gut. Man bezeichnet deshalb auch ein Wissensgebiet, das man besonders beherrscht, als seine Domäne. Auch der »Herr im Himmel« wird Dominus genannt, deshalb die Formel Anno Domini (im Jahre des Herrn). Der Name der Dominikanermönche, die nach ihrem Gründer Dominicus (um 1200) heißen, wurde, da sie die Inquisition ausübten, als Domini canes (Hunde des Herrn) gedeutet. Nach

Dienerin am Backofen
Griechische Kleinplastik
5. Jahrhundert v. u. Z.

118

Pachtzahlung
Römisches Sandsteinrelief
1.–2. Jahrhundert

dem Ordensgründer heißen auch die Städte San Domingo und die Do-
minikanische Republik in der Karibik.

Die Verkleidung als »Herr« beim Maskenball heißt Domino, ebenso
das nur noch bei Kindern beliebte, einst aber hochherrschaftliche Spiel.

Dominion ist englisch eigentlich ein Herrschaftsbereich, lange Zeit
war es die offizielle Bezeichnung derjenigen britischen Kolonien, die
das Recht der Selbstverwaltung besaßen (z. B. Kanada, Australien, Neuseeland, Südafrika). Dominionstatus besaß zeitweise auch der Irische
Freistaat. Die Bezeichnung Kondominium trugen Kolonien, die im Besitz mehrerer Kolonialmächte waren, so waren zum Beispiel die Neuen
Hebriden ein britisch-französisches Kondominium.

Die Herrschaftsform der römischen Kaiser in der Spätantike, begin-
nend mit Diokletian (284 bis 305), wird oft als Dominat bezeichnet.
Während die Kaiserherrschaft der vorhergehenden Zeit, Prinzipat genannt, wenigstens äußerlich die alten republikanischen Formen
weitgehend bestehen ließ, herrschte im Dominat ein ganz unverhüllter
Despotismus, charakterisiert durch Fußfall und ähnliche Zeremonien.
Der erst von Historikern des 19. Jahrhunderts geprägte Begriff geht auf
die Anrede des Kaisers: Dominus et deus (Herr und Gott) zurück.

Von domina (Herrin) kommen französisch dame, spanisch doña und
italienisch donna (Frau). Madame ist französisch Titel und Anrede jeder
Frau, während man unter Madonna (italienisch meine Herrin) die Him-
melsherrin Maria versteht. Belladonna (schöne Frau) ist das Gift der
Tollkirsche, das in geringen Mengen dazu verwendet wurde, die Pupil-

len zu weiten und damit die Augen zu verschönen. Primadonna (erste Dame) wird eine Hauptdarstellerin auf dem Theater genannt, Primadonnenallüren kommen aber auch anderswo vor.

Don ist in Italien und Spanien der Titel von geistlichen Herren (Don Camillo) und Adligen. Don Quixote, der Ritter von der traurigen Gestalt, entsprang dem Geist des Dichters Cervantes. Don Juan wurde als Weiberheld sprichwörtlich.

Die aus Schauspiel und Oper bekannte Figur des liebeshungrigen spanischen Kavaliers hat man nicht auf ein historisches Urbild zurückführen können. Adlige Herren, die Juan hießen und ein lockeres Leben führten, hat es in Spanien stets zu Tausenden gegeben. Don Juan ist eine Schöpfung der Phantasie des spanischen Dramatikers Tirso de Molina (1584 bis 1648). Auf sein 1630 uraufgeführtes Schauspiel gehen alle späteren Bearbeitungen des Stoffes zurück, darunter auch das Drama Molières und das Libretto, das Lorenzo da Ponte 1787 für Mozart verfaßte.

Im Gegensatz dazu ist Giacomo Casanova (1725 bis 1798) eine wohlbekannte historische Persönlichkeit. In sechs umfangreichen Memoirenbänden hinterließ er eine packende Schilderung seines in jeder Beziehung abenteuerlichen Lebens. Als Sprößling einer venezianischen Schauspielerfamilie verdiente sich der junge Casanova sein Brot in vielen Berufen: als Geistlicher, Violinist und Magier. Die venezianische Staatsinquisition ließ ihn 1755 wegen Gottlosigkeit verhaften und sperrte ihn unter den Bleidächern des Dogenpalastes ein. Nach einer waghalsigen Flucht reiste er jahrzehntelang durch fast alle Länder Europas. Galante Abenteuer, Duelle, Spielbankaffären, betrügerische Machinationen wechselten sich mit Monaten ernsthaften Studiums und schriftstellerischen Arbeiten ab.

Übrigens besteht zwischen dem historischen Casanova und dem erdichteten Don Juan eine interessante Verbindung. Als Mozart sich 1787 in Prag aufhielt, um seinen »Don Giovanni« uraufzuführen, fügte er der Oper zusätzlich eine Arie hinzu. Der Textdichter da Ponte hielt sich jedoch in Wien auf. Der zufällig in Prag weilende federfertige Casanova sprang ein und verfaßte den Arientext, der zu einem Bestandteil des genialen Werkes wurde.

Don-Juan-Typen gab es in der Antike wie Sand am Meer. Gajus Julius Cäsar war so hinter den Weibern her, daß, wie der Historiker Sueton berichtet, seine Soldaten sangen: »Bürger, wahret eure Frauen, unser Kahlkopf ziehet ein.« Neben Dutzenden von verführten Römerinnen standen auch eine Reihe von Königinnen auf Cäsars Leporello-Liste.

Provence
will nicht Provinz sein

Theateraufführungen und andere künstlerische Leistungen, die man als etwas hinter der Zeit zurückgeblieben, vom neuesten internationalen Trend unbeleckt, als »hinter dem Monde« abstempeln möchte, bezeichnet man oft als provinziell. Provinzen wurden im Gegensatz zur Hauptstadt früher in vielen Staaten die Verwaltungseinheiten genannt, so zum Beispiel in Preußen. Der Ausdruck geht wieder auf die Römer zurück. Diese bezeichneten die unterworfenen Länder außerhalb Italiens als Provinzen. Die ersten Provinzen waren Sizilien und Sardinien (beide damals noch nicht zu Italien gerechnet) seit dem 1. Punischen Krieg (264 bis 241 v. u. Z.), als nächste kamen nach dem 2. Punischen Krieg (218 bis 201 v. u. Z.) große Teile Spaniens hinzu, nach dem 3. Punischen Krieg (149 bis 146 v. u. Z.) große Teile Nordafrikas und ganz Griechenland.

Die Steuern aus den Provinzen waren die wichtigste Einnahmequelle des römischen Staates. Sie wurden rücksichtslos von Steuerpächtern eingetrieben, die eine Pauschalsumme abführten, den Überschuß aber für sich behielten. Auch die in den Provinzen als Beamte oder Militärs eingesetzten Römer bereicherten sich maßlos durch Bestechung und Erpressung. Erst die Kaiser schufen eine geordnete Finanzverwaltung, um die melkenden Kühe nicht krepieren zu lassen.

Allmählich erhielten immer mehr Provinzstädte das römische Bürgerrecht, im Jahre 212 wurde es an alle freien Bewohner des Reiches erteilt. In den westlichen Provinzen setzte sich verhältnismäßig rasch das Latein auch als Umgangssprache der Bevölkerung durch, im Osten blieb das Griechische, daneben auch das Ägyptische, Syrische usw. bestehen.

Den Namen Provinz (französisch Provence) trägt heute noch eine der schönsten Landschaften Frankreichs zwischen Alpen, Pyrenäen und Mittelmeer. Die dort gesprochene Volkssprache, das Provenzalische, war das erste romanische Idiom, das im Mittelalter die Vorherrschaft des Lateinischen durchbrechen und sich zur Literatursprache erheben konnte. Nach dem provenzalischen Wort für ja »oc« wurde diese Sprache auch Langue d'oc (oc-Sprache) genannt.

In der Provence blühte die Dichtung der Troubadours (provenzalisch »Erfinder«), die eine vielgestaltige weltliche Lyrik, darunter auch eine großartige Liebeslyrik schufen. Diese Dichtung in der Volkssprache (Volgare) war ein Vorbild für italienische, sizilianische (darunter der Hohenstaufe Friedrich II.), katalanische und nordfranzösische Dichter, aber auch für den deutschen Minnesang.

Die provenzalische Kultur wurde durch die Kreuzzüge gegen südfranzösische Ketzer, die Waldenser und Katharer, zum großen Teil vernichtet. Die Waldenser, auch »Arme von Lyon« genannt, hießen nach dem Begründer ihrer Bewegung, Peter Valdes. Sie wollten zur Armut des ursprünglichen Christentums zurückkehren. Die Katharer (vom griechischen katharos: rein, davon leitet sich auch das deutsche Wort Ketzer her) vertraten die Vorstellung von zwei sich bekämpfenden Weltprinzipien. Dabei betrachteten sie den Schöpfer samt seiner Schöpfung, vor allem auch Staat und Kirche, als böses Prinzip, dem sie ihren reinen Geist entgegensetzten. Nach den Kreuzzügen gegen diese auch als Albigenser (nach der provenzalischen Stadt Albi) bezeichneten Kirchenfeinde wurden Schriften in der Volkssprache von der Inquisition verfolgt. Nikolaus Lenau hat diesen Glaubensstreitern in seinem Versepos »Die Albigenser« ein poetisches Denkmal gesetzt.

Seit dem 19. Jahrhundert gab es Versuche, die Sprache der Provence von einem provinziellen Dialekt wieder zur Dichtersprache zu erheben. Den größten Erfolg erzielte damit Frédéric Mistral (1830 bis 1914), der mit dem Nobelpreis ausgezeichnet wurde.

Das Pferd eines Minnesängers
15. Jahrhundert

Das Schmettern
des gallischen Hahns

Wappen- und Symboltier Frankreichs ist der Hahn. Seinen Ursprung verdankt dies einer Etymologie, allerdings, wie das so häufig der Fall ist, einer falschen. Gallus heißt nämlich lateinisch der Hahn, aber auch der Gallier. Beide Wörter haben natürlich gar nichts miteinander zu tun, jedoch wurde schon frühzeitig die Bezeichnung Gallien, das geographisch im Altertum etwa dem heutigen Frankreich entsprach, vom Namen des krähenden Vogels abgeleitet. Übrigens bezeichnen die Franzosen das Krähen des Hahnes als »Singen«, woraus sich auch sein französischer Beiname chante-clair (Singe laut) ergibt.

Als während der Revolution die königlichen Lilien als Wappensymbol abgeschafft wurden, trat der gallische Hahn (coq gaulois) an ihre Stelle. Die Restauration von 1814 und das Zweite Kaiserreich von 1850 verboten ihn, seit 1870 hat er ohne Unterbrechung geschmettert.

Die ursprünglich in Süddeutschland und Österreich ansässigen keltischen (gallischen) Stämme drangen schon im 5. Jh. v. u. Z. nach Westen vor und eroberten das heutige Frankreich und die britischen Inseln. Einzelne wandernde Stämme ließen sich auch in Spanien nieder, wo heute noch der Name der Provinz Galizien an sie erinnert. Andere drangen in Italien ein, wo sie um 390 v. u. Z. Rom plünderten. Der in Böhmen eingedrungene keltische Stamm der Bojer soll dem Land diesen Namen gegeben haben, wonach wiederum die später dort ansässigen germanischen Bajuvaren genannt worden sein sollen, die dann im 5. Jahrhundert sich in dem wiederum nach ihnen genannten Bayern festsetzten. Gallier gelangten auch nach Südosteuropa (vor allem Ungarn) und sogar bis nach Kleinasien, wo die Landschaft Galatien nach ihnen hieß (vgl. den Brief des Paulus an die Galater). König Attalos I. von Pergamon brachte ihnen eine Niederlage bei.

In Norditalien faßten die Gallier festen Fuß. Als später die Römer dieses Gebiet eroberten, teilten sie es in zwei Provinzen, das diesseits des Po liegende Gallien (Gallia cispadana) und das jenseits des Po liegende Gallien (Gallia transpadana). Der lateinische Name des Grenzflusses Padus, der im Italienischen zu Po verkürzt wurde, hat sich noch im Namen der Stadt Padua erhalten. Später, als auch das eigentliche Gallien, das Territorium des heutigen Frankreich, unterworfen worden war, unterschieden die Römer das cisalpine und das transalpine Gallien.

In Analogie dazu wurde in der Habsburger Monarchie nach dem Fluß Leitha, der streckenweise die Grenze zwischen Österreich und Ungarn bildete, von Zisleithanien und Transleithanien gesprochen. In Ungarn nennt man das Gebiet östlich der Donau Transdanubien. In Rumänien heißt das Land jenseits, d. h. südlich und westlich der Karpatenwälder (Siebenbürgen) Transsilvanien.

Schließlich seien noch Transkaukasien (die Länder jenseits, das heißt südlich des Kaukasus) und Transbaikalien (der Teil Sibiriens östlich des Baikalsees) genannt. In Südafrika nannten die Buren einen von ihnen jenseits des Flusses Vaal gegründeten Staat Transvaal.

Gallier, sein Weib und sich selbst tötend,
um der Gefangenschaft zu entgehen
Ludovisische Marmorgruppe aus pergamenischer Schule
3. Jahrhundert v. u. Z.

Antike Volksnamen
in der neueren Geschichte

Gajus Julius Cäsar
1. Jahrhundert

Als 1795 die Truppen Frankreichs die Niederlande besetzten und dort mit Unterstützung holländischer Parteigänger eine republikanische Ordnung nach französischem Muster einrichteten, mußte der neue Staat auch einen neuen Namen haben. Man griff tief in die Geschichte zurück und proklamierte die Batavische Republik, genannt nach dem germanischen Stamm der Bataver, der vom römischen Feldherrn Drusus 12 v. u. Z. unterworfen worden war und sich 69 bis 70 zu einem heroischen, aber erfolglosen Aufstand erhoben hatte. Allerdings war die Bezeichnung Batavia für Holland schon früher in gelehrten Werken verwendet worden. Sogar zwei Städte erhielten diesen Namen: die Hauptstadt Niederländisch-Indiens, heute als Djakarta Hauptstadt Indonesiens, und Batavia, das noch immer so heißt, in der niederländischen Kolonie Neuholland, heute USA-Staat New York.

Auf ähnliche Weise wurde auf Schweizer Boden 1798 die kurzlebige Helvetische Republik geschaffen, die nach dem keltischen Stamm der Helveter, den Cäsar 58 v. u. Z. unterworfen hatte, genannt wurde. In Italien entstanden während der französischen Revolutionskriege noch die Transpaduanische Republik, die Ligurische Republik mit der Hauptstadt Genua (1797), ebenfalls nach einem antiken Stamm bezeichnet, und die Parthenopäische Republik in Neapel (1799) nach Parthenope, einem griechischen Nebennamen dieser Stadt benannt. Illyrische Provinzen hießen unter dem Kaisertum Napoleons I. von der österreichischen Monarchie abgetretene Länder, deren Kern Dalmatien war, nach dem Stamm der Illyrer.

Als sich der Südteil der Vereinigten Niederlande 1830 von der Gesamtmonarchie losriß, mußte man ebenfalls eine Anleihe in der Antike machen. Dieser Teil der Niederlande, der nach dem Freiheitskampf im 16. und 17. Jahrhundert schließlich katholisch und spanisch geblieben war, trug zunächst die Bezeichnung Spanische Niederlande. Nach dem Spanischen Erbfolgekrieg geriet er unter die Herrschaft Wiens und wurde Österreichische Niederlande genannt. Dann hatte das Land bis 1814 zu Frankreich gehört. So besann man sich auch in diesem Falle auf die älteste Vergangenheit und nannte es nach einer Gruppe keltischer Stämme, den Belgern, Königreich der Belgier.

Auch Großbritannien ist nach einem aus dem Altertum bekannten Volk, den einst in England ansässigen keltischen Briten, benannt, die erst von den Römern unterworfen wurden (im 1. Jahrhundert), später (im 5. Jahrhundert) von den Angelsachsen teils zu Knechten gemacht, teils nach Westen (Wales und Cornwall) oder über den Ärmelkanal in die nach ihnen genannte Bretagne verdrängt wurden. Als England und Schottland 1701 zu einem einheitlichen Königreich zusammengefügt wurden, erhielt dieses seinen offiziellen Namen nach den alten Briten.

Auf der Pyrenäenhalbinsel lebten im Altertum die Stämme der Iberer, deren Sprache bei den Basken bis in die Gegenwart fortlebt. Daher stammen die Bezeichnung Iberische Halbinsel und Iberoamerika, worunter man den von Spaniern und Portugiesen kolonisierten Teil der Neuen Welt verstand, ein Begriff, der sich allerdings gegenüber dem Wort Lateinamerika nicht durchgesetzt hat.

Nicht zu verwechseln sind die Iberer in Spanien mit den Iberern in Transkaukasien (etwa in der heutigen Georgischen SSR), die im Altertum dort ein Königreich gebildet hatten. Der Gleichklang der Namen ist sicherlich zufällig, indes hat es nicht an Versuchen gefehlt, sprachliche und historische Zusammenhänge zu konstruieren.

Im heutigen Portugal wohnte im Altertum der iberische Stamm der Lusitaner. Danach nennen sich die heutigen Einwohner poetisch noch gern. Portugal hat seinen Namen nach der Markgrafschaft Porto im Norden des Landes, welche die Keimzelle im Kampf gegen die arabische Herrschaft wurde. Das von Camões verfaßte Nationalepos hat den Titel »Os Lusiados« (Die Lusiaden).

Auch der afrikanische Staat Mauretanien trägt einen lateinischen Provinznamen. Allerdings lag das antike Mauretanien über 1000 Kilometer vom heutigen entfernt, aber wer nahm das in Europa schon so genau, als das heutige Mauretanien französische Kolonie wurde und den an das Imperium Romanum erinnernden Namen erhielt.

Römer an Rhein und Donau

Römer überschreiten auf Schiffsbrücke die Donau
Relief von der Säule des Antonius Pius
2. Jahrhundert

Jahrhundertelang bildete der Rhein die Ostgrenze, die Donau die Nordgrenze des Römischen Imperiums. Außerdem hatten die Römer ihrem Reich noch ein Gebiet zwischen Oberrhein und oberer Donau, vom Historiker Tacitus als Decumatsland bezeichnet, einverleibt, das durch einen Grenzwall mit zahlreichen Kastellen vor den Stämmen des freien Germaniens geschützt wurde. Von der römischen Vergangenheit dieser Gebiete zeugen nicht nur die wenigen erhaltenen Bauwerke, wie die Porta nigra in Trier, und die zahlreichen Bodenfunde, sondern auch sprachliche, meist allerdings schwer erkennbare Überbleibsel.

Ortsnamen in West- und Süddeutschland, in der Schweiz und Österreich gehen vielfach auf römische Bezeichnungen zurück. Aus Colonia Augusta Treverorum (die von Augustus angelegte Kolonie im Gebiet der Treverer, eines keltischen Stammes) ist das kurze Wort Trier geworden. Confluente (Zusammenfluß; von Rhein und Mosel) wurde zu Koblenz. Passau geht auf Castra Batava (Batavisches Lager; nämlich der Batavischen Legion) zurück. Antunnacum, Besitz eines Herrn Antunnus, ist das heutige Andernach am Rhein. In vielen Fällen treffen wir auf ursprünglich keltische Namen, die in eine der römischen Zunge gewohnte Form gebracht wurden, so zum Beispiel Vindobona (Wien).

Die Wörter Kultur und Kolonie haben (Ironie der Wortgeschichte) das gleiche lateinische Verb als Ahnen: colere, das pflegen, verehren, bebauen ausdrückt. Der Kultus ist die Pflege einer Gottheit, Kultur auch die Pflege von Pflanzen oder Mikroben, was in Agrikultur oder Bakterienkultur zum Ausdruck kommt. Ein Kolone war ein Mann, der den Boden bebaute, ein Siedler; in der Spätantike nannte man so vor allem die halbfreien Bauern auf meist gepachtetem Boden. Davon stammt auch das englische Clown, ein bäurischer Tölpel.

Unser moderner Begriff Kolonie stammt vom lateinischen colonia. So hießen die römischen Militärsiedlungen, die in unterworfenen oder abhängigen Gebieten zuerst Italiens, später auch anderer Länder angelegt wurden. Hier wurden zumeist römische Kriegsveteranen als Bauern angesiedelt. Der Boden wurde der ansässigen Bevölkerung geraubt. Aus solchen Kolonien gingen oft Städte hervor, bei einigen weisen sogar noch ihre Namen darauf hin, so zum Beispiel Köln am Rhein (Colonia Agrippinensis). Kaiserin Agrippina, die Giftmörderin ihres Onkels und Gatten, war hier geboren und ehrte den Ort im Lande der Ubier mit dieser Namensverleihung.

Die römisch-keltisch-germanische Mischbevölkerung dieser Territorien, die durch Söldner aus allen Teilen des Imperiums sich noch bunter gestaltete, entwickelte Acker-, Garten- und Weinbau sowie das Handwerk zu hoher Blüte. Römische Produkte und auch römische Münzen finden sich immer wieder bis zur Oder und darüber hinaus, meist als Grabbeigaben oder versteckte Schätze. Sie zeigen, wie umfangreich der Handel zwischen römischen und nichtrömischen Gebieten war.

Schon damals drangen in die Sprachen der Westgermanen lateinische Wörter ein, die sich bis heute erhielten. Vielfach mag die Übernahme allerdings erst erfolgt sein, als die germanischen Stämme im 4. Jahrhundert die römischen Grenzen durchbrachen und sich auf früher römischem Gebiet niederließen. Viele grundlegenden Worte, die Teile des Hauses bezeichnen, stammen aus dem Lateinischen: Fenster (fenestra), Pforte (porta), Mauer (murus), Ziegel (tegula), Schindel (scindula), Speicher (spicarium), Estrich (astrica) usw. Auch was Küche (coquina) und Keller (cellarium) zu bieten haben, ist vielfach römischer Herkunft: Semmel (semila), Kohl (caulis), Rettich (radix), Pfirsich (persicum) und andere Früchte (fructus), Saft (sopa), Most (mustum), Wein (vinum) und Essig (acetum). Auch Kelch (calix) und Becher (bicrarium) stammen aus dem Latein. Übrigens auch »Prost« (prosit: es möge nützen), obwohl dies erst in viel späterer Zeit über die Studentensprache Eingang fand.

Zimmermann
Wandmalerei, ägyptisch
um 1420 v. u. Z.

Königin Anchsen Amun und Tut-ench-Amun
Malerei auf Thronrücklehne, ägyptisch
1380—1320 v. u. Z.

Ahmes Nofretere / Schutzherrin der Totenstadt
Wandmalerei, ägyptisch
um 1150 v. u. Z.

Sarg des Mouth

Pharaonenthron

Kanopenschrein

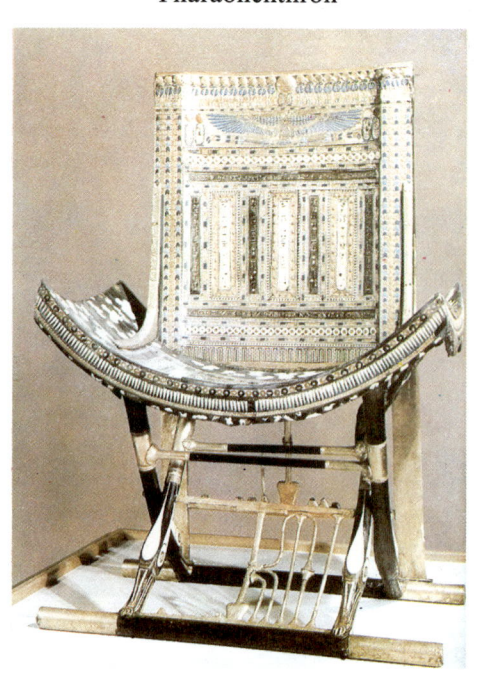

Priesterthron

ägyptisch
14. Jahrhundert v. u. Z.

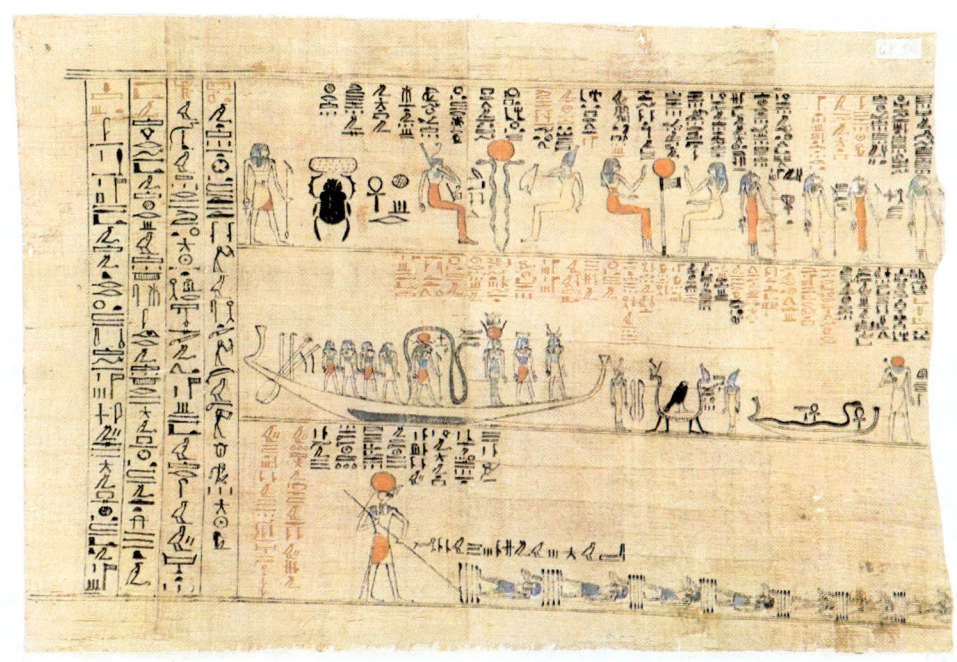

Totenbuch des Amenophis
Hieroglyphen
12. Jahrhundert v. u. Z.

Totenbuch eines Amun-Priesters
Hieratische Schrift auf Papyros
1200–800 v. u. Z.

Mykenische Dame
Freskomalerei
um 1300 v. u. Z.

Flötenspieler
Wandmalerei aus etruskischem Totenhaus
6.–5. Jahrhundert v. u. Z.

Thronsaalfassade
Alter Palast von Babylon
um 580 v. u. Z.

Speerträger
Emaillierter Kunststein, Susa
um 500 v. u. Z.

Jugendlicher Athlet
Römische Marmorstatue
nach Polyklet

Aphrodite
Marmortorso
3. Jahrhundert v. u. Z.

Dionysos auf einem Panther
Fußbodenmosaik, Delos
um 150 v. u. Z.

Theseus
Wandgemälde, Herculaneum
1. Jahrhundert

Herakles findet Telephos
Wandgemälde, Herculaneum
1. Jahrhundert

Mysterienritus
Wandmalerei, Pompeji
1. Jahrhundert

Sant' Apollinare in Ravenna
Presbyterium
erbaut 549

Weltstadt Konstantinopel

Einer der wichtigsten Seewege der Antike war die Verbindung vom Ägäischen zum Schwarzen Meer. Der Meeresarm zwischen dem Thrakischen Chersonesos (der Halbinsel von Gallipoli) und dem kleinasiatischen Festland hieß bei den Griechen Hellespont (Meer der Helle). Helle war eine halbgöttliche Jungfrau, die hier (vergleichbar dem Ägeus und dem Ikarus) ins Meer gestürzt und ertrunken sein soll. Ebenfalls ging in diesem Gewässer der Jüngling Leander unter, der Geliebte einer Priesterin der Aphrodite namens Hero. Leander schwamm hier allnächtlich von Asien nach Europa zum Stelldichein. Als eines Nachts die von Hero aufgestellte Lampe, die ihm den Weg wies, im Sturm erlosch, kam der kühne Schwimmer in den Fluten um. Die treue Hero sprang in den Hellespont, um mit Leander auch im Tod vereint zu sein. Schiller hat den Sagenstoff als Ballade, Grillparzer im Drama »Des Meeres und der Liebe Wellen« gestaltet.

Dardanellen, wie der Hellespont heute genannt wird, leitet sich vom sagenhaften Volk der Dardaner (oder deren Hauptstadt Dardania), den Vorfahren der Trojaner, her.

480 v. u. Z. ließ der persische König Xerxes angeblich eine Schiffsbrücke über den Hellespont schlagen, um sein Heer nach Hellas zu führen. Als die Wogen das Bauwerk zerstörten, befahl der Despot, den Meeresarm mit Ruten zu züchtigen, berichten griechische Autoren.

Das sich anschließende kleine Meer nannten die Griechen Propontis (Vormeer). Die moderne Bezeichnung Marmarameer verdankt es den Marmorbrüchen auf den Inseln, die es umspült. Die Durchfahrt zum Schwarzen Meer (dem Pontos) trägt den Namen Bosporos (oder Bosporus), was Rinderfurt bedeutet. Hier sollte die von Heras Stechfliege gehetzte Io einst nach Asien übergewechselt sein. Die Griechen sprachen vom Thrakischen Bosporos, um ihn vom Kimmerischen Bosporos zu unterscheiden. Dieser zwischen dem Taurischen Chersonesos (der Krim) und der Halbinsel mit dem heutigen Namen Taman gelegene Meeresarm, der das Schwarze Meer mit dem Mäotischen See, heute Asowsches Meer, verband, erhielt seine Bezeichnung nach einem antiken Nomadenvolk.

Die auf dem Westufer liegende milesische Apoikie Pantikapeion (auf dem Territorium des heutigen Kertsch) unterwarf etwa ein Dutzend benachbarte griechische Pflanzstädte und wurde zum Mittelpunkt des Bosporanischen Reiches, dessen kultureller Einfluß auf die Nachbarländer

Kaiser Theodosios und Patriarch Proclos
gedenken des Erdbebens von 447
Byzantinische Buchmalerei
um 985

erheblich war, wie die ausdrucksvollen Vasenmalereien und kunstvollen
Metallarbeiten in zahlreichen archäologischen Museen im Süden der
Sowjetunion zeigen.

Am Thrakischen Bosporos, der noch heute von uns als Bosporus bezeichnet wird, gründeten griechische Einwanderer im 7. Jahrhundert
v. u. Z. die Stadt Byzanz, die auf Grund ihrer günstigen geographischen
Lage in Handel, Politik und Kultur eine hervorragende Rolle spielte. Sie
fand ihr vorläufiges Ende im Jahre 199. Einer der rivalisierenden römischen Soldatenkaiser, Prescennius Niger, wollte hier seine Hauptstadt
einrichten. Sein siegreicher Konkurrent Septimius Severus nahm die
Stadt am Bosporus nach langer Belagerung ein und ließ sie gründlich
zerstören. Erst nach Jahrzehnten begann der allmähliche Wiederauf-
bau.

Glanzvoll wie nie zuvor wurde die Stadt, nachdem Kaiser Konstantin
hier eine neue Hauptstadt des römischen Imperiums errichten ließ. 326
wurde der Grundstein gelegt, 330 wurde sie Residenz. Mit aus allen Teilen des Reiches herbeigeschleppten Kunstwerken wurde das neue Rom,

das den Namen Konstantinopolis (Konstantinstadt) erhielt, prachtvoll geschmückt. Die Einwohner der neuen Hauptstadt erhielten dieselben Vorrechte wie die der im Niedergang befindlichen alten. Als im Jahre 395 das Römische Reich endgültig in ein West- und ein Ostreich geteilt wurde, entstand ein Staat mit der Hauptstadt Konstantinopel, der römische, vor allem aber hellenische Kulturtraditionen noch 1000 Jahre weiterführte. Griechisch, die Sprache einer großen Zahl der Bewohner dieses Reiches, verdrängte das Latein. Trotzdem fühlten sich die griechischen Einwohner als Römer. Sie nannten ihren Staat Römisches Reich und sich selbst Rhomäer. Erst in der Neuzeit wählten sie das Wort Hellenen wieder als Selbstbezeichnung. In der modernen Wissenschaft nennt man den Staat mit der Hauptstadt Konstantinopel Byzantinisches Reich, was trotz seiner Unsinnigkeit fest eingebürgert ist.

Die byzantinische Kultur war zwar christlich, aber der Antike weit mehr verbunden, als man gewöhnlich meint. Die statische und sehr symbolhafte Kunst ist keine Widerspiegelung des Volkslebens, das nicht weniger bunt und unbekümmert war als in vergangenen Zeiten. Die in der griechischen Anthologie (Blumenlese) vereinigten Epigramme aus byzantinischer Zeit sind nur zu einem kleinen Teil christlichen Inhalts, im Vordergrund stehen Scherz- und Trinkgedichte, Spottverse und vor allem erotische Dichtungen zum Teil der gewagtesten Art. Ein ganzes Buch ist der Knabenmuse gewidmet. Dabei waren viele der freimütigen Verfasser Geistliche oder Mönche.

Das horizontale Gewerbe stand in der Hafen- und Weltstadt in hoher Blüte. Allein die Kaiserin Theodora (508 bis 548) machte den freilich vergeblichen Versuch, es einzuschränken. Ehe ihr Mann zum Kaiser Justinian wurde, soll sie selbst auf diesem Felde tätig gewesen sein, was das Sprichwort »Junge Huren, alte Betschwestern« wieder einmal bestätigen würde.

Der Aufstieg von Menschen aus den untersten Schichten zu höchsten Ämtern war in Konstantinopel nicht ungewöhnlich. Erbliche Geburtsstände existierten in der freien Bevölkerung nicht. Anders als im feudalen Westeuropa wurden die staatlichen Funktionen von Berufsbeamten ausgeübt. Armee und Kriegsmarine bestanden aus Söldnern, deren Anführer wie im späten Rom oft zu höchsten Würden, sogar auf den Kaiserthron gelangten. Lesen und Schreiben war weithin verbreitet. Die erwähnte Anthologie soll zum Beispiel eine zweite Auflage von 3700 Exemplaren erlebt haben.

Vor allem wurde die alte griechische Literatur in Byzanz sorgsam bewahrt, untersucht, kommentiert und immer wieder abgeschrieben. Der

Kaiser Justinian mit weltlichem und kirchlichem Gefolge
Mosaik aus Ravenna
6. Jahrhundert

überwiegende Teil der altgriechischen Literatur ist überhaupt nur auf dem Wege über die byzantinischen Handschriften erhalten geblieben. Bevor die Türken 1453 Konstantinopel eroberten, gelangten eine Reihe byzantinischer Gelehrter, die einen Teil ihrer Bücherschätze mitbringen konnten, nach Italien. Die Kenntnis der griechischen Sprache und Literatur übte auf das geistige Leben in der Epoche des Humanismus und der Renaissance eine gewaltige Wirkung aus. Homer, Aischylos, Sophokles, Euripides, Platon und Epikur wurden erst jetzt in Westeuropa bekannt.

Indes wäre es falsch, die kulturelle Leistung von Byzanz nur in der Bewahrung klassischer Schätze zu sehen, es als eine Art Bücherschrank zu betrachten. Byzantinische Kultur strahlte auf alle Nachbarländer aus, auf Georgien und Armenien, Persien, das Kalifat. Werke byzantinischer Handwerkskunst wurden in Westeuropa geradezu als Wunderdinge betrachtet und finden sich noch heute in den Domschätzen. Vor allem strahlte Konstantinopel auf die Balkanländer und Rußland aus, die von dort mit dem byzantinischen orthodoxen Christentum auch wesentliche Elemente ihrer Architektur, Malerei, Literatur usw. übernahmen und fortbildeten.

Völker auf der Wanderung

Im Jahre 378 besiegten die Westgoten bei Adrianopel das von Kaiser Valens geführte römische Heer. Von diesem Datum an rechnet man traditionell die »Völkerwanderung«. Als ihr Ende wird etwa das Jahr 575 betrachtet, die Zeit, in der sich in Norditalien die Langobarden festsetzten und die Wanderungen germanischer Stämme zum Abschluß kamen. Inzwischen hatten West- und Ostgoten, Vandalen, Burgunder und andere Völker das römische Reich, vor allem dessen Westteil überflutet, verheert, ausgeplündert und sich in vielen Provinzen als eine Art Herrenschicht niedergelassen. Das Weströmische Reich war dabei völlig in die Brüche gegangen.

Man bezeichnet diese Vorgänge als die Völkerwanderung; dabei war sie bei weitem nicht die größte oder weiteste Wanderung von Völkern, auch nicht die wichtigste.

In der Frühzeit des Menschengeschlechts eroberten sich schweifende Gruppen fast alle bewohnbaren Teile der Erde. Sie drangen über Indonesien und Neuguinea nach Australien und Tasmanien vor, in mehreren Wellen überschritten sie von Sibirien her die Beringstraße nach Amerika und gelangten bis zur Südspitze des amerikanischen Doppelkontinents. Diese erstaunlichen Wanderungen waren möglich, weil in den Kaltzeiten der Meeresspiegel bis zu 200 Meter tiefer lag als heute und dadurch zum Teil Landbrücken zwischen den Erdteilen bestanden. Die wandernden Horden, jedenfalls ihre erste Welle, kamen in menschenleere, zum Teil sehr wildreiche Jagdgründe.

Nachdem zunächst kleinere Menschengruppen zum Ackerbau übergegangen waren, breiteten sich diese unablässig von Vorderasien her aus, wobei aber sicherlich auch viele benachbarte Jäger- und Sammlerstämme die neue Produktionsweise übernahmen. Die ersten Ackerbauer Mitteleuropas waren die Bandkeramiker, so genannt nach ihrer eigentümlichen Verzierung der Gefäße, die an Kürbisse oder ähnliche Pflanzen erinnert.

In der Bronzezeit des Orients können wir zwei gegensätzliche Tendenzen feststellen: Die entwickelteren gesellschaftlichen Gebilde in Mesopotamien dehnten ihre Grenzen aus, unterwarfen freie Stämme ihrem Staat und integrierten sie meist. Andererseits fielen Stämme auf niedrigerer Stufe der Zivilisation über die Staaten her, besiegten diese oft, weil sie militärisch tüchtiger waren, und setzten sich in ihnen als Kriegerschicht an die Spitze. Meist wurden sie kulturell und sprachlich schon

Ostgermanische Bastarner auf der Wanderung
Römisches Metopenrelief

nach wenigen Generationen assimiliert. In Mesopotamien erfahren wir
solche Vorgänge wieder und wieder aus den Keilschrifttexten und können sie auch aus den Kunstwerken und anderen archäologischen Quellen ablesen. Aus Ägypten ist vor allem der Einfall der Hyksos in der
zweiten Zwischenzeit gut bekannt. Das minoische Kreta wurde von den
Mykenern erobert usw.

Die Eisentechnik führte zu einem allgemeinen Übergewicht der Stämme
mit vorstaatlicher Organisation, denen manche alten Staaten unterlagen.
Auch das Mittelmeergebiet erlebte damals unzählige Völkerwanderungen, von denen die Dorische Wanderung die bekannteste geworden
ist.

Manche Völker wanderten vorzugsweise über das Meer. Die Phönizier gründeten von ihren Mutterstädten Tyrus und Sidon aus Pflanzstädte an vielen Küsten des Mittelmeers, zu denen auch das berühmte Karthago gehörte, das später mit Rom um die Vorherrschaft kämpfte. Den Phöniziern folgten die Griechen mit ihren Apoikien und die Etrusker. Später (im 10. Jahrhundert) haben Norweger zu Schiff Island und Grönland erreicht und besiedelt, ja sogar Nordamerika besucht. Diese Normannen faßten festen Fuß in Britannien, Irland, Frankreich, wo noch die Normandie nach ihnen heißt, und in Italien. Die größten Wanderungen zu Schiff machten die Polynesier, welche die ganze Inselwelt des Pazifik bis zur Osterinsel durchstreiften und besiedelten.

Die folgenreichsten Völkerwanderungen der Weltgeschichte waren wohl die der Europäer nach Amerika, Australien, Neuseeland usw., auch die etwa gleichzeitige russische Besiedlung Sibiriens.

Die germanischen Völker haben während ihrer Wanderungen zwar dem ohnehin sehr schwach gewordenen römischen Staat den letzten Stoß versetzt, jedoch die Kultur und Wirtschaftsweise der Römer rasch über-

Enthauptung germanischer Fürsten
Relief von der Markus-Säule in Rom
180

135

nommen. Aus inneren Gründen befand sich die römische Kultur schon seit längerer Zeit in einem Verfallsprozeß. Soweit die germanischen Stämme nicht militärisch vernichtet wurden, wie Ostgoten und Vandalen von den Byzantinern, sind sie wie zum Beispiel die Langobarden in der einheimischen Bevölkerung aufgegangen.

Den Germanen folgten übrigens bald die Slawen, die in Mitteleuropa bis zu Elbe und Saale, im Südosten bis zum Peloponnes und nach Kleinasien vordrangen, wo sie sich unter byzantinischer Oberherrschaft ansiedelten. Im 8. Jahrhundert eroberten arabische Krieger Mesopotamien, Syrien, Nordafrika und Spanien, später auch Sizilien.

Bei den Wanderungen des Altertums blieben in der Regel große Teile der Bevölkerung in den alten Wohnsitzen. Selbst von den Goten, die doch arg von den Hunnen bedrängt wurden, blieb ein Teil im Süden Rußlands. Nur durch einen Zufall haben wir Kenntnis davon, daß noch im 16. Jahrhundert Goten auf der Krim ansässig waren. Ein österreichischer Gesandter beim Sultan in Konstantinopel lernte zwei Leute von der Krim kennen, die damals der Türkei lehnspflichtig war, von denen einer noch die gotische Sprache kannte. Der Diplomat, der in Flandern gebürtig war, legte eine Wortliste an und erkannte sogleich auch die Verwandtschaft mit dem Deutschen und Flämischen.

Die Eroberer waren meist in der Minderzahl. So war es wohl auch in Griechenland, wo die im 2. Jahrtausend einwandernden Hellenen mit der ansässigen pelasgischen Bevölkerung verschmolzen. Die griechische Sprache hat viele Wörter der älteren Bevölkerung bewahrt, vor allem viele Namen von Bergen, Flüssen, Ortschaften usw. Von den Einheimischen übernahmen die Griechen nicht nur Künste und Fertigkeiten, sondern auch religiöse Vorstellungen. Bei den Kulthandlungen sollen in manchen Tempeln noch sehr lange pelasgische Rituale rezitiert worden sein.

So sind in vielen Fällen trotz Eroberung und Einwanderung die Traditionen der älteren Kultur weitergeführt worden. Andererseits wurden auch ohne Wanderungen Kulturerrungenschaften übernommen. Für den Archäologen stellt sich die Frage, welchen Charakter die Kulturbeziehungen hatten, an jedem Fundort neu.

Die Völkerwanderung der Germanen war dort kulturgeschichtlich besonders wirksam, wo die erobernden Einwanderer mit der Heimat unmittelbar verbunden blieben, nämlich bei den Franken. Das romanisierte und christliche Gallien bildete viele Jahrhunderte hindurch einen Staat mit dem germanischen und heidnischen Teil des fränkischen Reiches. Hier war die kulturelle Durchdringung besonders folgenreich.

Schicksale einer Sprache

Marcus Tullius Cicero
Römische Marmorbüste

Das Latein war die Sprache der Latiner, eines Volkes, von dem auch die
Römer in der Hauptsache herstammten. Ihr Gebiet, Latium, war nicht
sehr groß, die heutige italienische Region Letio entspricht ihm etwa. Die
Latiner waren in einem lockeren Bund vereinigt, dessen Führung Rom
übernahm, nachdem es Alba Longa zerstört hatte. Die Latiner besaßen
ein besonderes Bürgerrecht, das auf eine Gleichstellung mit dem römischen Zivilrecht, aber auf ein geringeres politisches Recht (zum Beispiel
kein Stimmrecht) hinauslief. Dieses latinische Recht wurde später auch
vielen anderen Gemeinwesen und einzelnen Personen verliehen. Es war
eine Art Vorstufe des Rechtes, das der Bürger Roms innehatte.

Mit der römischen Herrschaft breitete sich die lateinische Sprache
aus, zunächst über Italien, wo teils dem Latein nahestehende, teils völlig
fremde Sprachen im Gebrauch waren, dann über Spanien, Nordafrika,
Gallien und die Balkanhalbinsel. Diese Ausbreitung geschah so schnell,
daß wir von den früher dort gesprochenen Idiomen kaum etwas wissen.
In den meisten östlichen Provinzen des Reiches konnte sich das Latein
gegenüber Griechisch, Syrisch (christliches Aramäisch) und Koptisch
(stark gräzisiertes Ägyptisch) nicht durchsetzen. Von der lateinischen
Schriftsprache differenzierte sich immer stärker die Volkssprache, das
Vulgärlatein, aus dem sich nach dem Zusammenbruch des Weströmi-
schen Reiches im Laufe von Jahrhunderten verschiedene romanische

Sprachen entwickelten. Als Sprache der katholischen Kirche, die bis zur Reformation ganz Westeuropa umfaßte, spielte das Latein im Mittelalter auch als Sprache der Staatsverwaltung, der Wissenschaft und sogar der Poesie eine bedeutende Rolle. Das sogenannte Mittellatein war im Mittelalter keine tote Sprache. Es diente den Gebildeten weitgehend als Verständigungsmittel. So konnte zum Beispiel der aus Italien stammende Philosoph Thomas von Aquino in Köln und Paris lehren, ohne Deutsch oder Französisch zu können. Konzilien und ähnliche Versammlungen bedurften keiner Dolmetscher. Der Stil des Mittellateins war verhältnismäßig schlicht und allgemeinverständlich. Es wurden ständig neue Begriffe gebildet, die teils Neubildungen, teils aus den Volkssprachen übernommen waren. An Umfang übertrifft die überlieferte mittellateinische Literatur die antike um ein Vielfaches.

Den Todesstoß versetzten dem relativ lebendigen Mittellatein diejenigen, die das klassische Latein neu beleben wollten, die Humanisten. So nennt man die Gelehrten des 14. und 15. Jahrhunderts, die sich mit dem Studium der lateinischen und griechischen Literatur befaßten und auf dieser Grundlage ein neues, weltliches Bildungsideal schufen. Sie kämpften mit ihren vorwiegend philologischen und historischen Studien gegen die verknöcherte scholastische Wissenschaft ihrer Zeit. Ein eleganter lateinischer Stil, der an Cicero und Cäsar geschult war, galt ihnen als Ausdruck ihrer weltlichen und antischolastischen Denkweise.

Wie stark solche sprachlichen Fragen sie bewegten, zeigen zum Beispiel die berühmten »Dunkelmännerbriefe«. Im Mittelpunkt heftiger literarischer Fehden, die sich jahrelang hinzogen, stand der Humanist Johannes Reuchlin. Dieser gründliche Kenner der alten Sprachen, auch des Hebräischen, hatte es gewagt, der Inquisition entgegenzutreten, die alle jüdischen Schriften dem Feuer überantworten wollte. Daraufhin wurde er selbst der Ketzerei angeklagt. Nun griffen viele mutige Männer zur Feder und solidarisierten sich mit Reuchlin, unter ihnen der berühmte Erasmus von Rotterdam. 1514 gab Reuchlin eine Auswahl von Briefen heraus, die ihm die namhaftesten Humanisten geschrieben hatten. Ihr Titel lautete: Briefe berühmter Männer (»Clarorum virorum epistolae …«).

Als satirisches Gegenstück zu diesem seriösen Werk erschienen ein Jahr später die »Briefe unberühmter Männer« (lateinisch: »Epistolae obscurorum virorum«). Das lateinische Wort obscurus bedeutet gleichzeitig auch »dunkel«. Daher der deutsche Name der Briefe.

Die Schrift bestand aus erdachten Briefen von Klerikern an einen der Hauptfeinde Reuchlins, den Kölner Magister Ortwin Gratius. In dem

138

Schreiben an ihren Meister erbitten die Absender Entscheidungen über haarspalterische Probleme, berichten aber auch von Freß- und Saufgelagen sowie von ihren Liebesabenteuern.

Die satirische Wirkung der »Dunkelmännerbriefe« wird nicht nur durch den Inhalt, sondern auch durch ihre Sprache erzielt. Die Dunkelmänner schreiben ein primitives und fehlerhaftes Latein, das immer wieder Verwechslungen und Zweideutigkeiten ergibt.

Die wirklichen Verfasser der Briefe blieben ungenannt. Spätere Forschung ergab, daß sie einem Kreis humanistischer Gelehrter entstammten, der an der Erfurter Universität seinen Mittelpunkt hatte. Der führende Kopf war der Thüringer Bauernsohn Johannes Jäger (etwa 1480 bis 1540), der sich Crotus Rubeanus nannte. Auch Ulrich van Hutten (1488 bis 1523) war maßgeblich beteiligt. Von ihm stammt vor allem ein zweiter (1517 erschienener) Teil der Dunkelmännerbriefe.

Die Leser der Satire wurden mit den schwersten geistlichen Strafen bedroht, was die Verbreitung der Briefe indes eher gefördert als behindert hat.

Von satirischem Geist durchdrungen ist auch eine Schrift des berühmten Erasmus von Rotterdam, ein Dialog zwischen dem verstorbenen Papst Julius II. und Petrus am Himmelstor, in dem schonungslos mit den kriegswütigen, machtlüsternen und sittenlosen Fürsten abgerechnet wird.

Andere humanistische Autoren wandten sich der Geschichtsschreibung zu, wo sie sich an große antike Vorbilder wie Livius und Tacitus anzuschließen versuchten. Georg Agricola, der Begründer der Montanwissenschaften, und andere behandelten naturwissenschaftliche Fragen in einem ausgezeichneten Stil.

Viele deutsche Humanisten strebten nach literarischem Ruhm. Da sie aber nicht wie die großen italienischen Humanisten (Dante, Petrarca, Boccaccio usw.) zur Volkssprache übergingen, wirkten sie nicht in die Breite und sind heute vergessen, obgleich etwa die erotischen Gedichte von Conrad Celtis an Hasilina, Elsula, Ursula und Barbara oder die schwankhaften Erzählungen (»Facetiae«) Heinrich Bebels noch lesenswert sind.

Die Bestrebungen der deutschen Humanisten des 16. Jahrhunderts waren zu sehr von intellektueller Reserviertheit gegenüber den zumeist analphabetischen Volksmassen bestimmt, um historisch wirkungsvoll zu sein. Aus den großen Auseinandersetzungen, die Luthers Thesenanschlag einleitete, hielten sich fast alle heraus – mit Ausnahme des leidenschaftlichen Ulrich von Hutten.

Untergang
und Wiedergeburt?

Nicht selten wird Humanismus mit Renaissance gleichgesetzt, was jedoch nicht exakt ist.

Den Begriff Renaissance (Wiedergeburt) prägte der italienische Baumeister und Kunsthistoriker Giorgio Vasari (1511 bis 1574) für die Malerei, Architektur und Plastik des 14. und 15. Jahrhunderts in Italien. Allerdings gebrauchte er nicht das französische Wort Renaissance, sondern das gleichbedeutende italienische Rinascimento. Vasari wollte mit dieser Bezeichnung zum Ausdruck bringen, daß diese Kunst, die er selbst leidenschaftlich als ausübender Künstler und Theoretiker vertrat, eine Wiedergeburt der Antike nach dem langen Todesschlaf des Mittel-

Fensterrose
Straßburger Münster
14. Jahrhundert

alters wäre. Die mittelalterliche Kunst bezeichnete Vasari als »gotisch«, als barbarisch.

So bezog sich der Begriff Renaissance ursprünglich nur auf die Kunst. Er stand in Konkurrenz zu den Ausdrücken Quattrocento (italienisch wörtlich: 400) und Cinquecento (italienisch: 500), womit man die italienische Kunst des 15. und 16. Jahrhunderts bezeichnete. Der französische Historiker Jules Michelet (1798 bis 1874) verwendete den Begriff Renaissance erstmals zur Kennzeichnung einer ganzen Epoche in der Geschichte Europas, was sich seitdem weitgehend durchgesetzt hat.

Der von Vasari geschaffene Begriff gotisch wurde aus einem Schimpfnamen später zu einer ehrenden Bezeichnung, dann zu einem kunstgeschichtlichen Begriff. An der Rehabilitierung der Gotik hatte der junge Goethe großen Anteil. In seinem Aufsatz »Von deutscher Baukunst« (1772) erhob er einen Lobgesang auf Erwin von Steinbach, den Meister des Straßburger Münsters, der ein hervorragender Repräsentant dieses Stils war. Freilich war die Gotik keine deutsche Baukunst, sondern ein über viele Länder verbreiteter Architekturstil. Sein Ursprung lag in Frankreich.

Der in der Renaissance entstandene Begriff Mittelalter läßt sich auf außereuropäische Länder eigentlich nicht sinnvoll übertragen, obwohl das oft versucht wird. Die Geschichte dieser Gebiete verlief mit der europäischen keineswegs synchron. Um ein extremes Beispiel zu nennen: Die Kultur Mexikos oder Perus befand sich bei der Ankunft der Europäer in einem Stadium, das sich allenfalls mit Sumer oder dem ältesten Ägypten vergleichen ließe, auch das nur mit Vorbehalt. Auch Indien, China usw. haben andere Geschichtsepochen als der Westen.

Der Althistoriker Eduard Meyer versuchte, die drei ägyptischen Reiche mit Altertum, Mittelalter und Neuzeit Europas gleichzusetzen. Einige Geschichtsphilosophen haben sogar versucht, bei jeder »Kultur« die gleichen drei aufeinanderfolgenden Epochen festzustellen, was jedoch nur mit gewaltsamen Verdrehungen der wirklichen Geschichte möglich ist. Am Ende steht dann jeweils ein Untergang der Kultur, zum Beispiel bei Oswald Spengler der »Untergang des Abendlandes«. So der Titel seines 1919 erschienenen Buches.

Die Geschichte einzelner Völker oder Gruppen von Völkern verläuft nicht isoliert (nicht auf einer Insel – das ist die wörtliche Bedeutung von isoliert). Die Geschichte und Kulturgeschichte der Menschheit ist ein Gesamtprozeß, in dem eine Generation auf die vorhergehende, eine Epoche auf die andere aufbaut. Dabei treten oft auch Verluste kultureller Errungenschaften auf, aber nie der Untergang des Ganzen.

Im Hain
des Akademos

Die großen geistigen und politischen Bewegungen des 16. Jahrhunderts beraubten das Latein wichtiger Anwendungsgebiete. Die protestantischen Kirchen besaßen jetzt Bibelübersetzungen in den Nationalsprachen, auch der Kultus wurde in ihnen vollzogen. Ebenso wurde das Latein aus Justiz und Verwaltung Schritt für Schritt verdrängt. Nur an den Universitäten, den Akademien und in der wissenschaftlichen Literatur besaß es noch eine wenn auch sich ständig verkleinernde Domäne. Der Philosoph Spinoza (1632 bis 1677) verfaßte seine Werke noch in lateinischer Sprache, schon Leibniz (1646 bis 1716) größtenteils französisch. Seit Christian Wolff (1679 bis 1754) war in Deutschland Deutsch auch die Sprache der Philosophie. Ähnlich verhielt es sich in anderen Wissenschaftszweigen.

Der unkonventionelle Mediziner Bombastus Theophrastus Paracel-

Platon im Kreise seiner Schüler
Mosaik, Pompeji
3./2. Jahrhundert v. u. Z.

sus (Hohenheim) hielt 1527 Vorlesungen an der Basler Universität in deutscher Sprache, sein Beispiel fand jedoch keinen Anklang. Erst nachdem der Jurist Christian Thomasius 1687 in Leipzig begonnen hatte, in deutscher Sprache vorzutragen, setzte sich dies allmählich durch. Verteidigungen von Dissertationen mußten noch lange lateinisch durchgeführt werden. Von einem Physiker, der in den alten Sprachen schwach war, wird erzählt, daß er sich für die Disputation entsprechende Antworten von einem Freund aufschreiben ließ. Als Notanker, falls er gar nicht verstehen würde, was man ihn fragte, hatte er sich auch die lateinische Formulierung notiert: »Das kann sein, aber auch nicht sein.« Diese verwendete er auch, als ein betagter Professor ihm eine Frage stellte, welche er durchaus nicht verstand. Ein Teil der Anwesenden zog entsetzte Gesichter, ein Teil begann unterdrückt zu lachen. Der alte Herr hatte sich nämlich nur erkundigt, ob der Doktorand der Sohn eines Studienfreundes wäre.

Trotz schwindender Lateinkenntnisse blieben Professoren und Studenten noch lange der Antike zugetan. Das kam zum Beispiel darin zum Ausdruck, daß sie ihre Universitätsstädte ruhmredig mit Athen verglichen. Leipzig machte damit wohl den Anfang und legte sich neben »Neu-Rom im Sachsenlande« den Beinamen »Pleißathen« bei. Wittenberg nannte sich »Elbathen«, Jena (später auch Halle) »Saalathen«, München »Isarathen«, Edinburgh in Schottland »Athen des Nordens«.

Spreeathen«, im 18. Jahrhundert nur gelegentlich gebraucht, eroberte sich im 19. Jahrhundert Bürgerrecht in der Umgangssprache, während die verschiedenen anderen »Athen« in Vergessenheit gerieten.

Eine Universität im heutigen Sinne hatte das klassische Athen allerdings noch nicht besessen, wohl aber war es die Wirkungsstätte berühmter Philosophen, Historiker und Redner, um die sich oft viele Jünger scharten und die auch öffentliche Vorträge in Hainen, Gärten oder Wandelhallen hielten.

Der Glanz Athens als Kulturmittelpunkt überdauerte seinen politischen Niedergang. Als die Stadt von Rom unterworfen war, zogen die Philosophen- und Rhetorenschulen Lernbegierige aus allen Reichsteilen an. Kaiser Hadrian (117 bis 138) faßte diese zu einer Art Universität, der ersten der Welt, zusammen. Diese bestand noch rund 400 Jahre, bis Kaiser Justinian I., der Gatte der frommen Theodora, sie 529 als »Brutstätte des Heidentums« schließen ließ.

Ein Hain bei Athen wurde der Urahn unseres Begriffes Akademie: Akademos war ein altgriechischer Held, der unter anderem in diesem

Aufnahme von deutschen Scholaren
in die Universität Bologna
1497

Wäldchen verehrt wurde. Hier kaufte sich der Philosoph Platon (427 bis 347 v. u. Z.) einen Garten, in dem er vor seinen Schülern Vorträge hielt und mit ihnen diskutierte. Das Grundstück, Akademie genannt, vererbte Platon einer Genossenschaft seiner Anhänger, auf welche in der Folge der Name Akademie überging. Mit der Renaissance wurde die platonische Philosophie neu belebt. 1440 bildete sich in Florenz zu ihrer Pflege eine Gesellschaft, die sich wiederum Akademie nannte. Im 17. und 18. Jahrhundert nahmen dann gelehrte Gesellschaften, aber auch Lehreinrichtungen verschiedenster Art diesen Namen an.

Ein Gebäude am Marktplatz von Athen, der Agora, gab den Namen für eine andere philosophische Richtung und eine mit ihr verbundene Geisteshaltung. In der Bemalten Wandelhalle (Stoa poikile) trafen sich die Anhänger des Zeno. Daher der Name Stoa für diese Philosophie. Die von ihr erhobene Forderung, alles mit Fassung und Gleichmut hinzunehmen, führte zu unserem Ausdruck stoische Ruhe, der in die Umgangssprache einging.

Die Schüler des Aristoteles nennt man Peripatetiker nach den Wandelgängen (peripatoi) des Lykeions, wo der Philosoph zuerst lehrte. Da-

144

bei wurde oft wirklich im Gehen gelehrt und diskutiert, was sicherlich der Gesundheit guttat. Von Lykeion kommt Lyzeum. So hieß in Deutschland die höhere Mädchenschule, in anderen Ländern, zum Beispiel Frankreich, eine höhere Schule überhaupt.

Das Wort Universität stammt aus dem Mittelalter. 1119 wurde in Bologna eine hohe Schule gegründet, die alle damaligen Wissenschaften lehrte und deshalb Universitas litterarum (Gesamtheit der Wissenschaften) hieß. 1150 folgte Paris, 1348 Prag.

Die Studenten lebten an diesen alten Universitäten größtenteils in Kollegienhäusern, die man Börse oder Burse (auch Bursche) nannte, weil hier eine gemeinsame Geldbörse oder Kasse geführt wurde. In Paris war die von Robert de Sorbon gegründete Sorbonne eine derartige Genossenschaft. Das weibliche Wort »die Bursche« wurde später als Mehrzahlform mißverstanden und daraus die Einzahl »der Bursch« abgeleitet. Ursprünglich hieß nur der Student so, die Bedeutung »junger Mann« entstand erst später. Burschikos hieß also soviel wie auf studentische Art flott oder derb.

Die eigentümliche Ausdrucksweise der Studenten wurde auch Burschensprache genannt. Aus ihr sind viele Ausdrücke in unsere Umgangssprache übergegangen, so Pech, Kater, Philister, Ulk, fidel. Auch nassauern stammt daher. An der Universität Göttingen gab es angeblich eine Stiftung, die zwölf Studenten aus dem Herzogtum Nassau eine unentgeltliche Mittagsmahlzeit gewährte. War einer von ihnen abwesend, ging ein Unbefugter hin und »nassauerte«.

Heute wird Latein in großem Umfang noch in der Medizin, der Pharmakologie und der Biologie verwendet. Teile des menschlichen Körpers, alle Krankheiten usw. haben lateinische Namen. Allerdings würde ein alter Römer den Fachjargon der heutigen Ärzte genauso wenig verstehen wie der jetzige Patient, was ja unter anderem wohl auch beabsichtigt ist. Der eigentliche Sinn einer solchen künstlichen Fachsprache ist natürlich ihre Eindeutigkeit und ihre Internationalität. Gleiches gilt für die botanische und zoologische Terminologie, die durch Carl von Linné (1707 bis 1778) begründet wurde.

Typisch für das Mediziner- und Biologenlatein ist, daß es mindestens zur Hälfte aus griechischen Elementen besteht, die meist sprachlich dem Latein etwas angepaßt sind. Die Vokabeln einer Sprache reichen für die Fachterminologie längst nicht mehr aus. Wer an Diabetes mellitus, Hypertonie, Rheumatismus und Neurose leidet, darf sich den Griechen stärker verbunden fühlen als den Römern.

Romantische Romane
und
romanische Romanzen

Evangelist Johannes
Romanische Buchmalerei
12. Jahrhundert

Unlängst war ich vor der Klosterruine Paulinzella im Thüringer Wald Zeuge eines kleinen Ehestreits. Die Gattin hielt den Ausdruck »romanisch« im Touristenführer für einen Druckfehler und meinte, es müßte »romantisch« heißen. Als der Mann zu widersprechen wagte, beteuerte die Dame, sie fühle sich durchaus noch imstande, in dieser Umgebung eine Romanze zu erleben.

Tatsächlich besteht unter den vom Namen der »ewigen Stadt« abgeleiteten Begriffen ein Wirrwarr, der sich am besten mit einem Blick in ein etymologisches Lexikon lösen läßt.

Romanisch nennt man den durch Rundbogen bestimmten Baustil, der bei uns vom 11. bis zum 13. Jahrhundert herrschte. Der Begriff löste das zuvor meist gebrauchte »byzantinisch« ab. Obwohl dieser schöne Stil mit Rom nicht mehr, eher weniger zu tun hat als mit Byzanz, hat sich das Wort Romanik in der Kunstwissenschaft fest eingebürgert. Elemente der romanischen Architektur wurden in der wilhelminischen Zeit wiederbelebt (Neoromanik), teils bei Kirchen, vorzugsweise aber bei Postämtern, Banken und Sparkassen (deshalb auch Bankenstil genannt).

Eine ganz andere Bedeutung hat der sprachwissenschaftliche Ausdruck romanisch, mit dem man die Sprachen bezeichnet, die sich aus dem Vulgärlatein entwickelt haben: unter anderem Italienisch, Französisch, Spanisch, Portugiesisch. Einige der Völker, die eine solche Sprache gebrauchen, nennen sich noch heute so: die Rumänen und die Rätoromanen im Schweizer Kanton Graubünden. Im Mittelalter wurden auch die Volkssprachen in Frankreich, Spanien usw. romanisch genannt. Deshalb erhielten Lieder, oft Liebeslieder, die in ihnen, nicht in Latein, verfaßt waren, den Namen Romanze, entsprechende epische Werke die Bezeichnung Roman. Sammlungen von Romanzen heißen Romanzero, so überschrieb noch Heinrich Heine seine 1851 herausgegebenen Gedichte. Romancier heißt aber ein Verfasser von Romanen, nicht von Romanzen. Ob ein Liebeserlebnis heute eine Romanze oder ein Roman ist, hängt wohl in erster Linie von seiner Dauer ab.

Nach den mittelalterlichen Ritterromanen bezeichnete man in England im 18. Jahrhundert die Naturparks mit künstlichen Ruinen als romantisch, später auch andere Landschaften, dann überhaupt alles Phantastische, Abenteuerliche, Unrealistische, so auch die damals beliebten Gruselromane. Als 1798 sich in Jena eine Gruppe junger Literaten (unter ihnen Friedrich Schlegel und Novalis) zusammengefunden hatte, bezeichneten sie sich selbst als romantisch. Seitdem wurde Romantik zu einem vieldeutigen und vielschichtigen Begriff für literarische, künstlerische und philosophische Tendenzen, der so unterschiedliche Bestrebungen wie die Suche nach der »Blauen Blume«, den Hang zu Mittelalter und Mystizismus, das Sammeln von Volksliedern und Volksmärchen, erotische Ungebundenheit und Rebellion gegen einen verknöcherten Klassizismus einschließt.

Die Namen von Zigeunerensembles, die sich Romane oder ähnlich nennen, hat mit dem romantischen Inhalt ihrer Lieder nichts zu tun. Rom heißt in den Zigeunerdialekten »Mann, Mensch«, die Mehrzahl Romane (Leute) ist eine Selbstbezeichnung von Zigeunergruppen.

Schließlich gibt es noch den Vornamen Roman, griechisch Romanos, französisch Romain, auf den wiederum manche Ortsnamen (etwa Romanshorn) zurückzuführen sind.

Der Vater
im Kindbett

Innerhalb Spaniens ist das Baskenland seit langem ein Gebiet mit vielen ungelösten Problemen, obwohl es seit einigen Jahren eine gewisse Autonomie besitzt.

Im Jahre 1821 veröffentlichte Wilhelm von Humboldt eine Untersuchung »Über die Urbewohner Hispaniens und die baskische Sprache«. Darin wies er nach, daß das in Nordspanien und Südwestfrankreich gesprochene Baskisch weder mit dem Spanischen noch mit dem Französischen, ja mit keiner bekannten lebenden oder toten Sprache verwandt ist. Das Baskische (Eskuera), zeigte er ferner, wurde im Altertum fast auf der ganzen Pyrenäenhalbinsel und im Süden des heutigen Frankreichs gesprochen, bis es nach der römischen Eroberung vom Lateinischen verdrängt wurde.

Seit Humboldts Zeit hat es nicht an vergeblichen Versuchen gefehlt, das Baskische von anderen Sprachen abzuleiten, so vom Finnischen, von den Berbersprachen Nordafrikas und in neuerer Zeit von kaukasischen Sprachen.

Die Basken in Spanien hielten zäh an ihrer Sprache und ihren verbrieften Freiheiten fest. Wie andere Landesteile Spaniens besaßen die baskischen Provinzen noch im 19. Jahrhundert besondere Privilegien (Fueros). Erst nach jahrelangen Bürgerkriegen vermochte es die zentralistische Monarchie 1876, diese zu beseitigen. Gegen Ende des 19. Jahrhunderts wurden die baskischen Provinzen mit ihren reichen Bodenschätzen zu einem der wichtigsten Industriegebiete Spaniens. Da die Betriebe meist Fremden gehörten, traten soziale Spannungen auf, die den nationalen Konflikt verschärften.

Bei den Basken erhielten sich bestimmte urtümliche Bräuche bis in die jüngere Vergangenheit. Einer davon ist die Couvade, wie sie französisch genannt wird (von couver = brüten), das Männerkindbett. Nach der Geburt eines Kindes legte sich der Ehemann einige Tage ins Bett und benahm sich, als hätte er das Kind zur Welt gebracht. Man nimmt an, daß dieser Brauch auf eine Zeit des Übergangs von mutterrechtlichen (matriarchalischen) zu vaterrechtlichen (patriarchalischen) Verhältnissen zurückgeht. Der Vater, der früher offenbar neben der Mutter keine große Rolle gespielt hatte, erhob durch sein Gebaren einen Anspruch auf das Neugeborene.

Das Moos
mit dem Brecheisen geholt

Im Mittelalter bezeichneten die Deutschen ihre romanischen Nachbarvölker, vorzugsweise die Italiener, als Wälsche (oder Welsche). Das Wort hatte ursprünglich keinerlei verächtlichen Nebensinn. Den verliehen ihm chauvinistische Kreise erst im 19. Jahrhundert, damals bezeichnete man besonders die Franzosen so. Eduard Engel, ein Fanatiker des sprachlichen Purismus, betitelte sein Verdeutschungswörterbuch »Entwelschung«. Im Vorwort wettert er gegen die »Welscher«, das heißt diejenigen, die Fremdwörter gebrauchen.

»Wälsch« benannten germanische Stämme wohl ursprünglich die Kelten. Englisch heißen die keltischen Gebiete im Westen des Landes heute noch Wales und Cornwall, die Bewohner von Wales werden als Welshmen bezeichnet. Später ist der Begriff auch auf die romanisierten Kelten übertragen worden, darf man annehmen, dann auf alle Romanen.

Im Polnischen ist wloch die Vokabel für Italiener, im Tschechischen vlach. Die Walachei ist der südliche Teil Rumäniens, früher ein selbständiges Fürstentum. Im deutschsprachigen Osten der Schweiz bezeichnet man den französischsprachigen Westen der Eidgenossenschaft als welsche Schweiz, was der französischen Benennung Suisse romande genau entspricht.

Das Wort Wallach für einen kastrierten Hengst ist darauf zurückzuführen, daß der Brauch im Mittelalter aus Südosteuropa übernommen wurde. Französisch heißt ein Wallach hongre (Ungar).

Die in Graubünden von einem Teil der Bewohner gebrauchte romanische Sprache (Räto-romanisch oder Romantsch) wurde früher auch Churwelsch genannt. Darauf wird von manchen Etymologen das Wort Kauderwelsch zurückgeführt. Allerdings gibt es ein jiddisches Wort kaudern, das Radebrechen bedeutet.

Von jemandem, der alle Schliche kennt, sagt man: »Er weiß, wo Barthel den Most holt.« Diese Redensart wird von einigen Fachleuten aus dem Rotwelsch hergeleitet. Sie müßte danach ursprünglich gelautet haben: »Er weiß, wo der Barsel (die Brechstange) das Moos holt«, das heißt er gehört zur Zunft der Schränker (Einbrecher).

Das Rotwelsch ist in Deutschland als Geheimsprache der Bettler und Diebe schon seit etwa 1350 nachweisbar. Martin Luther, der an sozialen

Problemen ebenso interessiert war wie an Fragen der Sprache, schrieb 1528 das Vorwort zu einer in Wittenberg verlegten Schrift über das Bettlerunwesen, die ein Wörterverzeichnis des Rotwelsch enthielt. Die Sprache wurde offenbar wegen ihrer Unverständlichkeit Welsch genannt. »Rot« wird entweder als »Bettler« oder als »falsch« gedeutet.

Der Wortschatz der Gaunersprache bestand zum Teil aus verballhornten Elementen fremder Sprachen: Italienisch, Französisch, Latein, Hebräisch. So wurde zum Beispiel aus dem italienischen fame (Hunger) »Fabian«. Andere Begriffe bedienen sich bildhafter Umschreibungen, so etwa »Trittling« (Schuh), »Plattfuß« (Gans), »Feldglocke« (Galgen). Vieles davon wurde mit der Zeit dem braven Bürger und der Polizei bekannt, so daß die Gauner immer neue Wendungen ersinnen mußten. Eine Reihe rotwelscher Ausdrücke wurde in die Schriftsprache aufgenommen, beispielsweise Hochstapler, foppen, mogeln, berappen, Ganove; andere Ausdrücke fanden in die niedere Umgangssprache Eingang, etwa malochen, Zaster und zahlreiche Bildungen auf -mann: Knackmann (Stein, um ein Schaufenster zu knacken), Flachmann (Taschenflasche), Obermann (Hut), Ballermann (Pistole) usw. Manches Rotwelsche finden wir in Großstadtmundarten wieder, so »kneisten«: gucken (Berlin) oder »Quien«: Hund (Halle an der Saale).

Französisch heißt die Gaunersprache Jargon oder Argot. Der Balladendichter François Villon (um 1450), der Mitglied der Verbrecherzunft der Coquillards war, verfaßte auch sieben nur schwer zu deutende Gedichte im Jargon. Moderne französische Schriftsteller haben sogenannte Argotismen gelegentlich als Stilmittel verwandt, in reichem Maße Emile Zola in seinem Roman »Der Totschläger«. In England finden wir bei Charles Dickens ähnliches, vor allem im »Oliver Twist.«

Die englische Gaunersprache wurde cant genannt. Diese Bedeutung trat in den Hintergrund, als cant für die näselnde Redeweise der Puritaner und dann für Pharisäertum und Heuchelei Gebrauch fand. In diesem Sinne wurde Cant auch zeitweise im Deutschen verwendet. Jetzt ist das Wort bei uns wohl ausgestorben.

Im Altertum gab es zwar viele Bettler und Ganoven (von hebräisch ganef: Dieb), von ihrem Rotwelsch ist uns jedoch nichts überliefert.

Die Bettler besaßen übrigens nicht nur eine Geheimsprache, das Rotwelsch, sondern auch eine Geheimschrift, die Bettlerzinken. Die Schrift bestand aus einfachen graphischen Zeichen, die in Türen oder Hauswände geritzt wurden. Sie signalisierten den Zunftkollegen, daß hier ein mitleidiger Mensch wohne, bei dem es sich lohne anzuklopfen, oder enthielten Warnungen vor scharfen Hunden, Polizei usw.

An solchen Traditionen knüpften wahrscheinlich die Geheimzeichen der Lützower Jäger im Befreiungskrieg von 1813 an. Wenn Kundschafter des Freikorps verkleidet in eine Stadt hineingingen, hinterließen sie am Tor bestimmte Zeichen, die wie kindliche Kritzeleien aussahen und deshalb keine Aufmerksamkeit erregten.

Die Bilderschrift war nur für Eingeweihte lesbar. So bedeutete beispielsweise eine senkrechte Schlangenlinie »Feinde«, »feindlich«, ein schrägliegendes i »Kanone/Artillerie«, ein Fragezeichen »wir werden beobachtet« oder »seid auf der Hut«. Es gab ferner Zeichen für Zahlen- und Zeitangaben, für Namen von Personen, Städten, Flüssen usw.

François Villon
Holzschnitt
um 1489

Altgriechisch
ins Neugriechische
übersetzt?

Eine ähnliche Entwicklung wie in Westeuropa, wo aus dem Lateinischen über die Zwischenstation des Vulgärlatein sich die Nationalsprachen herausbildeten, die das Latein allmählich zurückdrängten, fand auch in Griechenland statt, allerdings mit einer Verschiebung um etwa ein halbes Jahrtausend. Erst vor wenigen Jahren wurde die Abschaffung der Zweisprachigkeit (Diglossie) verfügt. Es bestanden nämlich seit Generationen zwei verschiedene Schriftsprachen nebeneinander: die »Katharewusa« (»Reinsprache«), eine sich an das Griechische der Antike anschließende Sprachform, und die »Dimotiki« (»Volkssprache«), eine Schriftsprache, die auf der modernen griechischen Umgangssprache beruht.

Wie kam es zu dieser eigentümlichen Erscheinung? Als sich nach jahrhundertelanger türkischer Herrschaft 1821 das griechische Volk zum Kampf um seine Befreiung erhob, verfügte es über keine allgemein verstandene Schriftsprache. Die grausame türkische Unterdrückung hatte die Entwicklung einer Nationalliteratur behindert. Reich war zwar der Schatz mündlicher Dichtung; in Liedern und Balladen wurden die Taten der Klephten, aufständischer griechischer Bauern und Hirten, besungen. Jedoch war diese Folklore in Dialekten abgefaßt, die sich bedeutend unterschieden.

Viele griechische Patrioten sahen eine Lösung darin, die altgriechische Sprache neu zu beleben, was um so näher lag, als man damals überhaupt sehr stark bemüht war, an die ruhmreichen Traditionen des griechischen Altertums anzuknüpfen.

Der Arzt und Sprachforscher Adamantios Korais (1748 bis 1833) arbeitete in Anlehnung an das Altgriechische die Katharewusa aus, die zur Amtssprache des selbständigen griechischen Staates wurde. Indes blieb die Kenntnis der Katharewusa den wenigen Gebildeten vorbehalten, während die große Mehrheit diese Sprache nicht verstand. Auf der Grundlage des gesprochenen Griechisch schuf der Schriftsteller Johannes Psycharis (1854 bis 1929) eine moderne Schriftsprache, die Dimotiki, die sich bald in der Literatur wie auch im täglichen Leben einbürgerte.

Beamtenschaft und Klerus klammerten sich jedoch an die Kathare-

Dionysos besucht einen dramatischen Dichter
Griechisches Marmorrelief

wusa, die ihnen ein Bildungsmonopol verbürgte. In stürmischen Kämpfen gewann die Dimotiki allmählich an Boden und errang sich eine gewisse Gleichberechtigung mit der Katharewusa. Der Sprachenkampf innerhalb des gleichen Volkes führte zu heftigen politischen Auseinandersetzungen, zu Demonstrationen und Straßenschlachten. Die Aufführung einer altgriechischen Tragödie in neugriechischer Übersetzung hatte eine maßlose Erregung zur Folge, konservative Kreise sahen die heiligsten Güter der Nation bedroht. Auch die orthodoxe Kirche Griechenlands hielt an der alten Sprache fest, die ja auch die Sprache der Bibel, der Kirchenväter und der Liturgie ist. Trotz dieser Feindseligkeiten nahm die volkstümliche griechische Literatursprache ständig Wörter der Katharewusa auf, vor allem Abstrakta, die ihr fehlten. Neuerdings wurde erreicht, daß die Dimotiki die einzige Sprache an allen öffentlichen Schulen ist.

Eine ähnliche Diglossie, freilich nicht mit derartig temperamentvollen Ausbrüchen verbunden, besteht auch in Norwegen. Hier konkurrieren das Bokmål (früher als Riksmål bezeichnet), das sich aus dem Dänischen, der damaligen Amtssprache in Norwegen, entwickelt hat, und Nynorsk (früher Landsmål genannt), das auf westnorwegischen Dialekten beruht, miteinander. Beide Schriftsprachen sind offiziell gleichberechtigt.

Tabus und Euphemismen

Als der britische Seefahrer James Cook 1768 nach Tahiti kam, stellte er mit Erstaunen fest, daß die Bewohner dieser Insel einer Unzahl von seltsamen Verboten ausgesetzt waren. Die Frauen durften beispielsweise bestimmte Geräte der Männer nicht berühren. Auch Gegenstände, die dem Häuptling gehörten oder dem religiösen Kult dienten, durfte kein unbefugter Tahitianer anfassen. Sie waren »tabu«, wie das polynesische Wort lautete. Diese Erscheinung ist zwar für die Südseeinsulaner besonders typisch, findet sich aber in gewissem Maße bei fast allen Völkern der Erde. Sie erstreckt sich auch auf die Sprache. Bestimmte Wörter werden tabuisiert. Bei manchen polynesischen Stämmen darf zum Beispiel der Name eines Verstorbenen von seiner Witwe nicht ausgesprochen werden; wenn er beispielsweise »Palme« hieß, muß sie fortan diesen Begriff mit anderen Worten umschreiben.

Eine besondere Form des Sprachtabus ist der Euphemismus, der beschönigende Ausdruck für eine bedrohliche Erscheinung. Als die Griechen durch den Bosporus ins Schwarze Meer kamen, lernten sie hier Stürme von einer Gefährlichkeit kennen, wie es sie im heimischen Mittelmeer nicht gab. Um das Meer nicht zu erzürnen, nannten sie es »Gastliches Meer« (Pontos euxeinos) statt »Ungastliches Meer« (Pontos axeinos). Diese Bezeichnung geht auf einen iranischen Namen zurück, der »dunkelfarbiges Meer« bedeutet. Daher wohl auch »Schwarzes Meer«. Die gräßlichen Rachegöttinnen mit Schlangen als Haar hießen bei den Griechen eigentlich Erinnyen (lateinisch Furien). Um sie nicht zu »berufen«, wurden sie Eumeniden (Wohlmeinende) genannt. Die Vertreterinnen des horizontalen Gewerbes wurden nicht als Pornoi (Huren), sondern beschönigend als Hetären (Gefährtinnen) bezeichnet.

Groß ist die Zahl verhüllender Wendungen auch in der deutschen Sprache. Zum Beispiel durfte der Teufel nicht mit Namen genannt werden, um ihn nicht herbeizurufen. Er wurde unter anderem Sankt Velten oder der schwarze Käsperlin genannt. Auf die Veränderung der Sprache haben solche Euphemismen und Sprachtabus großen Einfluß. So heißt der Bär zum Beispiel im Russischen medwed (Honigfresser), eine Umschreibung, die das ursprüngliche Wort völlig verdrängte. Manchmal werden solche umschreibenden Wörter aufs neue tabuisiert. So ersetzte schon im Mittelalter kacken (vom lateinischen caccare) das normale deutsche Wort, jedenfalls in der gehobenen Sprache, ist aber seitdem längst wieder durch Euphemismen beiseite geschoben worden.

Babylonische Verwirrung

Im ersten Buch Mose wird erzählt, daß anfangs alle Menschen in einer Sprache redeten. Sie strichen und brannten Ziegel und verwendeten Erdharz (Asphalt, der in Mesopotamien zutage tritt) als Mörtel. Und sie beschlossen, eine Stadt zu bauen und einen Turm, der bis zum Himmel reiche, »damit wir uns einen Namen machen«. Gott aber strafte solchen Hochmut, indem er ihre Sprache verwirrte und sie in alle Länder zerstreute. Daher heißt der Name der Stadt Babel (vom hebräischen balal: verwirren).

Diese Namenserklärung ist eine Volksetymologie. Die Stadt hieß akkadisch Bab-ilu (Tor des Gottes), was auf gleichbedeutendes sumerisches Ka-dingir zurückgeht.

Den berühmten Babylonischen Turm, den noch Herodot gesehen hatte, suchte man in den Ruinen zunächst vergeblich. Als eine deutsche Expedition unter Leitung von Robert Koldewey wesentliche Teile der Stadt erkundete und freilegte (1899 bis 1917), wurde auch das Fundament des Turmes festgestellt.

Zu den eindrucksvollen Architekturdenkmälern, die im Pergamon-Museum zu Berlin wieder aufgerichtet worden sind, gehört die Prozessionsstraße von Babylon mit ihren wechselnden farbigen Reliefs von Drachen und Löwen.

Dabei übertrifft die wirkliche Straße in der Ruinenstadt am Euphrat die Museumsrekonstruktion an Höhe, Breite und vor allem Länge um ein vielfaches. Das monumentale Bauwerk, das in einem rechtwinkligen Knick verlief, begrenzte auf zwei Seiten den Tempelbezirk, in dem der Stadtgott Marduk verehrt wurde.

Mittelpunkt des Tempelbezirks war der berühmte Turm. Er war jedoch kein Turm im heutigen Sinne, sondern ein Bauwerk von quadratischem Grundriß (92 Meter Seitenlänge), bei dem sich immer kleiner werdende Terrassen stufenförmig aufeinander türmten, wobei auf der obersten ein Hochtempel stand. Solche Bauten wurden in den Sprachen Babyloniens Zikkurat genannt. Die Einzelheiten der Zikkurat von Babylon waren schwer zu erschließen, denn die gebrannten Ziegel, aus denen ihr 14 Meter dicker Mantel bestand, wurden in späteren Jahrhunderten als Baumaterial größtenteils abgerissen. Keilschrifttexte, Reiseberichte und besser erhaltene Zikkurate, an denen das Zweistromland reich ist, wurden Grundlage von mannigfaltigen Hypothesen über Aufbau und Zweckbestimmung des Babylonischen Turms. Die vorherrschende Meinung ist heute, daß auf der Tempelplattform alljährlich die Heilige Hochzeit stattfand.

Solche Zikkurate gab es in Mesopotamien schon seit der sumerischen Epoche. Etwa 20 wurden bereits von Archäologen erforscht, bisher noch nicht erkundete Tells dürften weitere in sich verbergen.

Über die Zerstreuung und Ausbreitung der Völker berichten noch andere alttestamentliche Erzählungen. Noah hatte drei Söhne, heißt es: Sem, Ham und Japheth. »Von ihnen kommen her alle Menschen auf Erden.« Folgerichtig werden dann sämtliche damals bekannten Völker von den Noahsöhnen abgeleitet. Unter anderem stammen Israel, die Aramäer und die Araber von Sem, die Kanaanäer von Ham und sonst recht wenig bekannte Stämme von Japheth ab.

Als die Sprachwissenschaft eine nahe sprachliche Verwandtschaft zwischen dem Hebräischen, Syrischen, Arabischen und Abessinischen feststellte, wurden diese Sprachen nach Sem semitisch genannt. Auch das Akkadische (Babylonisch/Assyrisch) stellte sich mit der Entzifferung der Keilschrift als semitische Sprache heraus. Daß die Schöpfer der biblischen Erzählung solche sprachlichen Kriterien nicht im Auge hatten, sondern bei ihrer Gruppierung vielleicht eher die Lebensweise (Nomaden und Städtebewohner), zeigt die Zuweisung der Phönizier zu den Nachkommen Hams, obwohl diese eine dem Hebräischen sehr nahe stehende Sprache besaßen. Die Wissenschaft nannte später eine andere Gruppe verwandter Sprachen Hamitisch, nämlich das Altägyptische mit seinem jüngsten Stadium, dem Koptischen, die Berbersprachen Nordafrikas sowie eine Reihe in den Sudanländern, Nubien und Äthiopien gebrauchter Sprachen. Da diese alle mit den semitischen Sprachen verwandt sind, redet man heute in der Linguistik von einer semito-hamitischen Sprachfamilie.

Die meisten dieser Sprachen sind jetzt vom Arabischen ersetzt. Syrisch (Aramäisch) ist ausgestorben, nachdem es vorher selbst das Akkadische verdrängt hatte; ebenfalls Koptisch. Die Länder Nordafrikas sind ebenfalls arabisiert. In Algerien und Marokko bedienen sich nur noch Minderheiten in den Bergen und Wüsten der angestammten Berberdialekte. Hebräisch existierte ebenfalls als lebende Sprache nicht mehr, sondern wurde mehr als zwei Jahrtausende hindurch nur noch zu religiösen Zwecken verwendet. Erst mit der neuerlichen Ansiedlung von Juden in Palästina und der Gründung des Staates Israel kam es zu einer Neubelebung des Hebräischen.

Als im 19. Jahrhundert eine rassistische Bewegung entstand, die vor allem gegen die Juden gerichtet war, nannten sich deren fanatisch inhu-

Der Turm zu Babylon
Rekonstruktionszeichnung von A. Kircher
1679

mane Vertreter, die zudem auch reichlich unwissend waren, Antisemiten. Die »reinrassigen« Deutschen bezeichneten sie als Arier – nach der
Selbstbenennung einer Gruppe indischer Stämme. Eine wahrhaft babylonische Verwirrung!

Die Hethiter tranken Watar

Die britische Verwaltung in Indien war gegen Ende des 18. Jahrhunderts genötigt, sich mit dem Recht der beherrschten Völker zu befassen. Dabei stieß man auf Rechtsbücher, die in einer uralten Sprache, dem Sanskrit, verfaßt waren, sodann auf umfangreiche religiöse und poetische Schöpfungen. Ihr Studium fand auch in Deutschland viel Anklang. Den Romantikern tat sich in der altindischen Literatur eine Welt auf, die sie geradezu faszinierte. Friedrich Schlegel pries sie in seiner Schrift »Von der Sprache und Weisheit der Inder« (1808), sein Bruder August Wilhelm errichtete in Bonn sogar eine eigene Druckerei zur Veröffentlichung von Sanskritwerken. Beim Studium des Wortschatzes und der Grammatik der altindischen Sprache machte der Philologe Franz Bopp eine sensationelle Entdeckung: Eine Reihe von Sanskritwörtern ähnelte griechischen und lateinischen Wörtern gleicher oder ähnlicher Bedeutung, vor allem aber wies die Grammatik auffallende Parallelen auf. Das älteste Stadium des Germanischen, im Gotischen erhalten, des Keltischen, des Slawischen, Litauischen, Persischen und einer Reihe weiterer Sprachen zeigte ebenfalls verblüffende Übereinstimmungen. Zum Beispiel lautet Vater in den verschiedenen verwandten Sprachen, die man zunächst als indogermanische, später als indoeuropäische bezeichnete, folgendermaßen: Altindisch: pita, altpersisch: pita, griechisch: pater, lateinisch: pater, gotisch: fadar.

Mutter hieß altindisch: mata, altpersisch: mata, dorisch: mater, ionisch: meter, altirisch: mather, russisch: matj, Genitiv: materi.

Drei heißt altindisch: trayas, albanisch: tre, griechisch: treis, lateinisch: tres, keltisch: tri, russisch: tri.

Die Liste verwandter Wörter umfaßt die Zahlen bis zehn sowie hundert und tausend, die wichtigsten Verwandtschaftsbezeichnungen, persönliche Fürwörter, das Hilfswort »sein«, Bezeichnungen einer Reihe von Tieren, Pflanzen, Begriffen aus dem Ackerbau (Pflug, Achse, Joch) usw. insgesamt einige hundert Wörter. Auch Namen von Körperteilen gehören dazu, zum Beispiel lateinisch nasus: Nase. Der deutsche Dichter und Sprachreiniger Philipp von Zesen hielt deshalb Nase für ein Fremdwort. Das alles könnte auf Zufall oder auf Entlehnung zurückgeführt werden, wenn nicht die Grammatik so überzeugende Übereinstimmungen aufwiese. Anfänglich versuchte man, aus den vorhandenen Resten eine Ursprache der Indoeuropäer zu rekonstruieren, das hat man längst aufgegeben. Auch daß die verschiedenen Sprachen sich durch im-

Hethitische Bilderschrift
(sogenannte Hieroglyphen)
Ankara
7. Jahrhundert v. u. Z.

mer neue Abspaltungen gebildet hätten, ist eine zu einfache Vorstellung, die heute durch kompliziertere Modelle ersetzt ist.

Über die Urheimat der Indoeuropäer sind die verschiedensten Hypothesen aufgestellt worden, fast alle denkbaren Territorien wurden dafür in Anspruch genommen. Ebenfalls sind bisher jegliche Versuche gescheitert, die Wanderungen der Indoeuropäer mit archäologisch nachweisbaren Völkerverschiebungen zu identifizieren. Der Versuch, die Indoeuropäer mit einer »Rasse« gleichzusetzen, hätte eigentlich schon am Vergleich des Äußeren eines Skandinaviers mit einem Perser oder Inder scheitern müssen.

Übrigens gibt es auch Gelehrte, die indoeuropäische und semito-ha-
mitische Sprachen wegen ihrer sich ähnelnden Gesamtstruktur in nä-
here Beziehungen bringen. Sie sprechen von »nostratischen« Sprachen
(vom lateinischen noster: unser).

Im Jahre 1906 entdeckte der deutsche Archäologe Hugo Winckler in
Boghazköy (Kleinasien) in den Ruinen einer Stadt aus dem 2. Jahrtau-
send v. u. Z. über 10000 Keilschrifttafeln, das Archiv eines Königs. Ein
Teil war in akkadischer Sprache abgefaßt, ein Teil in einer unbekannten
Sprache. Wie sich herausstellte, war man auf die Hauptstadt des schon
bekannten Hethiterreiches gestoßen. 1887 war bei Ausgrabungen in
Amarna (Ägypten) ein Teil der diplomatischen Korrespondenz der Pharaonen Amenophis III. und Echnaton gefunden worden, darunter auch
Briefe aus dem Hethiterreich. Weiter wußte man aus ägyptischen Quellen, daß Ägypten und der hethische Staat um die Vorherrschaft in Syrien
gekämpft hatten.

Ein junger tschechischer Assyriologe, Bedřich Hrozný, kam nach langen Forschungen 1915 dazu, einige Wörter der hethischen Keilschrifttafeln
feln lesen zu können. Er fand »ezzateni« für essen, »nu« für nun, »watar« für Wasser. Hethitisch war, was niemand vermutet hatte, eine
indoeuropäische Sprache, älter als das Sanskrit. Seitdem konnte eine
reichhaltige hethitische Literatur, darunter Mythen und Rechtsbücher,
erschlossen werden.

Amenophis IV.: Echnaton
Kalksteinrelief
um 1350 v. u. Z.

Idee eines hoffenden Doktors

Die Legende vom Babylonischen Turmbau und dem sich daraus ergebenden Sprachwirrwarr bringt auch die Sehnsucht nach einer allgemeinverständlichen Sprache aller Menschen der Welt zum Ausdruck. Wir finden sie ebenfalls in der neutestamentlichen Erzählung vom Pfingstwunder wieder, wo plötzlich Menschen aus verschiedenen Völkern mit einer Zunge sprechen.

Im Mittelalter war dieses Problem nicht aktuell, da das Latein, wenigstens für die Gebildeten in den katholischen Ländern, ein brauchbares Mittel des Gedankenaustauschs war. Humanismus und Reformation zerstörten die Herrschaft des Lateins, und so entstand wiederum das Verlangen nach einem internationalen Kommunikationsmittel.

Die Forderung nach einer Sprache, die Menschen jeglicher Nationalität verständlich sein sollte, erhob als erster der tschechische Humanist und Pädagoge Jan Amos Komenský (lateinisch Comenius genannt) in der 1634 erschienenen Schrift »Allweckruf«. Alle Volkssprachen erschienen ihm dazu ungeeignet, das Latein aber zu schwer für den einfachen Mann zu erlernen. Der französische Philosoph und Mathematiker Martin Mersenne (1588 bis 1648) sah den Weg dazu in einer künstlichen Sprache mit äußerst vereinfachter Grammatik. Auch der Philosoph Gottfried Wilhelm Leibniz (1646 bis 1716) beschäftigte sich mit dem Problem eines universalen Verständigungsmittels. Ihm schwebte dabei allerdings eine Zeichenschrift vor, die in der Lage sein sollte, jeglichen Begriff exakt auszudrücken.

Den von Mersenne angedeuteten Weg beschritt der Pfarrer Johann Martin Schleyer, der in der Nähe von Konstanz lebte. Die »Volapük« genannte Sprache, die er ersann, basierte auf einem sehr vereinfachten Englisch. So leitete sich die Silbe »vol« vom englischen »world« (Welt) und die Silbe »pük« vom englischen »speak« (sprechen) her – also Volapük = Weltsprache. Es gab jeweils nur eine einzige Deklination und Konjugation. Allerdings war die neue Sprache schwerlich als wohlklingend zu bezeichnen. »Aber warum waren Sie nicht gestern schon in Berlin?« hieß »Ab kikod äbinons no ja ädelo in Berlin?«

Das große Aufsehen, welches das Volapük hervorrief, ermutigte den Warschauer Augenarzt Ludwig Lazarus Zamenhof (1859 bis 1917), mit seinem eigenen Vorschlag einer internationalen Sprache an die Öffentlichkeit zu treten. 1887 veröffentlichte er ihn unter dem Pseudonym Dr. Esperanto (der Hoffende) in Warschau in russischer Sprache. Die später nach ihrem Erfinder Esperanto genannte Kunstsprache fand in den folgenden Jahrzehnten viele begeisterte Anhänger. Sie zeichnete sich vor dem Volapük dadurch aus, daß sie den bereits vorhandenen internationalen Wortschatz verwendete, vor allem den aus dem Latein stammenden, und ziemlich wohlklingend war. So wird der Leser die Esperantosätze »La sinjorino promenas« oder »La fenestra estas puras« sicher leicht verstehen. Jedoch hat es seit Zamenhofs Vorschlag nicht an neuen Entwürfen auf diesem Felde gefehlt, von denen vor allem das vom Esperanto abgeleitete Ido (Kind) Resonanz fand.

Rom als Haupt der Welt
Illustration aus einer Geschichtsschrift
um 1280

162

Die Erfindung des ABC, und warum es nicht HLX heißt

Hieroglyphen, Keilschrift und ähnliche Systeme, zum Beispiel die chinesische oder japanische Schrift, mit ihren vielen hundert oder tausend Zeichen sind schwer zu erlernen. Demgegenüber können die Europäer, auch die Araber und andere Völker Vorderasiens, mit einigen Dutzend Zeichen alle Wörter ihrer Sprachen eindeutig ausdrücken. Auch in der Hieroglyphenschrift gab es Zeichen für die verschiedenen Laute, jedoch wurden sie nur als zusätzliches Element verwendet. Konsequent phonetisch wurden nur fremde Eigennamen geschrieben. Auch mit der Keilschrift konnten die Babylonier phonetisch schreiben. Sie hätten mit ihren Silbenzeichen jedes beliebige Wort wiedergeben können, nur taten sie es nicht.

Unsere alphabetische Schrift entstand in den phönizischen Handelsstädten, offensichtlich unter dem Einfluß der dort seit langem bekannten ägyptischen und babylonischen Schriftsysteme. Bei den Ägyptern wurden, dort wo sie phonetische Zeichen verwendeten, nur die Konsonanten geschrieben. Wir wissen nicht, ob die berühmte Königin Nofretete (1365 bis 1347 v. u. Z.) wirklich so hieß, deshalb liest man auch Nofertetu und ähnliches. Feststehend sind nur die Konsonanten, und in der ägyptologischen Fachliteratur werden auch nur diese geschrieben, was für einen größeren Interessentenkreis kaum zumutbar ist. Deshalb sind die Vokale oft auf Verdacht oder ganz willkürlich eingesetzt. Auch die Phönizier schrieben nur die Konsonanten. Die folgende Probe möge das veranschaulichen. Der Anfang von Schillers »Glocke« würde nach dieser Schreibweise etwa so aussehen: Fstgmrt .n dr.rdn stht d. Frm .s Lhm gbrnnt. Allerdings wurde ohne Großbuchstaben und Wortabstand geschrieben: Ht.mßd.glck.wrdnfrschgsllnsdzrhnd. Außerdem lief die Schrift von rechts nach links, aber das ist Gewohnheitssache: ßwhcsrdßmnnnrßh.nrtsrdnv

Die hebräische Schrift, die sich unmittelbar von der phönizischen ableitet, benutzte ebenfalls keine Vokale. Erst als das Hebräische zur toten Sprache wurde, entstand das Bedürfnis, die Vokale zu bezeichnen, was mit unter und über die Konsonanten gesetzten Punkten geschah.

Die Griechen übernahmen das Alphabet von den Phöniziern. Aus für ihre Sprache nicht benötigten Konsonanten und anderen Elementen schufen sie Zeichen für die Vokale. Die Schriftrichtung war zuerst unterschiedlich, von rechts nach links oder von links nach rechts, in alten Inschriften auch »pflugwendend«, jede Zeile in einer anderen Richtung. Von den Griechen übernahmen die Etrusker, Römer, Kopten und andere Völker das Alphabet. Die Herkunft des Alphabets von den Phöniziern war griechischen Historikern noch nach Jahrhunderten wohlbekannt. Ein Phönizier namens Kadmos habe die griechische Schrift erfunden, hieß es.

Die Groß- und Kleinschreibung, eine Angelegenheit, mit der im Deutschen nicht nur Grundschüler zu kämpfen haben, ist erst eine Erfindung des Mittelalters. Die Griechen und Römer schrieben alles »groß« (Majuskeln) oder alles »klein« (Minuskeln). Es handelte sich dabei um verschiedene Schriftformen. Erst im Spätmittelalter wurden Majuskeln als Initialien in Minuskeltexten zur Hervorhebung der Abschnitte verwendet. Seit dem 15. Jahrhundert wurden auch wichtig erscheinende Wörter durch große Buchstaben hervorgehoben.

Warum heißt das ABC gerade ABC? Warum nicht etwa HLX?

Die feste Reihenfolge der Buchstaben im Alphabet erscheint so selbstverständlich, daß sich selten jemand Gedanken über ihren Ursprung macht. Indessen gibt es keinen plausiblen Grund, warum man gerade mit dem A anfängt und mit dem Z aufhört. Es wäre auch jede beliebige andere Aufeinanderfolge möglich und praktisch anwendbar. Wir stehen hier einfach in einer uralten Tradition.

Die Reihenfolge der lateinischen Buchstaben reicht bis in die Anfänge der römischen Geschichte zurück. Die Römer wiederum folgten nicht nur bei der Ausbildung ihrer Schrift, sondern auch weitgehend bei der Reihung der Buchstaben dem Vorbild der Griechen, wobei sie entsprechend den Eigenheiten der lateinischen Sprache Buchstaben hinzufügten, wegließen und veränderten. Nun stimmt die Reihenfolge des griechischen Alphabets wiederum mit der des phönizischen weitgehend überein, und zwar seit frühester Zeit, wie eine sehr alte Vase aus der griechischen Landschaft Böotien, auf der die griechischen Buchstaben aufgezeichnet sind, beweist. Auch die semitischen Namen der Buchstaben wurden von den Griechen übernommen. Dabei sind die phönizischen Buchstabennamen Wörter, die mit dem entsprechenden Laut beginnen, während die griechischen Namen der Buchstaben keinen Sinn haben. So wurde aus dem semitischen Aleph (Rind) das griechische Alpha, aus Beth (Haus) wurde Beta, aus Gimel (Kamel) Gamma.

Es gibt eine schlüssige Erklärung, warum mit der Schrift auch die Ord-

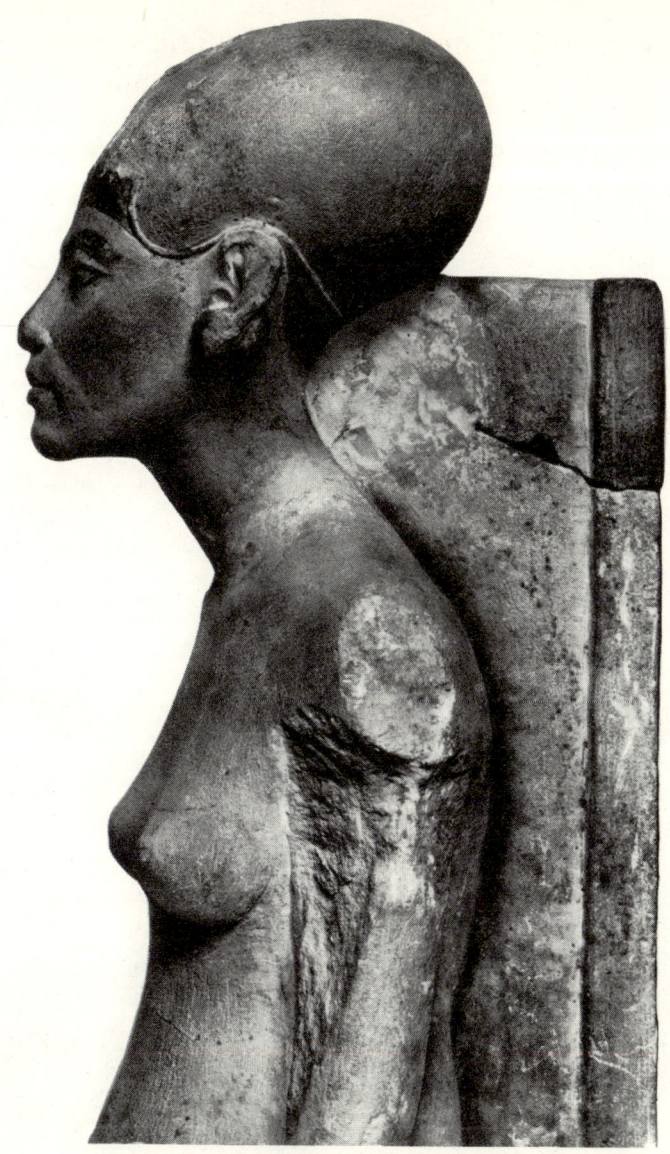

Königin Nofretete
Ägyptische Granitbüste
um 1370

nung des Alphabets so exakt weitergegeben wurde. Die Buchstaben
dienten wahrscheinlich den Phöniziern auch als Zahlzeichen, was die
Griechen zusammen mit dem Alphabet übernahmen (Alpha: 1, Beta: 2
usw.). Die Einhaltung der einmal vermutlich willkürlich gewählten Reihenfolge war also späterhin unbedingt nötig.

Drei Buchstaben, Messalina und eine Nichte

Claudius empfängt die kaiserlichen Insignien
Römisches Flachrelief
1. Jahrhundert

Das lateinische Alphabet wies eine Reihe von Unvollkommenheiten auf, um deren Behebung sich Kaiser Claudius (41 bis 54) bemühte. Der Konsonant v wurde vom Vokal u (ebenfalls v geschrieben) nicht unterschieden, es fehlten lateinische Zeichen für die griechischen Buchstaben ψ und υ. Claudius ersann dafür neue Schriftzeichen, die er, als er überraschend Kaiser geworden war, amtlich einführte. Nach seinem Tode wurden sie wieder abgeschafft. Claudius befaßte sich auch mit historischen und philologischen Studien, so soll er ein Kenner der etruskischen Frühgeschichte Roms gewesen sein.

Trotz oder gerade wegen dieser Gelehrsamkeit stellt ihn der Historiker Sueton in einer seiner Cäsarenbiographien als perfekten Trottel dar, zur Führung der Staatsgeschäfte völlig ungeeignet. Als die Soldaten seinen Vorgänger und Verwandten Caligula umgebracht hatten, versteckte er sich vor Angst. Die Leibgarde fand ihn jedoch. Er glaubte, sein letztes Stündlein habe geschlagen, aber die Soldaten setzten ihn auf den Kaiserthron, nicht ohne ein sehr wertvolles Geschenk zu fordern. Claudius soll die Regierung des Reiches seinen Freigelassenen und seinen Frauen überlassen haben, während er seinen Studien frönte.

Die Frau des Claudius war zur Zeit seiner Thronbesteigung Messalina. Sie war geldgierig, intrigant und ausschweifend. Wer ihr nicht gefiel, den räumte sie rücksichtslos aus dem Wege. Das Privatleben der Kaiserin schilderte der Dichter Juvenal in seiner 6. Satire: In einen Mantel mit Kapuze gehüllt, schlich sich Messalinchen in ein Lupanar, wo für sie stets eine Zelle reserviert war. Eine blonde Perücke über das schwarze Haar gezogen, um sich unkenntlich zu machen, bot sie sich nackt, die Brustwarzen vergoldet, den Bordellgästen an und gab sich ihnen gegen ein angemessenes Entgelt hin. »Auf dem Rücken liegend, verschlang sie die Stöße von vielen«, sagt Juvenal. Wenn der Wirt den Laden schloß, zog Messalina traurig ab und brachte den Kaschemmenmief in die kaiserlichen Gemächer.

Als die Kaiserin neben ihrem Mann einen ihrer Geliebten in aller Form heiratete, nutzte das einer der Freigelassenen des Claudius, um Messalina als Staatsverbrecherin hinrichten zu lassen. Der Kaiser gab seine Zustimmung.

Jetzt gelang es einer seiner Nichten, Agrippina, den weltfremden Claudius zu betören. Nach römischem Recht galt eine Ehe zwischen so nahen Verwandten zwar als Blutschande, aber Agrippina vermochte den Kaiser zu einem Gesetz zu bewegen, das solche Ehen erlaubte. Die neue Kaiserin ließ zunächst den Sohn des Claudius umbringen, um Platz für ihren eigenen Sohn aus einer früheren Ehe zu schaffen. Dann vergiftete sie den Kaiser. Der hoffnungsvolle Sproß konnte dank der Raffinesse und Rücksichtslosigkeit der Mutter den Thron besteigen. Er dankte ihr das später auf seine Art, indem er sie erschlagen ließ. Sein Name war Nero.

Kyrill und Method

Die Slawenapostel Kyrill und Method

Warum wird die russische Schrift als kyrillische bezeichnet? Diese Benennung leitet sich von Kyrill (um 827 bis 869) her, der zusammen mit seinem Bruder Method (um 815 bis 885) das erste Alphabet für eine slawische Sprache und die älteste slawische Literatur schuf.

Die beiden Brüder wurden in Saloniki (Thessalonike) geboren, das damals zum Reich von Byzanz gehörte. Kyrill, der ursprünglich Konstantin hieß, studierte in Konstantinopel mit solchem Erfolg, daß er den Beinamen »der Philosoph« erhielt. Kaiser Michael III. sandte ihn als Diplomaten und Missionar in verschiedene benachbarte Staaten. Als Rostislaw, der Fürst des Großmährischen Reiches, Michael bat, ihm Missionare zu schicken, welche die Landessprache beherrschten, wurden Kyrill und Method damit betraut.

Neuere Forschungen haben indes ergeben, daß die von Kyrill und Method erfundene Schrift nicht die kyrillische war, sondern die sogenannte glagolitische Schrift (von glagol = Wort), die aus alten kroatischen Büchern bekannt ist. Für die Missionierung der Bulgaren erfand Kyrills Schüler Kliment von Ochrida eine andere Schrift, die sich aber in mancher Beziehung an die Schöpfung von Kyrill und Method anlehnte. Die von Kliment geschaffene Schrift, die also nur indirekt mit Kyrill zu tun hat, wurde später von den Russen übernommen, als sie um das Jahr 1000 zum Christentum übertraten, und ging als kyrillische Schrift in die Geschichte ein.

Eine grundlegende graphische Vereinfachung erfuhr die kyrillische Schrift unter Peter I. Der reformfreudige Zar ließ sich Vorschläge für leichter lesbare Buchstaben machen und wählte 1710 persönlich die Formen aus, die im wesentlichen bis heute gebraucht werden. Die alte Schrift wird seitdem nur noch für kirchliche Zwecke verwendet. Im Zusammenhang mit den revolutionären Ereignissen von 1917 wurde eine Rechtschreibreform durchgeführt, die unter anderem auch vier überflüssige Buchstaben beseitigte. Viele Völker der Sowjetunion, die teilweise überhaupt noch ohne Schrift für ihre Sprachen waren, übernahmen das kyrillische Alphabet. Heute bedient sich etwa ein Zehntel der Erdbevölkerung der kyrillischen Schrift.

Die von Kyrill und Method benutzte Sprache für die kirchlichen Schriften zur Missionierung der Slawen war der in der Nähe ihrer Heimatstadt Saloniki gesprochene slawische Dialekt. Er wird heute als altbulgarisch oder altkirchenslawisch bezeichnet. Diese dem alten Russischen ähnelnde Sprache wurde nach der Missionierung Rußlands zur Schriftsprache dieses Landes. Erst seit der Zeit Peters I. setzte sich allmählich das eigentliche Russisch gegen das Kirchenslawische im weltlichen Bereich durch. Jedoch hat die russische Sprache viele kirchenslawische Elemente in sich aufgenommen. Ein Beispiel: Stadt heißt russisch gorod, altbulgarisch grad. In Städtenamen finden wir sowohl das eine wie das andere (Swenigorod, Nowgorod, Leningrad, Wolgograd).

Vereidigung byzantinischer Soldaten
Buchmalerei
14. Jahrhundert

Papier und Pergament

Johann ohne Land
Siegel der Magna Charta

Scherben, griechisch Ostraka, als Material zum Beschreiben, waren im
Altertum gang und gäbe. Auf erhalten gebliebenen Ostraka fanden sich
Briefe, Quittungen, Übungs- und Strafarbeiten von Schülern und sogar
die Gewerbegenehmigung für eine Hetäre.

In Athen gab es ein Gesetz, das die Verbannung von solchen Bürgern
vorsah, deren politischer Einfluß zu groß wurde. Es galt vom 6. bis zum
5. Jahrhundert. Dabei mußte der Name der entsprechenden Person von
den in der Volksversammlung Stimmberechtigten auf eine Scherbe
(Ostrakon) geschrieben werden. Dieser Vorgang hieß Scherbengericht
oder Ostrakismos.

Wohlhabende Griechen und Römer schrieben meist auf Papyri. Das
war ein Produkt, das in Ägypten aus der Papyruspflanze, dem sogenannten Nilschilf, hergestellt wurde. Das klebrige Mark wurde in Streifen ge-
schnitten, kreuzweise übereinander gelegt und gepreßt. Für längere
Texte wurden die Bogen aneinandergeklebt und aufgerollt. Von der Sitte
solcher Buchrollen stammen unsere papiernen Redensarten s. o. (siehe
oben) und. s. u. (siehe unten), die ja eigentlich »siehe vorn« und »siehe
hinten« lauten müßten.

Das Nilschilf, einst für das Delta so charakteristisch, daß es zur Wap-
penpflanze Unterägyptens wurde, fiel allmählich dem Raubbau zum
Opfer. Deshalb wurde eine chinesische Erfindung, die um 700 zum Vorderen Orient gelangte, begierig aufgegriffen. Sie erhielt zwar den Namen
Papyros (bei uns Papier), wurde aber aus einem Brei von Textilabfällen
und pflanzlichen Bestandteilen hergestellt. Diese Masse, die rasch ver-
filzte, trocknete man auf einem Sieb. Während der Kreuzzüge gelangte
das Papier nach Europa.

Das Pergament hat seinen Namen nach der Stadt Pergamon in Klein-asien. Diese Residenz versuchte im 3. und 2. Jh. v. u. Z. als Kulturmittel-punkt mit der ägyptischen Hauptstadt Alexandria zu konkurrieren. Vor allem bauten die Könige von Pergamon eine Bibliothek auf, welche die alexandrinische in den Schatten zu stellen drohte. Da sperrten die ägyptischen Herrscher die Ausfuhr von Papyros nach dem Pergameni-schen Reich. Deshalb ging man in Pergamon dazu über, auf der weißen Fleischseite ungegerbter Häute zu schreiben. Aus dem zusammengeleg-ten Schreibmaterial entwickelte sich der Kodex, die bis heute in Europa übliche Form des Buches.

Im mittelalterlichen Latein hieß jedes Stück Pergament Charta oder Cartula, daher auch unsere Landkarten, Spielkarten usw. Besonders aber wurden amtliche Urkunden mit diesem Wort bezeichnet. Noch heute werden ja Verträge über das Mieten von Schiffen oder Flugzeugen Charter genannt.

In der englischen Verfassungsgeschichte nimmt die Magna Charta (Große Charta) eine besondere Stellung ein. Im Juni 1215 wurde König Johann Ohneland (John Lackland) auf einer Wiese bei Windsor von sei-nen aufsässigen Baronen gezwungen, eine Urkunde mit 60 Artikeln zu unterzeichnen, die ihnen weitgehende Freiheiten einräumte. Besonders durften neue Steuern nur erhoben werden, wenn die Stände dem zuge-stimmt hatten. Die Magna Charta galt späteren Jahrhunderten als der Ausgangspunkt des englischen Parlamentarismus.

In Anlehnung an das englische Muster wurden die französischen Ver-fassungsurkunden von 1814 und 1830 Charte genannt. Seit der Zeit des zweiten Weltkrieges werden auch wichtige internationale Dokumente so bezeichnet. Charta der Vereinten Nationen heißt das am 26. Juni 1945 von den Mächten der Antihitlerkoalition unterzeichnete Dokument, in dem Ziele, Arbeitsweise und Organe der UNO festgelegt sind.

Aus der neueren Geschichte Großbritanniens sind die Chartisten be-kannt. 1838 stellten englische Arbeiterorganisationen ein 6-Punkte-Pro-gramm auf, das sie unter Anspielung auf die Magna Charta Volkscharta nannten. Es verlangte unter anderem das allgemeine Stimmrecht für alle Männer über 21 Jahre, auch für die Arbeiter. Die Chartistenbewegung wurde 1839 gewaltsam unterdrückt, spielte jedoch noch bis 1848 eine Rolle im politischen Leben Großbritanniens.

Eine wichtige Verfassungsurkunde aus der mittelalterlichen deut-schen Geschichte ist die Goldene Bulle, deren Bezeichnung ebenfalls auf ein mittellateinisches Wort zurückgeht.

Der Brauch, Urkunden mit Wachssiegeln rechtskräftig zu machen, hat eine jahrtausendealte Tradition. Um die Siegel zu schützen, wurden sie häufig mit einer Metallkapsel, einer Bulle (bulla) umgeben, die Vorder- und Rückseite des Siegels abbildete. Die Bullen der Päpste, Kaiser und Könige waren in der Regel aus Gold. Nach ihren Kapseln wurden im Mittelalter deshalb diese Urkunden als Goldbullen bezeichnet.

Ein Dokument jedoch ist in die Geschichte als *die* Goldene Bulle eingegangen: die 1356 von Kaiser Karl IV. (1346 bis 1378) auf den Reichstagen zu Nürnberg und Metz erlassene Wahlordnung der römisch-deutschen Könige. Die Goldene Bulle legte die Regeln fest, nach denen die sieben Kurfürsten den König wählten. Die drei geistlichen und vier weltlichen Kurfürsten erhielten in diesem Dokument weitgehende Privilegien, die sie in ihren Territorien faktisch zu souveränen Landesherren machten, ihre Länder durften nicht geteilt werden, sie besaßen die oberste Gerichtsbarkeit usw.

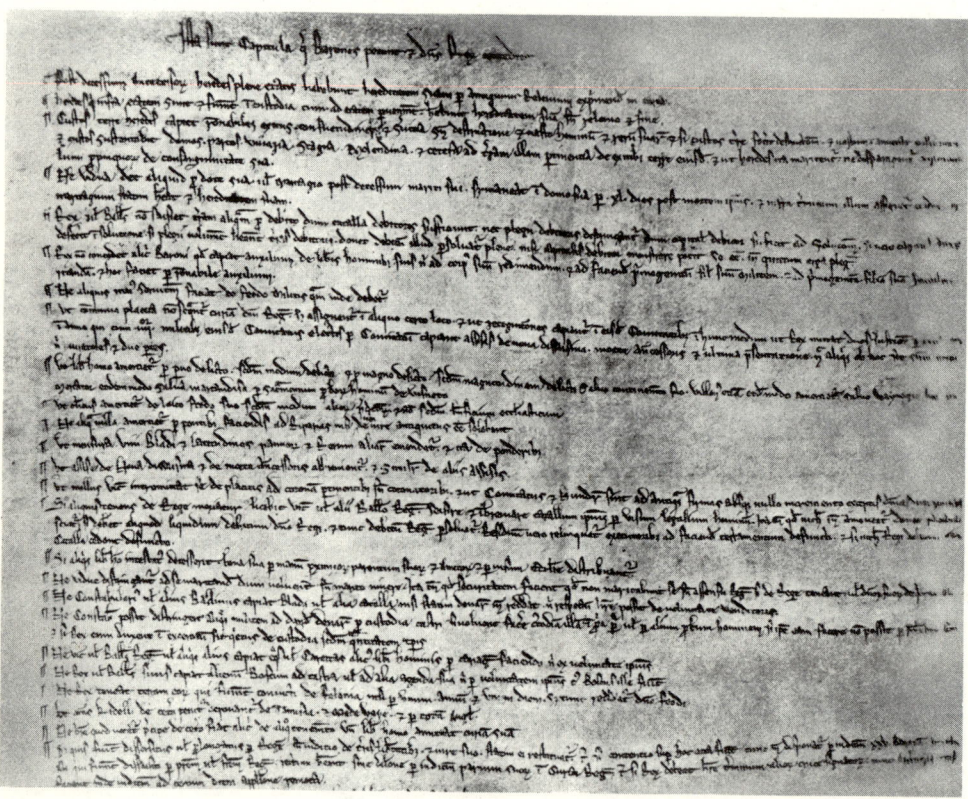

Magna Charta
Auszug aus dem Entwurf
1215

Kabale ohne Liebe

Was Liebe ist, weiß jeder; das Wort Kabale dagegen ist heute kaum noch gebräuchlich. Im 18. Jahrhundert aber war Kabale ein geläufiger Begriff. Man verstand darunter einen geheimen Anschlag, eine Intrige. Als Schiller 1783 den Titel seines ursprünglich »Luise Millerin« genannten Trauerspiels auf Anraten des theatererfahrenen Iffland in »Kabale und Liebe« umwandelte, wollte er damit das Interesse des Publikums ganz besonders ansprechen.

Das Wort Kabale wird meist vom hebräischen Kabbala (Überlieferung) abgeleitet. Gemeint ist eine geheime Überlieferung der letzten Weltgeheimnisse, die neben der biblischen Tradition einherläuft. Das berühmteste kabbalistische Werk war das Buch Sohar (Glanz), das im späten Mittelalter in Spanien verfaßt wurde. Die Jünger der Kabbala vertraten unter anderem die Ansicht, daß jeder Satz des Alten Testaments noch einen geheimen Nebensinn habe. Dabei machten sie sich zunutze, daß die hebräischen Buchstaben auch als Zahlen gebraucht wurden. So konnte man mit Hilfe arithmetischer Operationen die einzelnen Wörter und Sätze fast beliebig interpretieren und für die verschiedensten Prophezeiungen ausnutzen.

Solcher kabbalistischer Praktiken bediente sich im 18. Jahrhundert Giacomo Casanova, um reichen Gönnern das Geld aus der Tasche zu ziehen, und auch gelegentlich, um eine spröde Schöne in sein Bett zu bugsieren.

Eine Episode der englischen Geschichte machte das Wort Kabale in ganz Europa populär. König Karl II. stützte sich im Kampf gegen die bürgerlichen Kräfte seit 1670 auf eine Clique von fünf Aristokraten (Clifford, Arlington, Buckingham, Ashley und Landerdale), die den Geheimen Rat für auswärtige Angelegenheiten bildete. Unkontrolliert spannen sie ihre Intrigen. Man vermutet sogar, daß sie den Katholizismus in England wiederherstellen wollten. Jedenfalls arrangierten sie ein Bündnis Englands mit den katholischen Mächten Frankreich und Spanien gegen das protestantische Holland, wobei hohe Bestechungssummen des französischen Königs Ludwig XIV. eine wesentliche Rolle spielten. Im Volksmund zog man die Anfangsbuchstaben der fünf Politiker zu einem Wort zusammen. Es ergab sich Cabal, was englisch Kabale bedeutet. Dieser treffende Witz trug dazu bei, die Politik des sogenannten Cabal-Ministeriums zu entlarven, 1674 wurde es gestürzt.

Buchhaltung mit Stock und Strick

»Die Rechnung glattmachen« bedeutet soviel wie »seine Schuld bezahlen«. Dieser volkstümliche Ausdruck stammt aus einer Zeit, als Zahlungsverpflichtungen meist auf Zählstöcken (auch Kerbscheite oder Kerbhölzer genannt) eingekerbt wurden, da die meisten Menschen des Lesens und Schreibens unkundig waren. Daher stammt auch die Redensart, jemand habe etwas »auf dem Kerbholz«. Kam der Schuldner seinen Verpflichtungen nach, so wurde die Seite des Zählstockes, auf der die Kerben eingeritzt waren, mit dem Messer »glatt gemacht«. Noch Friedrich Schiller war dieser Brauch bekannt. So läßt er in »Wallensteins Lager« die Marketenderin, die einen Trunk spendiert, zu ihren Gästen sagen: »Das kommt nicht aufs Kerbholz. Ich geb es gern.«

Häufig wurde ein Zählstock so in zwei Teile gespalten, daß Schuldner und Gläubiger einen Beleg über die Höhe der eingegangenen Schuld besaßen. Auch die Steuerbehörden machten von Kerbhölzern Gebrauch. Deshalb wurde die Vermögens- und Einkommenssteuer, die der Dritte Stand bis 1790 zu leisten hatte, in Frankreich »taille« genannt, was wörtlich »Schnitt« heißt. Die englische Schatzkammer benutzte Kerbhölzer (tallies) sogar als Schecks und Wechsel. Ein Abzahlungsgeschäft hat in England noch heute die Bezeichnung tally-shop. Tallymann, Talljemann oder Taillierer heißt ein vereidigter Kontrolleur, der das Ein- und Ausladen der Schiffe überwacht.

Auf einem Kerbholz kann man die Ziffern nur durch gerade Einschnitte vermerken. Man darf annehmen, daß die römischen Ziffern I bis X daher ihre Gestalt haben.

Neben Zählhölzern waren Stricke und Schnüre zum Zählen weltweit verbreitet. In vielen Ländern Europas bezeichneten die Müller mit eigentümlichen Knoten (Müllerknoten) beim Zubinden der Säcke Art und Menge des Inhalts. Ihre höchste Entwicklung fand die Knotenschrift unter dem Namen Quippu im peruanischen Inkareich. Besondere Beamte, Quippucamayoc genannt, führten mit Hilfe von verschiedenartig gefärbten Schnüren (wobei es Haupt- und Nebenschnüre gab) und unterschiedlichen Knoten Buch über Bevölkerung, Steuerleistungen, Vorräte usw. Als die Spanier 1532 das Inkareich zerstörten, ging auch diese Kunst wie viele andere kulturelle Güter verloren. Das einzige, was sich davon erhielt, war die Pflicht der zwangsbekehrten Indios, nach jeder »Sünde« einen Knoten in eine Schnur zu knüpfen, um bei der Beichte keine falsche Angabe zu machen.

Fahrt ins Weihrauchland

Königin Hatschepsut von Ägypten, die sich als bärtige Sphinx darstellen ließ, schickte, wie aus Inschriften hervorgeht, Expeditionen ins Weihrauchland Punt. Damit ist offensichtlich das Gebiet in der Nähe des Horns von Afrika, etwa Erythräa, gemeint. Das Gebiet, heute ein Teil des Staates Äthiopien, erhielt seinen Namen nach dem Erythräischen (dem Roten) Meer, wie die Griechen es nannten. Außer Weihrauch brachten die Ägypter von dort seltsame Tiere und Menschen mit, die dem Ergötzen des Hofstaates dienten.

Wichtiger war die Beschaffung von Kupfer aus den benachbarten asiatischen Gebieten. Zu den ältesten Bergbaugebieten der Welt gehört die Wüste Negev, die sich südlich des Toten Meeres bis zum Golf von Akaba, einem Busen des Roten Meeres, erstreckt. Vor Jahrtausenden förderten hier neben einheimischen Völkern die Ägypter Kupfererz und verhütteten es. Wie das in der Frühzeit der Montanwirtschaft vor sich ging, erforschten in den Jahren von 1974 bis 1976 Wissenschaftler des Bergbaumuseums Bochum.

In der Wüste Negev waren seit langem tellerförmige Kreisflächen aufgefallen, von denen bisher über 9000 gezählt wurden. Sie erwiesen sich als die Mundlöcher von senkrechten Schächten, die sich im Laufe der Zeit mit Sand gefüllt hatten. Die bis über 35 Meter tiefen Schächte weisen vielfach an den Wänden Trittlöcher für die Bergleute auf.

Mitten im Bergbaugebiet wurden auch die Reste zahlreicher Hochöfen gefunden, in denen das Erz geschmolzen und in reines Kupfer und in Schlacke gesondert wurde. Aus der sauber vom Metall getrennten abgelagerten Schlacke errechneten die Forscher, daß aus 1000 Tonnen Erz etwa 100 Tonnen Kupfer produziert worden waren. Die notwendige hohe Ofentemperatur erzielten die Hüttenleute, indem sie Sauerstoff mit Blasebälgen zuführten. Als Brennmaterial diente Holzkohle. Die dort wirkenden Arbeitskräfte – sowohl Ägypter als auch Einheimische – waren offenbar Zwangsarbeiter, die von Soldaten des Pharaonenreiches bewacht wurden. Auch auf der Halbinsel Sinai beuteten die Ägypter Metallvorkommen aus.

Das wichtigste Kupferexportland war Zypern (lateinisch Cyprus), nach dem das Kupfer (lateinisch cuprum) seinen Namen erhielt. Weiter als Zypern sind die Ägypter wohl nicht gelangt.

An weiten Fahrten, etwa nach Amerika, hatten sie wie alle Völker der antiken Welt nicht das geringste Interesse. Übrigens haben die Ägypter selbst zu Reisen in nahegelegene Gebiete nie Boote aus Papyrus benutzt, denn sie besaßen schon im Alten Reich sehr ordentliche, ziemlich seetüchtige Plankenboote.

Den Handel im Mittelmeer hatten zuerst die minoischen Kreter, dann die Phönizier in der Hand, denen Griechen und Etrusker bald folgten. Die Phönizier handelten auch mit einem Produkt, das sie selbst herstellten, dem Purpur. Unser Wort stammt vom lateinischen purpura, dieses wieder vom griechischen porphyra, das wir in der Form Porphyr als Bezeichnung eines Gesteins verwenden. Der Purpurfarbstoff wurde aus dem Fleisch von Meeresschnecken gewonnen, deren Gehäuse noch jetzt in hohen Hügeln an der syrisch-libanesischen Küste liegen. In der Römerzeit waren Herstellung und Verkauf des Purpurs Staatsmonopol. Die Farbe wurde ja auch vorwiegend zur Kennzeichnung hoher Staatsränge benutzt. Die Senatoren trugen an ihrer Toga einen Purpurstreifen, der Triumphator einen mit Gold bestickten Purpurmantel, die Kaiser an Festtagen ein Purpurgewand. Auch zum Färben kostbarer Handschriften wurde diese Farbe verwendet.

Die Phönizier haben sicherlich auch die Straße von Gibraltar durchfahren. Ob sie wirklich im Auftrage des Pharao Necho (um 600 v. u. Z.) Afrika umschifften, ist zweifelhaft.

Ein Zentrum von Silberherstellung und Handel war schon im 2. Jahrtausend v. u. Z. die Halbinsel Attika. Hier befanden sich auf dem Gebirge Laureion Silberbergwerke. Es gab in diesem Revier über 2000 Schächte, die meist 25 bis 55 Meter, zum Teil aber auch bis 125 Meter

Tongrube
Griechische Wandmalerei
6. Jahrhundert v. u. Z.

176

Königin Hatschepsut
Ägyptische Plastik
1496–1490 v. u. Z.

tief waren. Sie gehörten dem Staat und wurden an Athener verpachtet, die sie samt zahlreicher Schmelzöfen entweder allein oder mit Hilfe von Sklaven betrieben. Die riesigen Schlackenhalden wurden seit 1865 zur Gewinnung von Blei und Zink benutzt, auf das die antiken Metallproduzenten offenbar weniger Wert gelegt hatten. Laureion war eine Hauptquelle für den Reichtum des klassischen Athen. »Niemals soll es euch an lauriotischen Eulen fehlen«, hieß es in einer Komödie des 5. Jahrhunderts, denn die athenischen Silbermünzen trugen diesen Vogel, das heilige Tier der Athene, als Wappentier auf der Rückseite.

Unbekannt war früher, daß das Silber aus Laureion schon in der Bronzezeit eine so wichtige Rolle spielte. Man konnte es in Funden dieser Epoche auf den Kykladen, auf Kreta und sogar in Ägypten nachweisen (seit der 10. Dynastie um 2100 v. u. Z.). Auf Kreta wurde allerdings mehr Silber von der Insel Siphnos verarbeitet.

In den letzten Jahrzehnten werden immer häufiger auf dem Meeresgrund untergegangene Schiffe und Güter, die von ihnen transportiert wurden, entdeckt. Die Unterwasserarchäologie ist eine Disziplin geworden, die unser Wissen über antiken Schiffsbau, Seeverkehr und Handel Jahr für Jahr bereichert. So wurden in der Nähe der Rhônemündung 1981 sieben Wracks römischer Handelsschiffe geborgen, um nur ein Beispiel von vielen zu nennen. Auch wertvolle Plastiken aus Marmor oder Bronze werden immer öfter auf dem Meeresgrund oder im überfluteten Küstenbereich gefunden.

Vom Euphrat zum Indus

König Arkesilas überwacht Handel
Lakonische Schale
um 560 v. u. Z.

Einen besonders intensiven Handel zu Lande und zu Wasser trieben die Städte Mesopotamiens. Syrien, Kleinasien und Iran standen im lebhaften Verkehr mit dem Zweistromland. Aber auch Reisen zum Indus waren nichts Seltenes.

Vor etwa fünfzig Jahren wurden im Stromgebiet des Indus, das heute überwiegend zum Staate Pakistan gehört, die Überreste zweier uralter Großstädte gefunden, Mohendscho-Daro und Harappa. Bei den Ausgrabungen kamen Straßenzeilen mit mehrstöckigen Wohnhäusern aus Ziegeln ans Tageslicht, von deren planmäßigen Bau ihre schachbrettartige Anlage zeugt. Häuser und Straßen verfügten über ein entwickeltes unterirdisches Kanalisationssystem. Nach Schätzungen der Ausgräber hatten beide Städte je über 40000 Einwohner.

Zu welchem Volk die Einwohner von Mohendscho-Daro und Harappa gehörten, ist bis heute nicht geklärt. Die Inschriften auf Stempelsiegeln sind uns noch unverständlich. Bedřich Hrozný, der erfolgreiche Entzifferer des Hethitischen, wollte auch die Indusschrift als Wiedergabe einer indoeuropäischen Sprache lesen, aber seine Deutungen wurden von der Wissenschaft einhellig verworfen.

Ackerbau, Bronzeguß, Steinschneidekunst und Architektur standen in Mohendscho-Daro und Harappa auf erstaunlich hoher Stufe. Warum die unzerstörten Siedlungen eines Tages von ihren Bewohnern verlassen wurden, ist bisher völlig ungeklärt.

Seit 1961 erforschen indische Archäologen nahe der pakistanischen Grenze eine weitere Großstadt der Induskultur. Die heute Kalibangan (wörtlich »schwarze Scherben«) genannten Ruinenhügel liegen etwa 310 Kilometer nordwestlich von Neu-Delhi am Ufer eines ausgetrockneten Flusses, der im Altertum ein Nebenfluß des mächtigen Indusstromes war.

Auf dem Territorium des indischen Staates kennt man bereits 25 Ruinenstätten dieser Kultur, die größtenteils noch nicht näher erforscht sind, in Pakistan noch bei weitem mehr.

Eine Faktorei der Induskultur wurde kürzlich am Oberlauf des Amudarja (von den Griechen Oxos genannt) entdeckt. Für die mesopotamischen wie für die Induskaufleute waren die Bahreininseln im Persischen Golf eine wichtige Zwischenstation, wie Ausgrabungen gezeigt haben.

Über das Wirtschaftsleben des Zweistromlandes im Altertum sind wir so gut informiert wie über das keines anderen Landes vor dem Anbruch der Neuzeit. Zahlreiche gesetzliche Vorschriften über Handel, Kredit, Geldwesen sind bekannt, vor allem aber Zehntausende von Verträgen, Reklamationen, Beschwerden und andere Geschäftspapiere auf Tontäfelchen. Im Gegensatz zu Ägypten gab es am Euphrat und Tigris schon Geld, allerdings nicht in Form von Münzen, sondern von gewogenem Silber oder auch Getreide. Münzen wurden erst seit dem 7. Jahrhundert v. u. Z. geprägt, zuerst in Kleiasien.

Vielleicht gab das den Anstoß zur Sage vom fabelhaft reichen Krösus, der dort um etwa diese Zeit an der Spitze des lydischen Staates stand.

Das frühe Byzanz (vom 4. bis zum 7. Jahrhundert) folgte den Spuren der alten Ägypter und Babylonier. Die Kaufleute reisten durch das Rote Meer und überquerten den Indischen Ozean. Karawanen zogen durch Mittelasien auf der Seidenstraße bis nach China. Von solchen Handels- und Kulturbeziehungen zeugen eine Reihe auffälliger Parallelen zwischen dem Christentum und indischen Religionen: der Heiligenschein (Nimbus) auf Bildern und an Statuen, der Rosenkranz (später auch vom Islam übernommen), die Tonsur, der Gebrauch von Glocken.

Seide, die nur in China hergestellt wurde, war schon in Alexandria und Rom ein Luxusartikel der reichsten Damen. Den Byzantinern gelang es dann, selbst Seide herzustellen. Als Mönche verkleidet, hatten Wirtschaftsspione in hohlen Wanderstäben Seidenraupen aus China herausgeschmuggelt.

Philister, Sybariten
und andere

Einen engherzigen, pedantischen, beschränkten Menschen bezeichnen wir als Philister. Die Geschichte dieses Begriffes reicht in das zweite Jahrtausend v. u. Z. zurück.

Die Philister waren ein seefahrendes Volk, das sich im 12. Jahrhundert v. u. Z., als die großen Stürme der beginnenden Eisenzeit das Mittelmeergebiet durchtobten, an der Küste Palästinas festsetzte. Dieses Land trägt bis heute ihren Namen, der vom hebräischen pelistim (Philister) stammt.

Länger als ein Jahrhundert versuchten sie vergeblich, sich die einheimischen Stämme untertan zu machen. Davon berichten zahlreiche Erzählungen des Alten Testaments. Am bekanntesten ist wohl die Sage vom Zweikampf zwischen dem Philister Goliath und dem Hirtenknaben David, dem späteren König.

Streitbare theologische Schriftsteller des 16. und 17. Jahrhunderts, die sich als Nachfolger des frommen David fühlten, beschimpften ihre Gegner als »gottlose Philister«. Jenenser Studenten übernahmen diesen Ausdruck und wandten ihn auf alle möglichen Widersacher an: auf Pedelle, Gläubiger, zänkische Wirtinnen usw., schließlich auf alle, die keine Studenten waren. Von Jena aus wanderte der Begriff nach den benachbarten Halle und Leipzig. Aus dem Studentenjargon gelangte das Wort schließlich in die Literatursprache. Goethe wendete den Begriff ins Geistige und Moralische und verstand darunter Menschen ohne höhere Bedürfnisse. Dieser Gebrauch hat sich in der Folge durchgesetzt.

In der Studentensprache des 18. Jahrhunderts wurden Gläubiger auch Manichäer genannt. So hieß eine von Mani im 3. Jahrhundert in Persien gestiftete Religion, die sich auch über das römische Reich ausbreitete. Da die Kirchenväter sich mit ihnen auseinandergesetzt hatten, kamen sie als negative Personen in den theologischen Kollegs vor.

Andere Völker- oder Herkunftsnamen wurden zur Bezeichnung bestimmter Berufe (Schweizer; Apachen, die Gestalten der Pariser Unterwelt).

Manche Begriffe dieser Art sind durch einzelne Vertreter oder gar eine einzige Person hervorgerufen worden. Sybaritisch nennt man eine ausschweifende und wollüstige Lebensführung. Die konnte sich aber auch in der reichen Stadt Sybaris in Unteritalien nur eine dünne Oberschicht leisten. Von der ägäischen Insel Lesbos stammte die Lyrikerin Sappho (7./6. Jahrhundert v. u. Z.). Aus ihrem Leben ist wenig bekannt, aber ihre großartigen Schöpfungen brachten ihr bei der Nachwelt die Bezeichnung Zehnte Muse ein. Da einige ihrer Gedichte an junge Mädchen gerichtet waren, erhielt das Wort Lesbierin eine spezifische Bedeutung. Die wirklichen Lesbierinnen, die Einwohnerinnen von Lesbos, waren in dieser Beziehung nicht anders als andere Griechinnen. Selbst in den doch recht freisinnigen »Hetärengesprächen« Lukians wird Homoerotik unter Frauen als etwas Besonderes betrachtet, während das Gleiche unter Männern als selbstverständlich gilt.

Alkaios und Sappho
Attische Vasenmalerei

Grabmal des Mausolos
um 350 v. u. Z. von Satyros und Pytheos erbaut
Rekonstruktionszeichnung der Ostseite

Weltwunder in Okzident und Orient

Technische Meisterwerke der Gegenwart werden oft als »achtes Weltwunder« gepriesen. Auch einen Menschen mit eigentümlichen Charaktereigenschaften pflegt man im Scherz so zu bezeichnen. Die Wendung geht darauf zurück, daß es, wie jeder weiß, eigentlich nur sieben Weltwunder gab.

Mit Recht wurden in der Antike als erstes Weltwunder die ägyptischen Pyramiden genannt. Sie sind das einzige der Weltwunder des Altertums, das heute noch existiert. Das zweite, die hängenden Gärten der Königin Semiramis in Babylon, sind eine recht sagenhafte Angelegenheit. Semiramis (Schammuramat) regierte nämlich nicht in Babylon, sondern in Assur (809 bis 782 v. u. Z.). Wahrscheinlich gehen die Berichte über die hängenden Gärten auf eine Dachgartenkonstruktion zurück. Wegen seiner Pracht berühmt war drittens das Heiligtum der vielbrüstigen Göttin Artemis in der kleinasiatischen Stadt Ephesus. 356 v. u. Z. wurde es von einem gewissen Herostrat angezündet, der seinen Namen mit dieser Schandtat unsterblich machen wollte. Aus Gold und Elfenbein schuf der Bildhauer Phidias im 5. Jahrhundert v. u. Z. das vierte Weltwunder, eine Statue des Zeus für das Heiligtum von Olympia. Der persische Statthalter Mausolos ließ sich im kleinasiatischen Halikarnassos ein prunkvolles Grabmal errichten, das als fünftes Weltwunder gezählt wurde. Auf hohem quadratischem Sockel ragte eine ionische Säulenhalle empor, die reichen Figurenschmuck trug. Seitdem wird jeder monumentale Grabbau Mausoleum genannt. Zur Erinnerung an eine glücklich überstandene Belagerung ließen die Bürger von Rhodos am Eingang zu ihrem Hafen eine 37 Meter hohe Bronzestatue errichten, das sechste Weltwunder. Der Koloß stürzte schon nach wenigen Jahrzehnten bei einem Erdbeben um und zersprang in Stücke. Als siebentes Weltwunder wurde schließlich der Leuchtturm auf der Insel Pharos vor dem Hafen von Alexandria in Ägypten gepriesen.

Von diesen sieben Weltwundern befanden sich also zwei in Afrika, drei in Asien und zwei in Europa. Hier wird wieder einmal sichtbar, wie fragwürdig die Einteilung in abendländische und morgenländische Kultur ist. Der Vordere Orient und der griechisch-römische Bereich bildeten eine Einheit. Die Griechen verstanden übrigens unter Abendland (hespera: Abend) den »Fernen Westen«, also das heutige Spanien und Ma-

Der Koloß von Rhodos
Rekonstruktionszeichnung von A. Kircher
1679

rokko, wo die Hesperiden den Baum mit den goldenen Äpfeln hüteten, bestenfalls noch Italien, nie aber Hellas.

Die Begriffe Orient und Okzident besitzen einen gewissen Sinn für die Zeit, als der Gegensatz zwischen Islam und Christentum bestimmte Barrieren aufrichtete. Aber auch damals standen, infolge des gemeinsamen Kulturerbes aus der vorderasiatisch-antiken Periode, islamische und christliche Kultur einander näher als die anderer Ländergruppen, zum Beispiel die indische oder die ostasiatische. So floß Westeuropa über das islamische Spanien unter anderem die Kenntnis der aristotelischen Philosophie zu, die zu einer Grundlage christlich-katholischen Denkens wurde. Auch mathematische, medizinische und astronomische Kenntnisse wurden damals in hohem Maße aufgenommen.

Die moderne Kulturentwicklung hat ohnehin derartige Dämme gesprengt und ist dabei, deren Reste hinwegzuspülen. Wer neue Schranken aufrichten will, stemmt sich gegen den Strom der Geschichte.

Bis hierher
und nicht weiter

Die Meerenge von Gibraltar galt den Griechen und Römern lange Zeit als das Ende der Welt. Jenseits davon tobte der fürchterliche Okeanos. Herakles sollte in grauer Vorzeit hier zwei Säulen errichtet haben: den Felsen, den wir nach dem arabischen Heerführer Tarik Gibraltar (Dschebel al-Tarik) nennen und das auf der afrikanischen Seite liegende, politisch zu Spanien gehörende Vorgebirge Ceuta. Herakles hinterließ hier die Inschrift, deren lateinische Version lautet: Non plus ultra (sinngemäß: Bis hierher und nicht weiter). Mit dieser Fügung bezeichnet man das äußerste Maß, bis zu dem man zu gehen bereit ist, etwa an Zugeständnissen.

Ein Ultra ist ein Fanatiker, der eine Richtung über alles Maß hinaus vertritt. Das lateinische ultra bedeutet einfach »darüber hinaus, jenseits«. Ultramodern ist also etwas, das moderner als modern sein will; die ultravioletten Strahlen (UV) liegen im Spektrum jenseits des Violetts; Ultrakurzwellen (UKW) sind noch kürzer als Kurzwellen.

Ultramontane jedoch sind nicht etwa mehr für die Montanunion als andere. »Ultra montes« heißt deutsch »jenseits der Berge«. Ultramontan nannte man seit der ersten Hälfte des 19. Jahrhunderts diejenigen Politiker in vielen Ländern Europas, die nach der Behauptung ihrer Gegner ihre Richtlinien von »jenseits der Berge« (nämlich der Alpen) bezogen, also die auf Rom orientierten Vertreter. Der Ausdruck ist besonders aus Frankreich und Belgien bekannt, wurde speziell aber auch zur Zeit König Ludwigs I. (1825 bis 1848) in Bayern verwendet, um das herrschende Ministerium Abel zu kennzeichnen. 1847 wurde diese Regierung vom König entlassen, weil sie mit der Erhebung der Tänzerin Lola Montez, der Geliebten Ludwigs, in den Grafenstand nicht einverstanden war. Sie wurde durch eine gefügigere, aber ebenso reaktionäre Regierung ersetzt. Den Ultramontanen folgten die Lolamontanen, wie der Volksmund sagte.

Als Münchner Studenten die neugebackene Gräfin öffentlich verunglimpften, ließ der König im Februar 1848 die Universität schließen, gerade zu einer Zeit, als die Wellen der Pariser Februarrevolution die bayrische Residenz erreichten. Nach lang anhaltenden Demonstrationen mußte das »Ministerium Lola« zurücktreten, und auch der König dankte im März 1848 ab. Die »spanische Tänzerin«, die jedoch aus Eng-

Herakles im Kampf mit einem Löwen
Griechische Amphora
6. Jahrhundert v. u. Z.

land stammte, brachte übrigens noch einen zweiten deutschen Monarchen, Heinrich LXXII. (den 72.) von Reuß, um seinen Thron. Der hochnumerierte Zwergfürst warf ihr so viel Geld nach, daß er schließlich am 1. Oktober 1848 der Herrschaft über sein »Reich« Ebersdorf-Lobenstein entsagen mußte.

Die schöne Lola reiste noch nach Jahren durch die Vereinigten Staaten und zeigte dem erstaunten amerikanischen Publikum in einer »szenischen Dokumentation«, wie sie zum Sturz zweier europäischer Herrscher beigetragen hatte.

Wunderländer im Ozean

Beim Wort Südsee denkt wohl jeder an tropische Inseln wie Tahiti, Samoa oder Hawaii. Aber eigentlich gehören auch die rauhen Gewässer zwischen Kamtschatka und Alaska und die an das antarktische Meer grenzenden sturmgepeitschten Wogengefilde zur Südsee, die nichts anderes ist als der Stille oder Pazifische Ozean. Als der spanische Eroberer Vasco Balboa 1513 die Landenge von Panama überquert hatte und als erster Europäer den Ozean im Westen Amerikas erreichte, nannte er ihn Südsee, weil gerade dort das Meer südlich des Festlandes liegt.

Diese zufällig entstandene Bezeichnung wollte der Portugiese Fernão de Magalhães, der 1520 den neuentdeckten Ozean in spanischem Auftrag durchquerte, durch den Namen Stiller Ozean (Mar Pacifico) ersetzen, weil er während der dreimonatigen Durchsegelung herrliches Wetter hatte – eine freilich nicht weniger willkürliche Benennung. Sie hat sich allerdings auf dem Wege über die USA in der Form Pazifik weitgehend bei uns durchgesetzt, ebenso wie Atlantik, wozu in jüngster Zeit noch Indik für den Indischen Ozean getreten ist. Die treffende Bezeichnung Großer Ozean, die der französische Geograph Buache 1765 vorschlug, tritt daneben immer mehr zurück.

Balboa bezeichnete den Atlantik analog zur Südsee als Nordsee, was jedoch keine Verbreitung fand. Der heute gebräuchliche Name jenes Ozeans zwischen Europa, Afrika und Amerika geht auf Atlas oder Atlantis zurück. Der Riese Atlas (zu deutsch: Träger) hatte sich gegen die olympischen Götter erhoben und mußte zur Strafe das Himmelsgewölbe tragen. Als später die Kugelgestalt der Erde erkannt war, bildete man ihn oft auch als Träger der Weltkugel ab, so vielfach auf Kartensammlungen. In Anlehnung daran bezeichnete der Geograph Gerhard Kremer, genannt Mercator, 1595 solch ein Kartenwerk als Atlas. Nach dem Titanen Atlas nannten die Griechen ein Gebirge in Nordafrika, das bis zum Himmel zu reichen schien. Das Seidengewebe Atlas, auch Satin genannt, verdankt dagegen seinen Namen einem arabischen Wort für »glatt«.

Von dem sagenhaften Land Atlantis erzählt der griechische Philosoph Platon (427 bis 347 v. u. Z.), es sei 9000 Jahre vor seiner Zeit vom Meer verschlungen worden. Über die Lage dieses Landes sagt Platon nur, es habe jenseits der Säulen des Herakles gelegen. Seitdem sind darüber die verschiedensten Theorien aufgestellt worden. Die Kanarischen Inseln, Mittelamerika, Zentralafrika, das westliche Spanien, Skandinavien wurden als das antike Atlantis bezeichnet. Es gibt fast kein Land der Welt, dem nicht schon diese seltsame Ehre zuteil geworden wäre. Die Literatur über die Atlantisfrage füllt Bibliotheken. Der Schluß liegt nahe, daß die durch den griechischen Philosophen überlieferte Erzählung ein Mythos ist, vielleicht sogar ein von ihm selbst ersonnener. So erfand der englische Philosoph Francis Bacon (1561 bis 1626) noch ein »Neu-Atlantis«. Allerdings lag dieses Land nach Bacon nicht im Atlantischen, sondern im Stillen Ozean. Hier waren Flugapparate, Tauchboote, Telefone, Tonträger, Meeresentsalzung und ähnliches dank Anwendung der Wissenschaft längst bekannt.

»Freude, schöner Götterfunken, Tochter aus Elysium«, beginnt Schiller seine Ode, deren Text Beethoven dem Schlußchor der IX. Symphonie zugrunde legte. Was ist das eigentlich für ein Elysium, aus dem, nach Schiller, die Freude stammt?

Auch dieses geheimnisvolle Land lag wie Atlantis jenseits der Säulen des Herakles. Die Sagenwelt der alten Griechen kannte zwei Totenreiche, einmal den Hades, in dem die Verstorbenen als Schatten hausten, und zum anderen Elysium, in dem die dahingegangenen Heroen ein Leben in Lust und Freude führten. Die elysäischen Gefilde, wohin die Götter ihre Lieblinge versetzten, lagen im äußersten Westen der Welt. Römische Geographen setzten die Kanarischen Inseln später mit Elysium gleich (Inseln der Seligen).

Vergebens wird man dagegen die antike Mythologie nach der Insel Orplid durchforschen, die Eduard Mörike in einem seiner schönsten Gedichte besingt (»Du bist Orplid, mein Land, das ferne leuchtet …«). Der Name dieses meerumströmten Idealreiches entstammt unmittelbar der Phantasie des Poeten. In seinem Roman »Maler Nolten« schildert er die Aufführung eines «phantasmagorischen Spiels« mit dem Titel »Orplid«.

Warum sollte Atlantis nicht auch ein Phantasieprodukt des bekanntlich überaus einfallsreichen Platon sein? Es gab zu allen Zeiten Schriftsteller, die ihre Vorstellungen eines idealen Staatswesens auf ferne Inseln verlegten. Das berühmteste Beispiel dafür ist die »Utopia« des Engländers Thomas Morus (1478 bis 1535). Das griechische Wort »Utopia« könnte etwa mit »Nirgendwo« übersetzt werden. Morus schildert in seinem Buch eine Gesellschaft ohne Ausbeutung und Unterdrückung des Menschen, die auf gemeinsamem Besitz an allen Gütern beruht. Er tut dies durch den Mund eines Matrosen, der angeblich als Schiffbrüchiger fünf Jahre auf der Insel weilte und ausführlich die vernünftigen Einrichtungen von Utopia rühmt. Nur die Lage des Landes konnte Morus leider nicht angeben.

Redner
und
Schnellschreiber

Demosthenes
Römische Kopie der Statue von Polyenktos
3. Jahrhundert v. u. Z.

Demosthenes war der berühmteste Redner im alten Griechenland, aber als Jüngling soll er zum öffentlichen Auftreten denkbar ungeeignet gewesen sein: Er hatte eine leise Stimme und nuschelte. Diese Fehler überwand er mit eisernem Willen, indem er sich ans Meeresufer stellte, um die Brandung zu überbrüllen, und Kieselsteine beim Sprechen in den Mund nahm. Das zuletzt genannte Mittel wendet ja noch Professor Higgins in »My Fair Lady« an, um Eliza zum deutlichen Artikulieren zu zwingen. Berühmt wurden die Reden des Demosthenes gegen Philipp II. von Makedonien, die man Philippiken nannte.

So großartig die Redekunst des Demosthenes auch gewesen sein mag, sie blieb letztlich erfolglos. Philipp II., der kein glänzender Rhetoriker, aber ein gerissener Politiker war, triumphierte über alle seine Gegner. Demosthenes endete durch Selbstmord, nachdem er auf Betreiben Makedoniens in Athen zum Tode verurteilt worden war.

Als Redner und Schriftsteller ähnlich berühmt wie Demosthenes war der Römer Marcus Tullius Cicero (106 bis 43 v. u. Z.). Sein Name leitet sich von einer Erbsensorte her, die lateinisch cicer heißt. Ihre deutsche Bezeichnung »Kichererbse« hat nichts mit kichern zu tun, sondern entspricht dem lateinischen Wort.

Auch Cicero hielt Reden, die man in Anlehnung an Demosthenes als Philippiken bezeichnete. Sie waren gegen den Feldherrn und Politiker Antonius gerichtet, der ihn deshalb ermorden ließ. Der ciceronische Stil galt später als das beste Latein. Vor allem aus diesem Grunde blieben der größte Teil von Ciceros Reden und Briefen sowie seiner Schriften über Rhetorik und Philosophie der Nachwelt erhalten.

Nach einer 1467 in Rom gedruckten Ausgabe von Ciceros Briefen erhielt eine bestimmte Schriftgröße die heute noch im Druckereiwesen gebräuchliche Bezeichnung Cicero. In Italien nannte man die Fremdenführer wegen ihrer Zungenfertigkeit Cicerone.

Der brandenburgische Kurfürst Johann Cicero (1486 bis 1499) zeichnete sich weniger als Redner, denn als geschickter Finanzmann aus. Er ließ die Bierziese, eine Verbrauchssteuer, einführen, was bei seinen Untertanen keinen Applaus hervorrief.

Am 5. Dezember 63 v. u. Z. ging es im römischen Senat heiß her. Der Senator Cato (der Jüngere) enthüllte in einer Rede, daß ein gewisser Catilina, ein verarmter Patrizier, Vorbereitungen getroffen hatte, um die römischen Konsuln zu ermorden und die Macht im Staate an sich zu reißen. Das war die erste Rede in der Geschichte, die wörtlich mitgeschrieben wurde. Mehrere jüngere Senatoren, Freunde des Konsuls Cicero, lösten sich dabei ab. Die Stenografie, die sie benutzten, war eine Erfindung des Tiro, eines Sklaven des Cicero.

Später wurde Tiro von seinem Herrn freigelassen, blieb aber dessen Sekretär. Nach Ciceros Ermordung (43 v. u. Z.) veröffentlichte er die Reden und Briefe des berühmten Staatsmannes. Tiro gab in seiner Kurzschrift jedes Wort durch dessen Anfangsbuchstaben wieder, die weiteren Buchstaben, vor allem die Endungen, wurden mit Hilfe von Punkten, Strichen usw. ausgedrückt.

Das verstärkte Studium der Antike, das mit der Renaissance einsetzte, führte zu Versuchen, die Stenografie neu zu beleben. 1588 erfand Timothy Bright in England eine Kurzschrift, die in den politischen Kämpfen jener Zeit viel verwendet wurde, um Reden aufzuzeichnen. Aber auch Dramen Shakespeares wurden mitgeschrieben, um sie als Raubdrucke veröffentlichen zu können. England blieb noch lange das führende Land in der Stenografie. Das System Thomas Sheltons (1601 bis 1650) wurde von Karl Alois Ramsay 1678 erstmals auf die deutsche Sprache angewandt. Die Stenografien dieser Zeit bezeichnet man wegen ihrer Form als »geometrische Systeme«. Striche, Kreise, Ellipsen waren die bevorzugten Wortzeichen. Das erschwerte den Gebrauch dieser Schriften.

1818 führte der Münchner Kanzlist Franz Xaver Gabelsberger (1789 bis 1849) eine Wende herbei, indem er seine Zeichen den Teilzügen der gewöhnlichen Schrift (Langschrift) entnahm, womit ein bequemes und zügiges Schreiben möglich wurde. Gabelsberger zeichnete mit Erfolg die Reden in der Bayrischen Ständevertretung auf, die damals tagte. Die Entwicklung des Geschäftslebens verlangte indes eine von jedermann leicht erlernbare Stenografie. Sie wurde 1841 von dem Berliner Wilhelm Stolze (1798 bis 1867) erfunden.

Im Altertum finden wir Abbreviaturen (Abkürzungen) in großer Zahl, nicht nur auf Ostraka oder Papyri, sondern auch auf Grabsteinen und bei Inschriften. Sehr beliebt waren sie auch in der hebräischen Literatur. Der Religionsphilosoph Maimonides zum Beispiel, mit genauem Namen Rabbi Mose Ben Maimon, wurde Rambam geschrieben und auch gesprochen.

Mitunter sind Wörter oder Redensarten aus Abkürzungen entstanden. Falschmeldungen in der Presse werden als »Ente« bezeichnet. Über die Entstehung dieses Begriffes wird folgendes erzählt: Im Jahre 1804 soll der Brüsseler Zeitungsherausgeber Cornelissen, um die Auflage seines Blattes zu steigern, unverfroren Sensationsmeldungen veröffentlicht haben. So meldete er unter anderem, ein Brüsseler Bürger habe 20 Enten auf einmal gegessen. Als zahlreiche Leser gegen solche Unsinn protestierten, ließ Cornelissen dafür folgende Erklärung geben: Der Bürger habe von seinen 20 Enten zunächst eine geschlachtet und an die übrigen 19 verfüttert, am nächsten Tage wieder eine, die er den restlichen 18 zum Fraße gab, und so fort, bis nur noch eine übrig blieb. Diese habe er sich dann braten lassen und in ihr 20 Enten verspeist. Diese Anekdote dürfte wohl aber selbst eine Ente sein.

Es gibt eine recht prosaische Erklärung für den Ausdruck Ente, die aber einen hohen Grad an Wahrscheinlichkeit für sich hat. Bis ins 19. Jahrhundert hinein war es bei den Behörden üblich, unverbürgte Berichte mit der Bemerkung n. t. (lateinisch: non testatum: nicht überprüft) zu versehen, was wie »Ente« klang.

Politik
in der Hetärie –
Hetären
in der Politik

Hetäre erhält einen Geldbeutel
Attischer Skythos
um 470 v. u. Z.

Politische Parteien im heutigen Sinne gab es in der Antike nicht. Was von modernen Historikern aristokratische oder demokratische Partei genannt wird, sollte man treffender als politische Strömung bezeichnen. Neben einem Programm fehlte vor allem eine organisierte Mitgliedschaft.

Als Keimform politischer Parteien könnte man allenfalls die athenischen Hetärien des 5. Jahrhunderts v. u. Z. betrachten. Das waren nicht etwa Eros-Centers oder Massagesalons, auch keine Ausbildungsstätten für Liebeskünstlerinnen. Zwar wurden die Jüngerinnen der Venus Hetären (Gefährtinnen) genannt, aber Hetärien waren Zusammenschlüsse von männlichen Gefährten, die gemeinsame politische Ziele verfolgten, also eine Art politischer Klubs. Im allgemeinen traten sie für aristokratische und konservative Forderungen ein.

Es gab indes auch Hetären, die sich in die Politik einmischten. Zum Beispiel Aspasia aus Milet, die Freundin des Perikles in Athen. Die kluge Kurtisane soll den berühmten Staatsmann mit vielen guten Ratschlägen unterstützt haben, sagen die einen, Athen ins Verderben geführt haben, behaupten die anderen. Aspasia wurde wegen Kuppelei vor Gericht gezogen, und Perikles mußte seinen Einfluß und seine ganze Beredsamkeit aufbieten, um sie herauszuhauen. Die Hetäre Thaïs war die Favoritin Alexanders des Großen; nach dessen Tode übernahm Ptolemaios I. sie als Gespielin und als Ratgeberin.

An den antiken Begriff knüpfte auch die 1814 in Odessa gegründete Hetärie an. Diese Geheimorganisation bestand aus griechischen Emigranten und setzte sich das Ziel, ihr seit Jahrhunderten unterdrücktes Vaterland vom Türkenjoch zu befreien. Der Bund hatte nach dem Muster der Freimaurerlogen sieben Grade mit einem immer höheren Maß an konspirativer Aktivität. Es gelang der Hetärie, überall auf der Balkan-Halbinsel Zellen zu bilden und einen Aufstand vorzubereiten. Auch der Fürst Milos von Serbien gehörte zu den Mitgliedern. Zum militärischen Leiter wurde der in russischen Diensten stehende General Alexander Ypsilanti bestimmt, der 1821 an die Spitze einer antitürkischen Erhebung in den Donaufürstentümern Moldau und Walachei trat, die jedoch von den Türken grausam unterdrückt wurde. Der Aufstand hatte aber als Signal gewirkt. Auf dem Peloponnes und in vielen anderen griechischen Gebieten bildeten sich Freischaren und entfesselten den Volkskrieg, der nach langen, wechselvollen Kämpfen 1829 mit der Anerkennung des griechischen Staates zu einem Erfolg führte.

Im ersten Jahrhundert v. u. Z. tobte in Rom der Kampf zweier »Parteien« – der Optimaten und der Popularen. Die Optimaten (von optimus: der beste) verfochten die Ziele der konservativen Senatsaristokratie, die Popularen (von populus: Volk) die Interessen der übrigen reichen Grundbesitzer, Geschäftemacher und Sklavenhalter. Die Popularen strebten bestimmte Reformen an und stützten sich auch auf die besitzlose Bevölkerung der Stadt Rom.

Das gegenseitige Morden zwischen diesen Parteien endete mit der Militärdiktatur des Popularen Cäsar und dem Kaisertum. Das besitzlose Volk wurde mit kostenlosen Getreidezuteilungen, die aus den ausgesogenen Provinzen stammten, und Gladiatorenspielen bei Laune gehalten, mit »Brot und Spielen«.

Berühmt geworden sind die Zirkusparteien in Rom und vor allem im neuen Rom Konstantinopel. Eigentlich nur Fanclubs populärer Sportler, vor allem Wagenrenner, die sich mit blauen oder grünen Abzeichen schmückten, wurden die Blauen und Grünen zeitweise zu einem politischen Faktor. Sie feuerten nicht nur ihre Sportidole im Zirkus an, sondern ließen auch Spottverse auf die anwesenden Kaiser oder politische

Forderungen in markigen Sprechchören erschallen. Im Jahre 532 ging in Konstantinopel vom Zirkus der sogenannte Nikaaufstand aus. Mit dem Rufe »Nika!« (Siege!), eigentlich einem Anfeuerungsruf für die Sportler, stürzten sich die Grünen auf die Soldaten und beherrschten vorübergehend die Stadt am Bosporus.

Die politischen Parteien, auf welche das moderne Parteienwesen unmittelbar zurückgeht, entstanden erst im 17. Jahrhundert. Um 1680 bildeten sich im englischen Parlament zwei Fraktionen heraus: die Tories und die Whigs. Beide Bezeichnungen sind ursprünglich Schimpfnamen, deren Herkunft umstritten ist. Die Tories repräsentierten die konservativen, die Whigs die liberalen Kräfte der englischen Oberschicht. (Wahlberechtigt waren damals nur etwa zwei Prozent der Einwohner.) Tories und Whigs wurden bereits als Parteien bezeichnet. Das Wort Partei selbst geht auf das lateinische pars (Teil) zurück.

In der französischen Revolution von 1789 fanden sich die Abgeordneten der Nationalversammlung nach ihrer politischen Orientierung in Klubs zusammen. Die revolutionären Elemente konzentrierten sich im Jakobinerklub, der im ehemaligen Kloster St. Jakob tagte. Während der Revolution war der Ausdruck Partei für die verschiedenen Strömungen und Organisationen unüblich. Jedoch kamen gerade die Jakobiner einer solchen sehr nahe, vor allem da sie sich auf ähnliche Klubs und Organisationen im ganzen Lande und auf Volksgesellschaften in den Sektionen, den Stadtteilen von Paris, stützten.

Das Bürgertum in Deutschland kam vor 1848 über lose Zusammenschlüsse einzelner liberaler Abgeordneter nicht hinaus. Selbst nach Ausbruch der Märzrevolution von 1848 waren die Parteien im Frankfurter Parlament noch wenig stabil. Vor allem besaßen sie keine Massenbasis. Ihre Namen führten sie nach Frankfurter Gastwirtschaften, in denen sie sich trafen: Augsburger Hof, Casino, Café Milani usw. So kam es in Deutschland erst in den 60er Jahren des 19. Jahrhunderts zur Entstehung wirklicher politischer Parteien.

Die verschiedenen Strömungen und Parteien teilen wir heute wie selbstverständlich in Linke und Rechte ein. Dabei könnte man diese Begriffe doch genau umgekehrt anwenden, oder nach Oben und Unten, nach Farben usw. bezeichnen. Alles das ist auch schon geschehen. In den Kämpfen der schwedischen Aristokraten unterschied man »Hüte« und »Mützen«. Von Blauen und Grünen war schon die Rede. Auch Schwarz, Weiß, Rot, Braun wurden und werden als politische Charakteristika verwendet. Im britischen Unterhaus sitzen sich Regierungspartei und Opposition gegenüber, von hier kann das Begriffspaar Links und

Perikles
Römische Kopie nach der Herme von Kresilas
440–430 v. u. Z.

Rechts nicht herkommen. Die Historiker sind sich darüber einig, daß es zuerst in Frankreich gebraucht wurde. Jedoch herrscht über den Zeitpunkt keine Übereinstimmung.

Von vielen wird der 21. September 1789 als Geburtsdatum des Begriffspaares angegeben. Bei der Diskussion in der Verfassunggebenden Versammlung über das Vetorecht des Königs sollen zufällig die meisten Befürworter des Vetos rechts, die Verfechter einer uneingeschränkten Volkssouveränität links gesessen haben, worauf ein Redner kurzerhand von »Rechten« und »Linken« sprach. Hingegen wird eingewandt, daß sich diese Wendungen zwar im Protokoll finden, aber sich noch kein ständiger Gebrauch anschloß. Im Gegenteil, im französischen Nationalkonvent nahmen die entschiedensten Wortführer der Revolution auf den oberen Bankreihen Platz, weswegen sie »Berg« genannt wurden, die weniger Radikalen unten, weshalb man sie als »Sumpf« bezeichnete.

Mit Sicherheit nachzuweisen ist der Name »Linke« erst in der französischen Kammer nach 1815. Die wenigen liberalen Vertreter des Bürgertums in diesem von Adel und Geistlichkeit beherrschten Parlament saßen gewohnheitsmäßig auf der linken Seite. Nach der Julirevolution 1830 wurde »links« dann zum stehenden Ausdruck.

Auf das Altertum lassen sich die politischen Begriffe »links« und »rechts« kaum anwenden. Die Interessengegensätze wie auch die politischen Zielstellungen waren von den modernen so verschieden, daß es eigenartig klänge, Cäsar einen »linken« und Pompejus einen »rechten« Politiker zu nennen. Und wo wollte man die Kleopatra unterbringen?

195

Gesetzbücher
und weise Urteile

Wenn eine Schankwirtin das Bier verdünnt, so soll sie ins Wasser geworfen werden, bestimmt § 108 des Gesetzbuches, das der babylonische König Hammurapi (1792 bis 1750 v. u. Z.) zusammenstellen ließ. Wie § 109 zeigt, konnte man in babylonischen Kneipen auch auf »Pump« trinken; die gestundete Zeche mußte der Schuldner nach der Ernte in Getreide erstatten. Ein anderer Paragraph verbot den Priesterinnen, Gastwirtschaften zu besuchen. So regelte das Gesetzeswerk, meist als Kodex Hammurapi bezeichnet, fast alle Bereiche des Lebens im altbabylonischen Staat.

Allerdings war der Kodex kein Buch im heutigen Sinne, sondern der Text ist auf eine 2,25 Meter hohe Basaltstele eingemeißelt. Sie steht heute im Pariser Louvre. Eine Abbildung auf ihrem oberen Teil zeigt den König Hammurapi vor dem Sonnengott Schamasch. Die 282 Paragraphen auf der Stele enthalten Bestimmungen über das Prozeßverfahren, das Strafrecht, das Bodenrecht (unter anderem die Pacht von Land), über Hausmiete, Kreditwesen, Ehe- und Familienrecht (auch Erbrecht und Adoption) und Sklaverei. Im alten Babylon wurden die meisten Rechtsakte schriftlich festgelegt. Zum Beispiel war eine Ehe nichtig, die ohne Vertrag geschlossen war.

Das babylonische Recht entwickelte sich aus älterem sumerischem Recht, das ebenfalls in verschiedenen Gesetz»büchern« zusammengefaßt war.

Hochentwickelt war das juristische Denken der Römer, das den Bedürfnissen einer entwickelten Geld- und Warenwirtschaft ausgezeichnet entsprach. Der byzantinische Kaiser Justinian ließ das gesamte römische Recht seit 529 zusammenfassen und kommentieren. Als die Geld- und Warenwirtschaft in Europa sich wieder zu entwickeln begann, zuerst in Italien, wurde der Codex Justinianus an Stelle der verschiedenen lokalen Rechte allmählich zur Grundlage der Rechtsprechung. In Deutschland fand diese Rezeption (Aufnahme) im 16. Jahrhundert, gleichzeitig mit Reformation und Renaissance, statt. Das Römische Recht wurde zur Grundlage aller Gesetzbücher auf dem europäischen Kontinent, nur in Großbritannien verlief die Rechtsentwicklung anders, was das Verständnis britischer oder amerikanischer Rechtsbräuche für uns oft schwermacht.

Hammurapi betet zum Sonnengott Schamasch
Gesetzesstele, Susa
18. Jahrhundert v. u. Z.

Wie vielfältig Begriffe aus dem römischen Recht auch außerhalb der juristischen Sphäre angewandt wurden und werden, dafür ein Beispiel: Das Wort »emanzipieren« bezeichnet im Römischen Recht die Entlassung aus der väterlichen Gewalt, die im alten Rom unumschränkt sogar über die erwachsenen Söhne bestand. Die Emanzipation ging so vor sich, daß der Familienvater seinen Nachkommen als Sklaven an einen Scheinkäufer veräußerte, welcher ihn dann in aller Form freiließ. Der

197

Emanzipierte war nun rechtlich frei und selbständig; er konnte, worauf es bei dieser Prozedur meistens ankam, jetzt auch über eigenes Vermögen verfügen.

Nach 1800 wurde das Wort Emanzipation gern verwendet, um die Befreiung und rechtliche Gleichstellung benachteiligter und unterdrückter Menschengruppen zu bezeichnen. So sprach man von der Emanzipation der Juden, der Katholiken (in England 1828) usw. Die Jünger Saint-Simons propagierten die »Emanzipation des Fleisches«: das heißt die Befreiung von den Fesseln einer Moral, die den sinnlichen Genuß diskreditierte.

Emanzipation der Frau bedeutet also ihre Befreiung aus geistigen, wirtschaftlichen und rechtlichen Fesseln. Gegen Frauen, die dafür eintraten und gar versuchten, ihr Leben nach solchen Prinzipien zu gestalten, setzte sofort eine Verunglimpfung ein. Der Spießbürger wurde mit dem Zerrbild der Zigarren rauchenden, schmuddligen und unsittlichen »Emanzipierten« geschreckt, der »Emanze«, damals »Blaustrumpf« genannt.

Ein noch so gut durchdachtes und systematisiertes Recht ist freilich noch keine Garantie für weise Urteile. Solche Rechtssprüche schrieb das Volk gern sagenhaften Königen der Vorzeit zu.

Salomo, der vor etwa dreitausend Jahren in Jerusalem geherrscht haben soll, gilt im Orient noch heute als Muster der Weisheit und Urteilsfähigkeit. Einst kamen zwei Frauen zu ihm, so berichtet die Legende, und erhoben gegeneinander Anklage. Beide wohnten im gleichen Hause und hatten kurz vorher jede einen Sohn geboren. Einer der beiden Säuglinge war nachts versehentlich erdrückt worden. Jede behauptete nun, der überlebende Knabe sei ihr Sohn. Salomo befahl, ein Schwert herbeizubringen und das Kind für die zwei Frauen in zwei Hälften zu teilen. Eine der beiden Frauen war einverstanden, die zweite wollte lieber das Kind der anderen überlassen. In ihr erkannte Salomo die richtige Mutter und sprach ihr das Kind zu.

Nicht minder berühmt ist das gleiche Sagenmotiv in seiner chinesischen Fassung geworden. Hier stellt der Richter das umstrittene Kind in einen auf dem Fußboden gezogenen Kreidekreis und läßt jede der beiden Frauen an einem Arm ziehen. Die wirkliche Mutter fürchtet, das Kind zu zerreißen und zieht nicht kräftig. Dieses Thema wurde im 13. Jahrhundert in China dramatisiert. Eine Nachdichtung aus der Feder Klabunds (1925) eroberte sich in der Weimarer Zeit rasch die Bühnen. Bertolt Brecht griff später den Stoff auf und gestaltete daraus seinen »Kaukasischen Kreidekreis«.

Woher hat Marianne ihre Mütze?

Phrygische und lydische Trachten
Rekonstruktionszeichnungen
18. Jahrhundert

Von allen Segnungen einer geordneten Rechtspflege blieb freilich eine große Zahl, zu bestimmten Zeiten sogar die Mehrzahl der Menschen in Griechenland und Rom ausgeschlossen, nämlich die Sklaven. Nach der Formulierung eines römischen Schriftstellers waren sie »redende Werkzeuge«. Rechtlich galten sie als Sache wie ein Haustier. Wer einen fremden Sklaven tötete oder verwundete, war nur zivilrechtlich dessen Besitzer gegenüber verantwortlich. Mit seinen eigenen Sklaven konnte jeder nach Gutdünken verfahren. Wer eine Sklavin, die ihm nicht gehörte, schwängerte, konnte wegen Sachbeschädigung verklagt werden. Sklaven wurden auch kastriert, um als Eunuchen den Damen zu dienen (eunuchos: Bettwart). Sklaven wurden an Bordelle verkauft oder an solche vermietet, gleichgültig, ob sie männlichen oder weiblichen Geschlechts waren. Es gab sehr gebildete Sklaven, die als Künstler, Lehrer, Sekretäre und Kaufleute arbeiteten, andere waren Diener, Türsteher, Sänftenträger usw. Sklavinnen waren Zofen, Friseusen, Dienstmädchen ihrer Herrinnen und oft Konkubinen ihrer Herren. Es gab das Sklavenamt des Nomenklators, der seinem Herrn die Namen derjenigen zuflüsterte, die ihn auf der Straße grüßten, damit der den Gruß richtig erwidern konnte. Aber die überwiegende Mehrheit der Sklaven leistete schwere und an der Gesundheit zehrende Arbeit auf Feldern, in Bergwerken, Steinbrüchen, als Ruderer auf Schiffen usw.

In Rom bestand der schlimme Brauch, Sklaven als Gladiatoren (von gladius = Schwert) gegeneinander oder gegen wilde Tiere kämpfen zu lassen. Bei den Etruskern hatte diese grausame Sitte, Gefangene bei den Totenfeiern kämpfen zu lassen, eine religiöse Funktion. In Rom wurde sie zur reinen Volksbelustigung. Der gewaltigste Sklavenaufstand aller Zeiten, der des Spartacus, ging von der Gladiatorenschule in Capua aus. Selbst Frauen mußten als Gladiatoren kämpfen.

Manche Sklaven erhielten die Möglichkeit, mit dem Geld ihres Herrn ein kleines Geschäft zu betreiben. Hatten sie Erfolg, konnten sie sich freikaufen. Andere wurden durch testamentarische Verfügung freigelassen. Diese immer noch in einem Abhängigkeitsverhältnis stehenden Freigelassenen gelangten mitunter zu großem Reichtum. Die Kaiser ließen die Verwaltungsgeschäfte des Reiches oft von ihren Freigelassenen führen.

Rechtliches Symbol der Freilassung eines Sklaven war das Aufsetzen einer Freiheitsmütze, einer kegelförmigen Kopfbedeckung. Ähnliche trug das kleinasiatische Volk der Phrygier. Die phrygische Mütze wurde zum Sinnbild der Freiheilt. Brutus soll sie dem erdolchten Cäsar auf die Brust gelegt haben. Nach dem Tode Neros errichtete das römische Volk eine Stange mit der Freiheitsmütze. Auch auf römischen Münzen finden wir dieses Symbol.

Während der Französischen Revolution wurde die phrygische Mütze zum Abzeichen republikanischer Gesinnung. Zu ihrer großen Popularität verhalfen ihr die Freiwilligen aus Marseille, die 1792 in Paris eintrafen. Bei den Seeleuten des Mittelmeers war nämlich die antike Kopfbedeckung immer im Gebrauch geblieben. Oft wird sie als Jakobinermütze bezeichnet, was jedoch nicht exakt ist. Der Jakobinerklub sprach sich nämlich auf Grund einer Rede Robespierres gegen sie aus. Das einzige revolutionäre Zeichen sollte nach seiner Meinung die dreifarbige Kokarde bleiben. Trotzdem faßten die Pariser Sektionen, in denen sich die aktiven Bürger versammelten, eine nach der anderen den Beschluß, »fortan die Mütze der Freiheit zu tragen«. 1794 machte man Jagd auf die Rotmützen, aber die Volkstümlichkeit dieses Abzeichens war unausrottbar. Bei jeder neuen Erhebung trat es wieder auf – 1848 und 1871. Lateinamerikanische Republiken nahmen die Freiheitsmütze in ihr Wappen auf. In Frankreich wurde die Frauengestalt mit der phrygischen Mütze, volkstümlich »Marianne« genannt, zum Sinnbild der Republik. Marianne war der Deckname einer republikanischen Geheimverbindung gegen Napoleon III. gewesen.

Bravo, Furore und Fiasko

In der römischen Kaiserzeit wurden mehr und mehr Söldner aus den Stämmen vom Rande des Reiches angeworben, von den sogenannten Barbaren. Der Ausdruck kam aus dem Griechischen ins Latein. Bei den Hellenen war jeder Nichtgrieche ein Barbar, nämlich ein Mann, der nicht »reden« konnte, d. h. nicht artikuliert griechisch sprach, sondern nur »Bar, bar!« und ähnliches unverständliche Zeug stammelte.

Schließlich wurde barbarus gleichbedeutend mit Soldat, weil die ganze römische Armee einschließlich vieler Offiziere aus fremden Söldnern bestand. Im Vulgärlatein wurde aus barbarus bravus, daraus italienisch: bravo. Dieses Wort, von dem unser brav kommt, bedeutet dann soviel wie: wacker, tapfer. Als Beifallsruf wurde das Wort in seiner italienischen Form ein zweites Mal ins Deutsche übernommen, zusammen mit vielen anderen Ausdrücken der Theaterwelt.

Wer zum Beispiel in der Kunst sensationelle Erfolge erzielt, von dem sagt man, er mache Furore. Dieses italienische Wort bedeutet: Wut, Raserei. Gemeint war ursprünglich die Raserei, in die Sänger oder Schauspieler das Theaterpublikum versetzten, später wurde die Redensart auch für andere Bereiche der Kunst und mitunter auch für Persönliches verwendet, zum Beispiel für die Bewunderung, die eine Frau mit ihrer Schönheit erregte.

Szene aus der italienischen Stegreifkomödie
Kupferstich von J. M. Probst
um 1720

201

Auch das Gegenteil eines Erfolges, das Fiasko, stammt sprachlich aus der Sphäre des italienischen Theaters. »Fiasco!« riefen die Zuschauer Versagern auf der Bühne zu, was wörtlich »Flasche!« heißt – ein Ruf, der in seiner deutschen Form vor allem auf Fußballplätzen zu hören ist. Ob der miserable Darsteller wegen seiner Hohlheit so tituliert wurde oder weil er zu Bruch ging, läßt sich heute nicht mehr feststellen.

Gefällt eine Nummer besonders, so schreit man »Da capo!«, was wörtlich »Vom Kopf!«, also »Von vorn!« bedeutet und die Forderung nach einer Wiederholung ist. Diese und andere Wendungen aus dem italienischen Theaterleben (so zum Beispiel »Primadonna«: erste Dame, oder »Belcanto«: Schöngesang) wurden in die meisten europäischen Sprachen übernommen, weil im 17. und 18. Jahrhundert italienische Opern-, Theater- und Ballettgruppen an allen Residenzen zwischen Madrid und Petersburg das Feld beherrschten.

Bravo war jedoch nicht nur ein Beifallsruf auf dem Theater, sondern auch als eine Art Berufsbezeichnung bekannt. Es wurde in Italien für Leute angewendet, denen man allerdings keineswegs Beifall zollen kann und die meist gar nicht so tapfer, sondern eher hinterhältig waren.

Im 16. Jahrhundert kam in Norditalien der Brauch auf, daß jeder, der über genügend Geld verfügte, sich eine Rotte von Leuten dingte, die gut mit dem Dolch umgehen konnten. Diese »Tapferen« ließ er dann Morde und Gewalttaten gegen Handwerker und Bauern, aber auch gegen Konkurrenten aus dem Adel und dem Kaufmannsstand verüben. Die Vizekönige in Mailand und die Regenten anderer norditalienischer Staaten erließen strenge Edikte gegen dieses Unwesen: aber allein die Tatsache, daß sie ständig wiederholt wurden, zeigt, wie unwirksam sie waren. Gewissermaßen ein Berufsabzeichen der Bravi waren ihre langen Haare, die sie bei ihren Aktionen über das Gesicht fallen ließen, um sich unkenntlich zu machen. Ein Bravo mit Baßstimme, der auf der Opernbühne heimisch wurde, ist der Sparafucile in Verdis »Rigoletto«, der erst seine Dienste auf offener Straße anbietet und dann die falsche Leiche im Sack abliefert.

Der Bravo entsprach also etwa dem, was man heute Gangster nennt. Dieses Wort leitet sich vom englischen »gang«: »Bande« her. So wurden zunächst in England verschiedene Gruppen von Leuten genannt, zum Beispiel auch von landwirtschaftlichen Wanderarbeitern. Erst in Amerika nahm das Wort seine spezifische Bedeutung an. Der Ausdruck Gangsterbande ist demnach – genaugenommen – eine sprachliche Dopplung, ein Pleonasmus wie »weißer Schimmel«.

Schweigend sprach er:
Auch du, mein Sohn!

Wie oft passiert es, daß einem eine schlagfertige, witzige Entgegnung erst dann einfällt, wenn man den Ort, wo man sie hätte anbringen sollen, bereits verlassen hat, wenn man sich zum Beispiel schon auf der Treppe befindet. Um 1850 kam in Frankreich dafür die Bezeichnung »Treppenwitz« auf, die bald auch im Ausland Verbreitung fand. Richtig populär wurde sie allerdings erst, als 1882 William Lewis Hertslet seine Sammlung »Treppenwitze der Weltgeschichte« herausgab.

Auch die schlagfertigen Antworten, von denen die Geschichte berichtet, sind oft den handelnden Persönlichkeiten erst in ihren Memoiren eingefallen, wenn nicht gar noch später den Historikern – jedenfalls »auf der Treppe«, als die Angelegenheit längst erledigt war.

So sollten Cäsars letzte Worte gewesen sein »Auch du, mein Sohn Brutus«, gerichtet an den von ihm besonders geförderten Brutus, der unter den Mördern war. Diese Äußerung ist offensichtlich späte Zutat, denn die Geschichtsschreiber Plutarch und Sueton berichten, daß Cäsar schweigend unter den Dolchen seiner Mörder vor der Bildsäule des Pompejus hinsank. Cassius, einer von Cäsars Mördern, so wird berichtet, habe sich später mit demselben Dolch erstochen, mit dem er Cäsar gemeuchelt hatte. In der Biographie des Cassius dagegen ist davon die Rede, daß er sich von einem Diener mit dem Schwert den Kopf abschlagen ließ. Nachträgliche Erfindung dürfte auch der Ausruf des Augustus nach der Schlacht im Teutoburger Walde sein: »Varus, gib mir meine Legionen wieder!« Zudem soll Augustus wiederholt mit dem Kopf gegen die Türen gestoßen sein und sich monatelang nicht rasiert haben.

In der Antike betrachtete man derartige »Treppenwitze« als ein ganz legitimes Darstellungsmittel, wenn sie nur dem Grundanliegen des Historikers entsprachen. Nicht nur einzelne passende Aussprüche, sondern auch frei erfundene Reden wurden den Politikern nachträglich in den Mund gelegt.

Der heutige Leser ist, durch historische Erfahrung gewitzt, gegenüber den Treppenwitzen, insbesondere chauvinistischen Legenden, viel kritischer. Solche Skepsis ist auch ganz berechtigt. So ist zum Beispiel die rührselige Erzählung vom Pionier Klinke, der 1864 beim Sturm auf die Düppeler Schanzen sein Leben mit den Worten »Ich öffne euch die Tür« für den König von Preußen geopfert haben soll, von A bis Z erfunden.

Kleopatra kam im Sack
und als Venus

Königin Kleopatra VII.
Ägyptisches Relief
1. Jahrhundert

Die ohnehin schon historisch berühmte Königin Kleopatra machten zwei Theaterstücke literarisch noch berühmter: »Antonius und Kleopatra« von William Shakespeare sowie »Cäsar und Kleopatra« von George Bernard Shaw – das erste ein Trauerspiel, das zweite eine Komödie. Shakespeare hielt sich bei seiner Darstellung streng an seine Quelle, die Biographie des Marcus Antonius von Plutarch, während Shaw mit allen Quellen recht frei umging und seiner Spottlust die Zügel schießen ließ.

Während Shaw seine Helden vor einer Sphinx in der Wüste zum erstenmal zusammentreffen läßt, hat diese Begegnung in Alexandria stattgefunden, und zwar auf recht eigentümliche Weise. Ähnlich wie Gilda in »Rigoletto« wurde Kleopatra in einem Sack herbeigeschleppt, jedoch nicht sterbend, sondern quicklebendig.

Cäsar kam 48 v. u. Z. als Verfolger seines Konkurrenten und Feindes Pompejus nach Ägypten. Der besiegte Pompejus suchte in dem damals noch nicht zum Römerreich gehörenden Staat eine Zuflucht. Um sich bei Cäsar lieb Kind zu machen, ermordeten die Ägypter den Pompejus gleich bei der Landung, was Cäsar, der ihm auf dem Fuße folgte, Gelegenheit zu einer heuchlerischen Totenklage gab. Cäsars Geschäfte in Ägypten wären damit eigentlich erledigt gewesen, aber er setzte sich, mit dem unausgesprochenen Ziel, das reiche Land unter seine Botmäßigkeit zu bringen, in dessen Hauptstadt fest.

Da landete eines Nachts ein Kahn, aus dem der Ruderer einen Sack heraustrug und direkt in Cäsars Schlafgemach aufs Bett legte. Die junge Frau, die herauskrabbelte, war so attraktiv, daß der weiblichen Reizen bekanntlich ohnehin sehr zugängliche Cäsar sofort entflammt war. Es blieb jedoch nicht bei der einen Liebesnacht, sondern Kleopatra wußte den bereits in den Fünfzigern stehenden Römer so zu fesseln, daß er sich auch für ihre politischen Zielsetzungen engagierte, mehr als für Rom und Cäsar gut war.

Kleopatra VII. war mit 17 Jahren zur Herrschaft gelangt, gemeinsam mit ihrem zehnjährigen Bruder und Gemahl Ptolemaios XIV. Als dieser 14 Jahre alt geworden war, kam es zu einer Palastrevolution, die Kleopatra zur Flucht zwang. Anlaß dazu soll ihr Verhältnis mit dem Sohn des Pompejus gewesen sein, der sich in einer militärischen und diplomatischen Mission in Ägypten aufhielt. Seitdem kämpften Brudergatte und Schwesterfrau nach guter ptolemäischer Tradition um den ägyptischen Thron.

Mit dem mächtigen römischen Feldherrn auf ihrer Seite konnte die jetzt 21jährige Kleopatra nun den Thron zurückgewinnen. Dem Eunuchen Pothinus, der für Ptolemaios die Regierung geführt hatte, gelang es jedoch, die Alexandriner zum Aufstand zu bewegen. Mit 4000 Soldaten stand Cäsar der Bevölkerung einer Millionenstadt gegenüber. Der sogenannte Alexandrinische Krieg verlief wenig ruhmvoll und wurde in der zeitgenössischen römischen Geschichtsschreibung recht kurz behandelt. Einmal kam Cäsar so in Bedrängnis, daß er sich nur durch einen Sprung ins Wasser retten konnte und fast ertrunken wäre. Die Bibliothek von Alexandria wurde, was bei weitem schlimmer war, bei den Kämpfen ein

Raub der Flammen. Schließlich erschien ein römisches Entsatzheer, das den großen Cäsar heraushaute.

Die beiden Liebenden machten jetzt eine monatelange romantische Bootspartie nilaufwärts, die bis zum 1. Katarakt geführt haben soll, während die Parteigänger des toten Pompejus in verschiedenen Provinzen ihre Truppen sammelten. Kleopatra war schwanger geworden und brachte einen Sohn zur Welt, der Kaisarion (Cäsarchen) genannt wurde. Später machte sie ihn als Ptolemaios XV. zum nominellen Mitregenten. Nach Cäsars endgültigem Sieg über die Pompejaner ließ sich Kleopatra in Rom nieder, wo sie trotz einer neuerlichen Ehe des Diktators seine Freundin und Beraterin bis zu dessen Ermordung (44 v. u. Z.) blieb. Dann kehrte sie eiligst nach Alexandria zurück. Die Mörder Cäsars wurden besiegt, und seine Parteigänger Antonius, ein erfolgreicher Truppenkommandeur Cäsars, und Octavian, der Großneffe und Adoptivsohn Cäsars, teilten sich das römische Reich.

Als Antonius 41 v. u. Z. im kleinasiatischen Hafen Tarsus anlangte, kam ihm Kleopatra auf einem prunkvollen Schiff entgegen – als Venus »verkleidet« malerisch hingelagert. Antonius war ebenso hingerissen wie seinerzeit Cäsar und trat in die Fußstapfen (wenn man das so ausdrücken darf) seines ehemaligen Chefs. Antonius und Kleopatra regierten dann gemeinsam über die Länder am östlichen Mittelmeer. Als sie sich vermählten, erhielt Kleopatra als Morgengabe römische Gebiete in Syrien, Kleinasien und auf Kreta. Antonius wurde zum Gott Dionysos-Osiris erhoben, seine Gattin zur Isis und Königin der Könige. Von der Verschwendungssucht Kleopatras berichten die Historiker Wunderdinge, so soll sie Wein getrunken haben, in dem sie zuvor kostbare Perlen aufgelöst hatte.

Im Jahre 31 v. u. Z. hielt Octavian die Zeit für reif, sich auch den Ostteil des Reiches anzueignen. Ein Vorwand dafür war, daß sich Antonius von Octavians Schwester Octavia scheiden ließ, nachdem er Kleopatra geheiratet hatte. Nach der Niederlage in der Seeschlacht von Aktium fielen alle Anhänger des Antonius von ihm ab, und er beging schließlich Selbstmord. Der kühle Octavian ließ sich von Kleopatra nicht bezirzen, er wollte sie sogar im Triumphzug in Rom herumführen lassen. Um dem zu entgehen, gab sich die Königin selbst den Tod, wie Plutarch berichtet, indem sie eine Giftschlange in ihren Busen beißen ließ. Ägypten wurde nun römische Provinz; den Sohn seines Adoptivvaters, Kaisarion-Ptolemäus XV., ließ Octavian umbringen. Octavia jedoch zog die drei Kinder auf, die ihr geschiedener Mann mit Kleopatra gezeugt hatte. Sie sollen alle ordentliche Menschen geworden sein.

Der älteste Krimi

Alabastron
Korinthisches Salbgefäß
6. Jahrhundert v. u. Z.

Den ältesten Krimi der Weltliteratur finden wir in der Sage vom griechischen Sänger und Dichter Arion (um 600 v. u. Z.).

Auf einer Tournee durch die Griechenstädte Siziliens und Süditaliens erwarb Arion unerhörte Reichtümer. Als er von Tarent nach seinem Wohnort Korinth zurückfuhr, reizten seine Schätze die Begehrlichkeit der Schiffsmannschaft. Die Seeleute packten ihn, um ihn in den Hades zu befördern, da äußerte Arion den Wunsch, noch ein einziges Mal singen zu dürfen, was ihm auch gewährt wurde. Er stellte sich an den Bug, griff in die Saiten seiner Kithara und ließ ein Lied erschallen. Dann stürzte er sich in die Wogen. Arions Gesang hatte aber eine Schar Delphine angelockt. Einer davon nahm ihn auf den Rücken und brachte ihn sicher an Land. Unverzüglich eilte der Sänger nach Korinth, wo er noch vor der Mörderbande ankam. Das Stadtoberhaupt zitierte die Schiffsleute vor sich, die behaupteten, Arion sei in Tarent geblieben. Da trat der Totgeglaubte hinter dem Vorhang hervor, und die überraschten Missetäter gestanden ihr Verbrechen.

An diese und ähnliche Sagen anknüpfend, war in der Antike der Delphin ein Sinnbild der Menschenfreundlichkeit, was freilich die Römer nicht hinderte, aus diesem Meeressäuger eine delikate Wurstsorte herzu-

207

stellen. Im Mittelalter gelangte das Tier in viele Wappen. Ein Grafenge-
schlecht in den französischen Westalpen erhielt danach den Beinamen
Dauphin (französisch für Delphin), ihr Herrschaftsgebiet den Namen
Dauphiné, der sich bis heute erhalten hat. Nachdem 1349 das französische Königshaus das Ländchen an sich gebracht hatte, erhielt der jewei-
lige Kronprinz die Einkünfte daraus und führte den Titel Dauphin.

Ludwig XIV., der »Sonnenkönig«, wünschte eine sittenstrenge Erziehung seines Sohnes, des Dauphins Ludwig (geb. 1661), obwohl er selbst
einer denkbar unmoralischen Lebensweise huldigte, wovon seine
Kriegsabenteuer, seine Verschwendung und seine zahllosen Maitressen
zeugten. Im allerhöchsten Auftrag stellten die unduldsamen Kleriker
Bossuet und Huet eine Ausgabe der griechischen und lateinischen Klas-
siker »für den Gebrauch des Dauphins« (lateinisch: ad usum Delphini)
her, in der alles Anstößige, besonders die erotischen Abenteuer der Götter, ausgemerzt war. Sie wurde später fortgesetzt und 1674 bis 1730 in 64
Bänden in Paris veröffentlicht. Die lateinische Bezeichnung wurde zum
festen Begriff.

Die Praxis kastrierter Klassikerausgaben fand viel Nachahmung, obgleich sie, wie das Lotterleben des Dauphins bewies, bei ihm nichts ge-
fruchtet hatte. In Deutschland wurden auch die Werke deutscher Dichter für Schule und Theater »für den Gebrauch des Delphins« verändert.
So wurde unter anderem in Goethes »Faust« »Brust an Brust« durch
»Blick in Blick«, »Strumpfband« durch »Armband« ersetzt.

Arions Rettung durch einen Delphin
Federzeichnung von Th. Murner
vor 1537

»Ohnehosen«
und Hosenteufel

Unser Lateinpauker sagte, nach der Schlacht im Teutoburger Walde hätte sich Augustus bestimmt vor Angst in die Hose gemacht, wenn er eine angehabt hätte. Der erste Teil des Satzes entsprang der chauvinistischen Überheblichkeit des Lehrers (es war im Jahre 1940), der zweite Teil war richtig. Augustus trug keine Hosen wie alle Römer, Griechen, Ägypter, Babylonier usw. Sie waren »Ohnehosen«, wenn auch nicht im gleichen Sinn wie die späteren Sansculotten.

Hosen galten als ein Bekleidungsstück der Barbaren. Darum werden Gallier, Germanen, Skythen, aber auch die sagenhaften Amazonen stets mit Beinkleidern dargestellt. Das entsprach auch den klimatischen Bedingungen Galliens und Germaniens.

Nachdem germanische und andere barbarische Söldner in Rom und Konstantinopel zu höchsten Würden aufstiegen, wurden auch dort die Hosen gesellschaftsfähig und sogar zum Symbol der Männlichkeit. Als der byzantinische Kaiser Manuel I. von den Seldschuken geschlagen worden war, rief ihm ein aufgebrachter Krieger zu: »Zeig doch den Türken, daß du Hosen anhast.«

Am Ausgang des Mittelalters dienten in Deutschland bunte und weite Hosen der Prachtentfaltung. Der Reformator Wolfgang Musculus (1497 bis 1563) wetterte in seiner Schrift »Der Hosenteufel« gegen den Aufwand, den Adel und reiche Bürger damit trieben.

In Frankreich wurden bald darauf die Hosen so verkürzt, daß sie nur noch bis zum Knie reichten. Nach dem französischen Wort für Steiß (cul) hießen sie culottes. Die arbeitende Bevölkerung trug dagegen im 18. Jahrhundert lange Röhrenhosen, die Pantalons hießen. Wer Pantalons trug, wurde Ohne-culotte (französisch: Sans-culotte) genannt. Das war zunächst verächtlich gemeint, in der Zeit der Großen Französischen Revolution wurde es zur Selbstbezeichnung der plebejischen Massen. Zu den Pantalons traten eine kurze Jacke, die Carmagnole, und die phrygische Mütze. Da bald auch beleibtere Bürger Pantalons trugen, wurden 1792 die Hosenträger erfunden. Das Wort Sansculotte für den Revolutionär wurde ins Deutsche manchmal als Ohnehose übersetzt. Damit wurde beim naiven Leser der Eindruck erweckt, die liederlichen Ohnehosen liefen mit blankem Hintern herum.

Hosenteufel
Titelillustration einer Schrift von 1555

Unterhosen oder Schlüpfer waren in der Antike als Kleidungsstück für Männer wie für Frauen ebenfalls unbekannt.

Die Griechen der klassischen Zeit waren meist mit einem mantelähnlichen linnenen Umhang, dem Chiton, bekleidet. Die Römer trugen die kurze Tunika, die Knie und einen Teil der Oberschenkel freiließ, darüber die Toga als Umwurf. Die griechischen Frauen trugen ebenfalls einen Chiton, der sich von dem der Männer wenig unterschied, oder den Peplos, ein Kleid mit hemdartigem Schnitt. Aus dem minoischen Kreta sind kleine Statuen erhalten, welche Frauen in einer Art Rock und mit einem Jäckchen zeigen, das den Busen bloß läßt. Mit Frisuren und Hüten verschiedenster Art, auch mit Perücken, wurde zeitweise großer Aufwand getrieben. Damen zweifelhaften Rufs bevorzugten in Rom die kurze Tunika, um ihre schönen Beine zu zeigen.

Sandalen, Pantoffeln und Stiefelchen

Die übliche Fußbekleidung des Altertums waren Sandalen. Unser Sprichwort »Schuster, bleib bei deinen Leisten« lautete im Altertum »Sandalenmacher, bleib bei deinem Handwerk«. Unter persischem Einfluß trugen wohlhabende Athenerinnen eine Art Pantöffelchen. Deshalb schwören in der Komödie »Lysistrate« die aufsässigen Ehefrauen unter anderem, »die Perserschuhe nicht mehr zur Decke zu strecken«, bis ihre Männer Frieden geschlossen haben.

Als Fußbekleidung der Gallier waren Stiefel bekannt, die in der Kaiserzeit von allen römischen Soldaten getragen wurden. Solch ein Stiefel hieß caliga. Ein Urenkel des Augustus, Gaius Caesar, der bei seinem Vater Germanicus im Feldlager aufwuchs und meist Soldatenkleidung trug, erhielt deshalb den Spitznamen Caligula (Stiefelchen). Unter dieser Bezeichnung ging er auch in die Geschichte ein – ziemlich unrühmlich. Dieser Kaiser, der von 37 bis 41 regierte und ermordet wurde, war zuerst sehr beliebt, vollbrachte aber bald alle erdenklichen Verbrechen. Morde, Folterungen, Grausamkeiten aller Art, Intimverkehr mit seiner Schwester werden von ihm berichtet. Zu einer Hochzeit eingeladen, heiratete er rasch statt des Bräutigams selbst die hübsche Braut. Frauen, die ihm gefielen, erklärte er im Namen, aber ohne Wissen ihrer Männer, daß sie geschieden seien. Hohe staatliche Würdenträger zwang er zum Vollzug des Geschlechtsverkehrs, wenn es ihm gerade einfiel. Auf seinen Befehl Ermordete ließ er einladen und drückte seine Verwunderung aus, daß sie nicht kamen. Auch seine Politik war von Sprunghaftigkeit, Launen und Unwissenheit bestimmt.

Der Kriegsgegner Ludwig Quidde schrieb ein Buch mit dem Titel »Caligula. Studie über den römischen Cäsarenwahn«, das 1894 erschien. Die politische Charakteristik des römischen Kaisers zeigte darin so starke Parallelen zum damaligen deutschen Kaiser Wilhelm II., daß der Autor wegen Majestätsbeleidigung angeklagt werden sollte. Es konnte ihm jedoch niemand nachweisen, daß es sich um einen Schlüsselroman handelte. Quidde hätte auch andere römische Kaiser zu Studien über den Cäsarenwahn wählen können. Dieser Wahn war keine psychische Erkrankung, sondern eine aus absoluter Macht und entsprechender Schmeichelei und Willfährigkeit der Umgebung entspringende sozialpsychologische Erscheinung.

Ein fragwürdiger Gruß

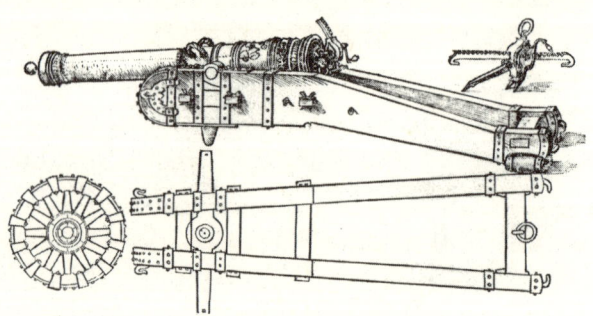

Albrecht Dürer: Geschütz
Zeichnung, 1527

»Salve!« rief der Römer, wenn er einem Bekannten begegnete. Deshalb brauchte dieser aber nicht in Deckung zu gehen, denn so lautete der im alten Rom gebräuchliche Gruß. Er ist der Imperativ des lateinischen Wortes »salvere«, das »gesund sein« bedeutet. Davon stammt unter anderem die Bezeichnung unserer Heilpflanze Salbei (lateinisch Salvia) ab und auch der Name des Medikaments Salvarsan, eines arsenhaltigen Mittels, das früher gegen peinliche Infektionen eingesetzt wurde.

Salve! (Sei gesund!) war auch der Wunsch, der einem hohen Gast gegenüber zu Wasser und zu Lande durch das Feuern von Kanonen oder Gewehren mit blinden Schüssen ausgedrückt wurde, auch Salut genannt, was sich ebenfalls von salvere herleitet. Als Salve wurde auch das gleichzeitige Abfeuern aller Geschütze oder Flinten auf den Feind bezeichnet, was dem ursprünglichen Wortsinn direkt entgegenläuft.

Beim Salut richtete sich die Zahl der Schüsse nach dem Rang des Begrüßten. Staatsoberhäuptern kamen 21 Schuß zu, Großadmiralen 19, ein Vizekonsul mußte sich mit fünf Schuß begnügen. 21 Schuß als höchste Ehre werden darauf zurückgeführt, daß um 1800 Fregatten überwogen, die auf jeder Seite 20 Kanonen hatten. Näherten sie sich einem fremden Hafen, so wurden diese 20 Geschütze nacheinander abgefeuert. Der 21. Schuß soll angeblich dazu bestimmt gewesen sein, das Ende des Saluts anzudeuten. Eine Anekdote führt den 21. Schuß aber auf eine andere Ursache zurück: Ursprünglich hätten die englischen Fregatten immer 20 Schüsse Salut abgefeuert. Als einmal ein Würdenträger behauptete, es habe ein Schuß gefehlt, ordnete die Admiralität an, in Zukunft zur Entkräftung künftiger Beschwerden immer einen Schuß mehr abzugeben.

Gehörnte Helden
und Techtelmechtel
in Arkadien

Zu den eindrucksvollsten Schöpfungen Michelangelos gehört die 1516 vollendete Skulptur des Moses am Grabmal Papst Julius II. Viele Betrachter des Werkes wundern sich, warum eine der biblischen Hauptgestalten Hörner wie ein Teufel trägt. Keineswegs handelt es sich um eine Anspielung auf den recht weltlichen Lebenswandel des Papstes, dessen Gesichtszüge diese Plastik wahrscheinlich wiedergibt. Die »Hörner« erscheinen schon seit dem 12. Jahrhundert auf zahlreichen kirchlichen Bildwerken und beruhen auf einem Übersetzungsfehler. Bei der Übertragung des Alten Testaments aus dem Hebräischen ins Lateinische wurde durch ein sprachliches Mißverständnis aus dem »Glanz« um das Haupt Moses (2. Mose 34) ein »Gehörn«.

Auch der »gehörnte Siegfried« der deutschen Volksliteratur hatte keine Hörner. Vielmehr war sein Körper von einer Hornschicht überzogen, weil er im Blut eines erschlagenen Drachens gebadet hatte. Leider hatte die Hornhaut, die ihn unverwundbar machte, im Rücken ein kleines Loch, das entstanden war, weil dort während des Bades ein Lindenblatt gehaftet hatte. Durch diese Lücke wurde der »hürnen Seyfried«, wie er bei Hans Sachs heißt, mit einem Speer ermordet. Auch das Hühnerauge am Zeh ist ein »hürnen Auge« und hat mit dem Huhn nichts zu tun.

Der Tod Siegfrieds erinnert an das Schicksal des griechischen Heros Achill. Seine göttliche Mutter Thetis tauchte ihn in den Styx, um ihn unverwundbar zu machen. Aber die Ferse, an der sie den Knaben hielt, wurde nicht von der trüben Brühe des Höllenstroms benetzt. Im Kampfe vor Troja traf der Pfeil des Paris gerade diese verletzliche Stelle, und so wurde der Held getötet. Homer kannte diese Sage jedoch nicht, denn er berichtete von mehreren anderen Verwundungen, die Achill erlitt.

»Gehörnt« nannte man auch einen Mann, der in der Ehe kein Held war und von seiner Frau hintergangen wurde. Der Ausdruck ist vermutlich auf den Brauch zurückzuführen, jungen Hähnen, die zum Zwecke besserer Mast zu Kapaunen gemacht wurden, die abgeschnittenen Sporen in den verschnittenen Kamm zu setzen. Hier wuchsen sie so fest ein, daß sie den Eindruck eines Gehörns oder Geweihs machten.

Mozart benutzte die kitzlige Angelegenheit sogar zu einem musikalischen Scherz. Wenn in der Oper »Figaros Hochzeit« der Titelheld in einer Arie die Befürchtung ausdrückt, seine Verlobte Susanne werde ihn betrügen, nimmt aus dem Orchester das Horn die Melodie auf. Der Komponist hätte an dieser Stelle auch einen Kuckucksruf erklingen lassen können, der in vielen Gegenden eine ähnliche Bedeutung hat, wohl weil der Kuckuck seine Eier in fremde Nester legt.

Der Ehebruch wurde im Altertum – wie auch im Mittelalter – mit dem Tode bestraft, mit Totschlagen, Ertränken, Steinigen usw., allerdings nur bei der Ehefrau und ihrem Liebhaber, falls er sich erwischen ließ. Ein auf frischer Tat überraschtes ehebrechendes Pärchen durfte der gehörnte Ehemann, ohne erst vor Gericht zu ziehen, umbringen, so noch nach dem mittelalterlichen »Sachsenspiegel«. Der Ehemann brauchte bei Orientalen, Griechen, Römern usw. keine Treue zu halten, sondern konnte verkehren, mit wem er wollte.

Trotz möglicher drastischer Bestrafung war der Ehebruch in der Antike gang und gäbe, meist zwischen jungen Männern und unbefriedigten Ehefrauen. Sie waren ein Hauptthema der milesischen Geschichten – Vorläufer der italienischen Novellen, vor allem auch von Boccaccios »Dekamerone«. In seinen Roman »Der goldene Esel« hat Apulejus eine ganze Reihe solcher Histörchen eingeflochten. Der in einen Esel verwandelte Lucius wird darin Zeuge, wie raffinierte Ehefrauen ihre Gatten über den Löffel balbieren. Nur einmal kann er der Gerechtigkeit zum Siege verhelfen, indem er den unter einem Korb versteckten Liebhaber kräftig auf die Finger tritt. Der Bursche, der sich durch sein Schmerzgeschrei verrät, wird zwar nicht gleich erschlagen, aber vom geschädigten Ehemann die Nacht über statt der Ehefrau gebraucht und am Morgen noch gründlich durchgeprügelt.

Ein Liebesverhältnis nennt man auch Techtelmechtel. Das hat nichts mit tätscheln zu tun. Der Ausdruck hat sich im vorigen Jahrhundert von Wien aus über das deutsche Sprachgebiet verbreitet. Wahrscheinlich wurde er aus der italienischen Wendung »teco meco« verballhornt, welche »(ich) mit dir, (du) mit mir« bedeutet.

Ein Techtelmechtel führt oft zu einem Schäferstündchen, dessen Bezeichnung aus der Hirten- und Schäferpoesie stammt. Bereits in der Antike sehnten sich übersättigte und überreizte Stadtmenschen nach einem schlichten Landleben, was in der »Hirtendichtung« (bukolische Dichtung) Ausdruck fand. Berühmt waren unter anderem Vergils »Bukolika« und der Hirtenroman »Daphnis und Chloë« des Longos, in dessen Mittelpunkt das unbeschwerte Liebesleben einfacher Menschen steht.

Schauplatz der antiken Schäferszenen war oft die griechische Gebirgslandschaft Arkadien, die sprichwörtlich für diese Liebes- und Naturschwärmerei wurde.

Seit der Renaissance erlebte die Hirten- und Schäferpoesie eine neue Blüte. Berühmt wurden Boccaccios »Ameto« (1342) und Tassos »Aminto« (1572). Der Dichter, Arzt und Astronom Fracastoro verfaßte 1530 ein Lehrgedicht, dessen Held der Hirt Syphilus war und in dem auf mögliche unangenehme Folgen eines Schäferstündchens hingewiesen wurde. Noch der 18jährige Goethe schrieb in seiner Leipziger Studentenzeit ein Schäferspiel, das er »Die Laune des Verliebten« nannte.

Der gehörnte Andolosia
Holzschnitt aus einer Ausgabe des »Fortunatus«
1509

Keusche Susanna in Verlegenheit

Susanna im Bade
Titelillustration zu einer Dramatisierung von P. Rebhun
1536

Susanna im Bade war allezeit ein Lieblingsthema der Maler. Vereinigte es doch eine hochmoralische Geschichte mit der Möglichkeit, ein schönes Weib nackt zu zeigen. Die Erzählung von der keuschen FKK-Anhängerin stammt aus dem altorientalischen Danielbuch und ist eigentlich ein richtiger Kriminalroman.

Danach war Susanna die bildhübsche junge Frau eines reichen Einwohners von Babylon. Kein Wunder, daß sogar zwei ziemlich betagte Richter, die in dessen Haus ein- und ausgingen, in Begierde zu ihr entbrannten. Da die Greise von Susannas Badelust wußten, versteckten sie sich eines Mittags in deren Garten. Tatsächlich erschien die Schöne mit zwei Dienerinnen. »Holt mir Öl und Salben«, befahl sie, »aber verschließt das Tor gut«, entkleidete sich flugs und begann munter zu planschen. Die erlebnishungrigen Alten konnten sich bald nicht mehr zügeln, stürzten hervor und verlangten, Susanna solle ihnen zu Willen sein. »Siehe, der Garten ist zugeschlossen, und niemand sieht uns«, argumentierten sie. »Willst du aber nicht, so werden wir dich beschuldigen, daß wir einen jungen Mann bei dir liegen sahen.« Doch Susanna, die schon durch ihren Namen (hebräisch: Lilie) zur Reinheit vorherbestimmt war, blieb unzugänglich und lockte mit ihrem Geschrei die Leute aus dem Haus herbei.

Die Richter aber machten ihre Drohung wahr und klagten die Unschuldige des Ehebruchs an. Auf Grund dieser falschen Aussagen wurde sie zum Tode verurteilt. Als man Susanna abführte, mischte sich jedoch ein Mann namens Daniel, der spätere Prophet, ein. Er erreichte schließlich, daß die beiden Zeugen in großer Entfernung voneinander aufgestellt wurden. Dann fragte er den ersten: »Unter welchem Baum habt ihr sie ertappt?« »Unter einer Linde«, antwortete der. Auf die gleiche Frage erwiderte der zweite: »Unter einer Eiche«, womit die Bösewichter des Meineids überführt waren und nun das Geschick erlitten, das der prinzipienfesten Susanna zugedacht war.

Wie man badende Damen vor männlicher Lüsternheit schützen könne, beschäftigte auch zutiefst den kommissarischen Innenminister Preußens Franz Bracht in der Zeit der Weltwirtschaftskrise. Am 18. August 1932 befahl er in einer Verordnung: »Frauen dürfen nur baden gehen, falls sie einen Badeanzug tragen, der Brust und Leib an der Vorderseite des Oberkörpers vollständig bedeckt ... sowie mit zugeschnittenen Beinen und einem Zwickel versehen ist.« Was eigentlich ein Zwickel ist, wußten bis dahin nur die Schneiderinnen. Jetzt erfuhr es alle Welt: ein dreieckiges oder rhombisches Stück Stoff, das im Schritt eingesetzt wird. Der »bracht«-volle Zwickel wurde schnell zum Symbol der Prüderie und des Muckertums.

Nacktheit galt bei vielen Orientalen als anstößig, auch in Babylon, wo doch sonst recht eigentümliche Sitten geherrscht haben sollen. Nach einem mesopotamischen Mythos mußte Ischtar, die Kollegin der griechischen Aphrodite und römischen Venus, in die Unterwelt hinabsteigen, um ihren Geliebten Tammuz wiederzuerlangen. Die Herrin der Unterwelt verlangt, daß sie bei ihrer Höllenfahrt an jedem der sieben Tore ein Schmuck- oder Kleidungsstück ablegen müß: Krone, Ohrgehänge, Halskette, Brustschilder, Hüftengürtel, Arm- und Fußringe und endlich das Schamtuch. Ganz entblößt und gedemütigt steht sie nach diesem Striptease vor der Fürstin des Hades.

Aus Kleinasien ist die Erzählung vom König Kandaules bekannt, dem mangelnder Respekt in dieser Beziehung zum Verhängnis wurde. Dieser lydische Herrscher war von den verborgenen Schönheiten seiner Frau so hingerissen, daß er sie unbedingt seinem Vertrauten Gyges zeigen wollte. Er versteckte ihn hinter der Tür seines Schlafgemachs und ließ ihn zusehen, wie sich die Königin entkleidete. Diese bemerkte aber, wie Gyges heimlich den Raum verließ. Am nächsten Morgen ließ sie ihn zu sich kommen und stellte ihn vor die Wahl, die ihr angetane Schmach entweder dadurch zu sühnen, daß er den schamlosen König töte und ihr Mann werde, oder selbst zu sterben. Es ist unschwer zu erraten, wofür sich Gyges entschied. Er wurde zum Stammvater einer neuen lydischen Dynastie. Platon erzählt die gleiche Geschichte, hier wird aber ein unsichtbar machender Zauberring benutzt. Dieser Version der Sage schließt sich Friedrich Hebbel im Drama »Gyges und sein Ring« an.

Herodot flicht bei seinem Bericht über diese Geschichte erläuternd ein: »Bei den Lydern und fast bei allen Barbaren ist es selbst für einen Mann eine große Schande, nackt gesehen zu werden.«

Allerdings zeigten sich auch die Griechen nicht so häufig nackt, wie man vielleicht auf Grund ihrer Statuen meinen sollte. Welchen falschen Schluß auf Bekleidungssitten würde man ziehen, wenn man das 19. Jahrhundert nach seinen Bildwerken beurteilen würde. Während die Gemäldegalerien von Nuditäten wimmelten, mußten die lebendigen Frauen Badetrikots tragen, die bis zu Knöchel und Handgelenk reichten, selbst im Damenbad. Nackt bewegten sich die griechischen Männer nur im Gymnasion, das heißt auf dem Sportplatz, wo sie unter sich waren. Bei den Olympischen Spielen durfte als einzige Frau die Oberpriesterin zusehen. Der Tradition nach wurden die Wettkämpfe dort ursprünglich bekleidet ausgetragen. Erst als ein Läufer einmal den Lendenschurz verlor und deshalb siegte (nach einer anderen Version, weil er sich darin verheddderte und stürzte), wurde es üblich, daß die Athleten nackt kämpften. Nur in Sparta trieben die jungen Mädchen ihren Sport gemeinsam mit den jungen Männern ohne Bekleidung.

In der Kunst wurden anfänglich alle Göttinnen, sogar die Aphrodite, mit Chiton oder Peplos dargestellt, erst allmählich wurde wenigstens die Liebesgöttin im Naturzustand abgebildet. Griechische Plastiken und Malereien nackter Frauen zeigen im Unterschied von Männerdarstellungen nie das Schamhaar. Das war keine künstlerische Konvention, sondern entsprach den Lebensgewohnheiten; die Mädchen und Frauen entfernten die Behaarung durch Ausrupfen oder Absengen mit einem Öllämpchen.

Vier Temperamente

Physiognomien
Titelvignette zu J. K. Lavater
»Physiognomische Fragmente«
1775

Der griechische Arzt Hippokrates von Kos (um 460 bis 370 v. u. Z.) vertrat die Theorie, im Körper des Menschen seien vier Säfte wirksam. Ihr jeweiliges Mischungsverhältnis (Temperament) bestimme nicht nur die körperliche Verfassung, sondern auch die Gemütsart eines Menschen. Sei der Schleim (griechisch: phlegma) vorherrschend, so folge ein Mangel an Leidenschaft und eine geringe Stärke der Gemütsbewegungen. Das sind die Phlegmatiker. Ein Überschuß an Blut (lateinisch: sanguis) führe zur Beweglichkeit des Geistes und zur Heiterkeit, aber auch zur Flatterhaftigkeit und zum Leichtsinn. Solche Menschen heißen Sanguiniker. Bei den Cholerikern sei die gelbe Galle (griechisch: cholos) bestimmend für ihr Temperament. Sie sind leicht erregbar, oft jähzornig. Das Überwiegen der »schwarzen Galle« (griechisch: melas cholos) präge den Melancholiker, der ernst, in sich zurückgezogen, oft sogar trübsinnig sei.

Bei starken Störungen des normalen Mischungsverhältnisses der vier Körpersäfte treten, wie Hippokrates meinte, Krankheiten auf. Zur Wiederherstellung des Gleichgewichts empfahl er Diät und Bäder.

Die Theorie des Hippokrates, dargelegt in der Schrift »Über die Natur des Menschen«, war ein erster, freilich noch unzulänglicher Versuch, die medizinische Kunst von der Verquickung mit Zauberei zu befreien und auf eine rein naturwissenschaftliche Basis zu stellen. Von diesem Bestreben zeugt auch die hippokratische Schrift »Über die heilige Krankheit«, in welcher die bisher als heilig geltenden Geisteskrankheiten auf natürliche Ursachen zurückgeführt wurden. Die Lehre des Hippokrates von den Temperamenten wirkte bis in die Neuzeit.

Auch das Wort Humor geht auf diesen Vorstellungskreis zurück. Es bedeutet im Lateinischen »Feuchtigkeit, Saft«. Hier liegt die Auffassung zugrunde, daß die Fähigkeit, die Welt mit heiterer Gelassenheit zu betrachten, ebenfalls an einen bestimmten Körpersaft gebunden sei.

Von cholos (Galle) stammt das Wort Koller, so heißt eine Gehirnkrankheit der Pferde, die sich in Wutausbrüchen äußert. Der Tropenkoller hingegen ist die Ausgeburt eines wilhelminischen Kolonialbeamtengehirns. Als Sozialdemokraten im Reichstag die Zustände in den sogenannten »Schutzgebieten« enthüllten, fiel dem Vertreter des Reichskolonialamtes nur die Ausrede ein, das mörderische Klima in Afrika mache die dortigen Beamten physisch und psychisch so krank, daß sie schon einmal die Geduld mit den Schwarzen verlieren könnten und ihnen die Galle überliefe. Die Schriftstellerin Frieda Freiin von Bülow veröffentlichte daraufhin 1896 einen kritischen Roman unter dem Titel »Tropenkoller«. Sie bemühte sich, den wahren Charakter der Tropenseuche zu zeigen: »Die Herrscherherrlichkeit in Afrika steigt den Knechts- und Bedientenseelen zu Kopfe. Der Subalternbeamtengeist schwappt über.« Das Wort Tropenkoller wurde so populär, daß ähnliche Wortfügungen entstanden. So sprach eine Zeitung vom »Theorienkoller« der Professoren.

Melancholiker
Zeichnung aus J. K. Lavater
»Physiognomische Fragmente«
1775

In Spelunken
und Katakomben

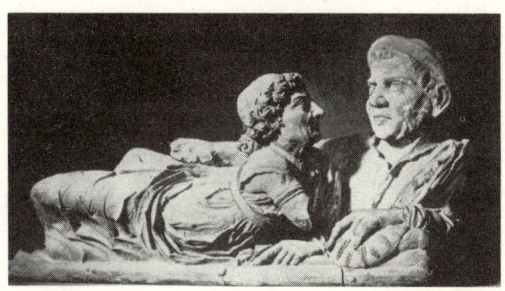

Ehepaar
Etruskische Aschenurne aus Terrakotta
9./8. Jahrhundert v. u. Z.

In einer englischsprachigen Zeitschrift lese ich, daß ein internationaler Kongreß der »spelunker« vorbereitet würde. Eigentümlich, daß auch die Inhaber – oder die Gäste? – zweifelhafter Lokale derartige Zusammenkünfte veranstalten. Ein Blick ins englische Wörterbuch belehrt mich, daß es sich um Speläologen, also um ganz seriöse Höhlenforscher handelt. Allerdings leitet sich das deutsche Wort Spelunke vom gleichen griechischen Wort her wie Speläologe, nämlich von »spelaion« (Höhle). Offenbar entstammt es der Studentensprache vergangener Zeiten, in der klassischen Bildung und Kneipenseligkeit sich verbanden.

Auch unser »grotesk« hat mit Höhlen zu tun. Es wurde ursprünglich »grottesk« geschrieben, denn es kommt vom italienischen »grotta« (Grotte) her. Um 1520 wurden bei Schachtarbeiten in Rom die Reste antiker Bauten entdeckt, deren Keller man irrtümlich für Höhlen hielt. In ihnen fand man Wandmalereien bisher nicht gekannter Art, zum Beispiel Rankenwerk, aus dem Tier- und Menschenköpfe hervorwuchsen. Zeitgenössische Maler wie Raffael griffen diese Anregung auf und malten »Groteskes«. Seitdem hat es sich eingebürgert, aus dem Rahmen des Gewöhnlichen Fallendes so zu nennen. So heißt eine Schrift, die etwas von der normalen Antiqua abweicht, Groteskschrift. Das Außergewöhnliche besteht allerdings nur darin, daß im Vergleich zur »normalen« Schrift die Serifen fehlen, das heißt die »Füße« der Buchstaben.

Das italienische grotta stammt vom lateinischen crypta, dieses wieder vom griechischen krypta. So hieß auch im Mittelalter ein Gewölbe unter dem Chor der Kirche, das in der Regel das Grab eines Märtyrers oder Heiligen barg. In Wortzusammensetzungen bedeutet krypto – geheim. Ein Kryptogramm ist ein Text mit geheimer Bedeutung, Kryptovulkanismus sind vulkanische Erscheinungen der Tiefe, die sich an der Erdoberfläche nicht auswirken. Kryptokatholiken wurden in protestantischen Ländern geheime Katholiken genannt oder Theologen, die eine nicht offen zugegebene Tendenz zum Katholizismus aufwiesen, ähnlich sprach man von Kryptokalvinisten in lutherischen Ländern usw.

Zu den eigentümlichsten Grotten gehören die Katakomben, unterirdische christliche Friedhöfe in den Großstädten des Römischen Reiches, unter anderem in Rom, Neapel, Alexandria. In und bei Rom gibt es etwa 30 Katakomben. Sie bestehen aus einem Labyrinth von Gängen, in deren Wände Grabkammern eingemeißelt sind, meist zwei oder drei übereinander. Viele Katakomben wurden mit Wandmalereien, Reliefs und Inschriften versehen. Die Gänge aller römischen Katakomben haben eine Länge von etwa 130 Kilometern, manche bestehen aus drei oder vier Stockwerken. Die eigentümliche Bestattungsweise entstand, weil die Christen ihre Toten nicht verbrennen wollten wie die heidnischen Römer, die Anlage großer herkömmlicher Friedhöfe jedoch an den hohen Grundstückspreisen scheiterte.

Nach späteren Legenden sollen sich die Christen in Zeiten der Verfolgung in ihren Katakomben zu heimlichen Gottesdiensten versammelt haben. Deshalb wendet man den Begriff »Katakomben« im übertragenen Sinne auch für eine politische Tätigkeit im »Untergrund« an. Im buchstäblichen Sinne waren die Katakomben von Odessa, die allerdings keine alten Friedhöfe, sondern unterirdische frühere Steinbrüche waren, 1941 bis 1944 die Aktionsbasis sowjetischer Partisanen.

Christus und seine Jünger
Römische Katakombenmalerei
4. Jahrhundert

Mumien
erzählen ihre Geheimnisse

Das trockene Klima Ägyptens konserviert in vielen Fällen Leichen über lange Zeiträume. Da die Ägypter im Fortbestehen des Körpers eine Form der Weiterexistenz nach dem Tode sahen, halfen sie der natürlichen Erhaltung künstlich nach. Daraus entwickelte sich die eigentümliche Kunst der Mumifizierung, die schon zur Zeit der 3. Dynastie, aus der wir die ältesten Mumien kennen, ein hohes Niveau besaß. Mumifiziert wurden Pharaonen und deren Verwandte, auch hohe Beamte und andere, deren Angehörige sich die aufwendige Prozedur leisten konnten.

Zuerst wurden Gehirn und Eingeweide der Toten entfernt, nicht aber das Herz, dann wurden alle Körperhöhlungen mit Natron gefüllt. Dadurch wurden alle Fleischteile radikal entwässert und das Körperfett verseift. Ein Stück Mumie fühlt sich heute etwa an wie trockenes, leichtes Holz. Die Körperhöhlen wurden dann mit ölgetränkten Lappen gefüllt – aus ästhetischen Gründen, obwohl ja außer den Konservatoren den Toten niemand mehr zu Gesicht bekam. Im Anschluß wurde die Leiche sorgsam bandagiert, jedes Glied, sogar jeder Finger einzeln. Meist wurde die Mumie dann noch mit Hüllen aus bemaltem Pappmaché umgeben und reich geschmückt.

Die Eingeweide wurden in vier Kanopeen beigesetzt: Krügen, deren Deckel die Form von Köpfen haben, meist die Köpfe der vier Kinder des Gottes Horus (Hund, Pavian, Falke und Mensch). Diese Behälter wurden gesondert im Grab aufgestellt.

Die Einhüllung der Mumien, besonders das Gesicht, war reich verziert. In römischer Zeit befanden sich vor dem Gesicht des Verstorbenen oft realistische Porträts. Die im Fayum geborgenen Mumienporträts sind Meisterwerke der Malerei und wohl das Schönste, das uns die Antike auf diesem Gebiet hinterlassen hat.

Es gibt noch einen anderen Bezug zur Malerei. Die Araber zermahlten altägyptische Mumien zu Staub und stellten daraus eine Malfarbe her, die seit dem 16. Jahrhundert auch in Europa verwendet wurde.

Die Sitte der Mumifizierung ist auch aus dem vorkolumbischen Peru bekannt. Die Toten waren ähnlich behandelt worden wie in Ägypten, wurden aber dann in Hockerstellung zusammengeschnürt. Solche Mumienbündel wurden sogar bei Prozessionen feierlich in Sänften herumgetragen.

Bei manchen europäischen Herrscherfamilien war die Mumifizierung bis in die jüngste Vergangenheit üblich. So ruhen in der Gruft der ehemaligen Hofkirche in Dresden die Mumien aller katholischen Herrscher Sachsens nach August dem Starken in ihren Sarkophagen.

Eine Reihe ägyptischer Mumien wurde in den vergangenen Jahren, meist in Verbindung mit Restaurierungsarbeiten, auch gründlich medizinisch untersucht. Daher konnte die Mumie einer bekannten ägyptischen Königin sogar nach mehr als 3300 Jahren identifiziert werden, nämlich die der Teje (1397 bis 1360 v. u. Z.). Diese bemerkenswerte Frau ist aus zahlreichen Inschriften seit langem wohlbekannt. König Amenophis III. (1413 bis 1377 v. u. Z.) machte sie zu seiner legitimen Gattin, obwohl sie niederen Standes war, ein in der ägyptischen Geschichte einmaliger Vorgang. Ebenfalls widersprach es allen ägyptischen Traditionen, daß Teje als Pharaonin in die Innen- und Außenpolitik offen eingriff. So versuchte sie, den Einfluß des Priestertums zurückzudrängen. Tejes Sohn, Amenophis IV., auch Echnaton genannt (1377 bis 1358 v. u. Z.), handelte wohl unter dem Einfluß seiner Mutter, als er den Atonkult als Staatsreligion einführte.

Teje selbst ist häufig dargestellt worden. Die Mumie der Pharaonin blieb indes lange Zeit unbekannt. Nur ein Büschel Haupthaar von ihr war vorhanden. Man hatte es in dem berühmten Grab Tutenchamuns, des Schwiegerenkels von Teje, in einem Futteral mit einer entsprechenden Aufschrift gefunden.

Wissenschaftler aus Michigan konnten schließlich feststellen, daß dieses Haar mit dem Haar einer bestimmten Mumie im Kairoer Museum identisch ist. Sie war schon 1888 ausgegraben worden, konnte aber nicht bestimmt werden, da antike Grabräuber sie ihres gesamten Schmuckes beraubt und dabei auch alle Inschriften entfernt hatten.

Tutenchamuns Mumie wurde 1969 geröntgt. Dabei wurden Schädelverletzungen festgestellt, die vermuten lassen, daß der jugendliche König einen gewaltsamen Tod erlitt.

Im Jahre 1978 wurde die Mumie Ramses' II. (1290 bis 1224 v. u. Z.) zur Restaurierung nach Paris gebracht. Die Mumie hatte sich die dreitausend Jahre, die sie im Grabe lag, ausgezeichnet erhalten, das knappe Jahrhundert, das sie im Museum zugebracht hatte, war jedoch nicht spurlos an ihr vorübergegangen. 89 verschiedene Arten von Schimmelpilzen hatten sich in dieser Zeit auf ihr angesiedelt. Außerdem hatte die Mumie im Museum aus Platzgründen aufrecht gestanden, was zu zahlreichen Deformationen und Rissen in den mumifizierten Weichteilen geführt hatte.

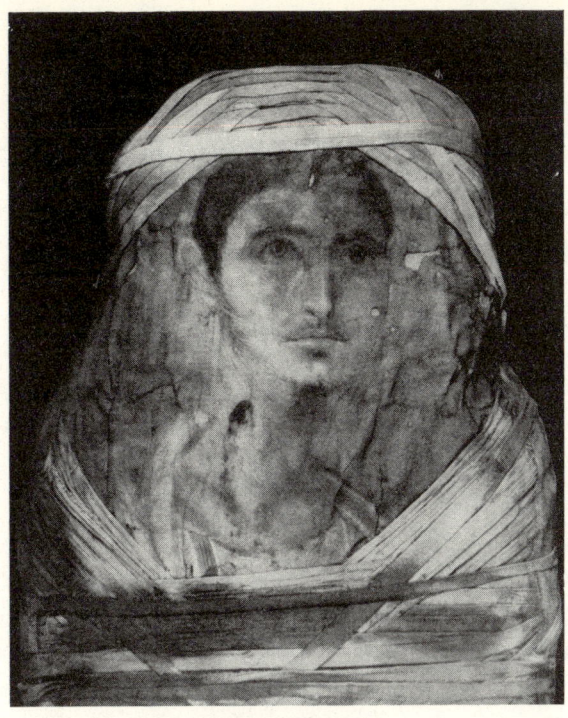

Mumienporträt
Hawara
1. Jahrhundert

Um die Mumie zu sterilisieren, ohne ihre Substanz durch Chemikalien zu gefährden, wurde sie Gammastrahlen ausgesetzt. Die anthropologische Erforschung der Mumie wurde dadurch erschwert, daß die ägyptischen Stellen jede Entnahme von Proben strikt untersagt hatten. Trotzdem kamen die Forscher zu aufschlußreichen Ergebnissen. Die Mumie wurde dreifach geröntgt. Insgesamt wurden 200 Aufnahmen gewonnen.

Die Untersuchungen bestätigten, daß Ramses, wie schon aus den Inschriften bekannt, bei seinem Tode etwa 90jährig war. Er litt an allgemeiner Spondylarthrose. Sämtliche Rückenwirbel waren miteinander verwachsen. Das Gehen muß ihm sehr schwergefallen sein, den Kopf hielt er ständig nach rechts gebeugt. Die Ägypter, welche ihren Herrscher einbalsamierten, versuchten, ihm den Kopf zurechtzurücken. Dabei brachen die verwachsenen Halswirbel.

Die Blutgefäße des Pharao waren stark verkalkt. Wahrscheinlich waren dadurch die geistigen Fähigkeiten des Königs in seinen letzten Lebensjahren vermindert. Wie die schriftlichen Quellen aussagen, war er damals den Regierungsgeschäften ganz fern, an seiner Stelle regierte der Kronprinz Merenptah.

Ramses II. hatte, als er starb, sehr schlechte Zähne, am Unterkiefer saß ein großer eiternder Abszeß, der möglicherweise die Ursache seines Todes war. Der König hatte gelocktes, rotblondes Haar. Blonde Menschen kamen damals in Nordafrika gelegentlich vor, wie von ägyptischen Gemälden her bekannt ist.

Ramses war mit mindestens fünfzig Söhnen, die ihm seine zahlreichen Haremsdamen schenkten, auch ein erfolgreicher Familienvater. Vor einigen Jahren bekam er noch Nachwuchs zugesprochen: die Mumie einer Frühgeburt, die sich im Privatbesitz eines Sammlers befand.

Durch medizinische Untersuchung von Mumien konnte auch festgestellt werden, daß bei den Ägyptern die Beschneidung üblich war, ein Brauch, den wir nicht nur aus Vorderasien, sondern von vielen Völkern der Welt kennen. Aus religiösen Gründen werden bei Männern und zum Teil auch bei Mädchen Schnitte an den äußeren Geschlechtsorganen vorgenommen. Bei den Mädchen wird bei einigen Völkern, besonders in Afrika, die Klitoris entfernt. Bei den Ägyptern wie bei vielen Vorderasiaten wurde die Vorhaut weggeschnitten. Man kannte früher die Beschneidung schon von ägyptischen Bilddarstellungen, sie wurde demnach an Herangewachsenen vorgenommen, war also, wie wir das aus der Völkerkunde kennen, ein Ritus, der mit der Aufnahme in die Welt der Erwachsenen zusammenhing (Initiationsritus). In einem ägyptischen Mythos wurde erzählt, daß der Gott Re sich selbst beschnitt und aus den dabei herabfallenden Blutstropfen zwei andere Gottheiten entstanden.

Bei Juden und Mohammedanern findet die Beschneidung wenige Tage nach der Geburt statt. Zur Zeit der ersten Könige von Israel galt die Beschneidung als ein Hauptunterscheidungsmerkmal zwischen Israeliten und Philistern. König Saul verlangte von David als Brautpreis für seine Tochter Michal 100 Vorhäute erschlagener Philister, in der Hoffnung, dieser werde dabei umkommen. David aber brachte ihm sogar 200 solcher Häute und wurde so Sauls Schwiegersohn, wie die Bibel berichtet.

Die aus dem Lateinischen stammende Bezeichnung der Beschneidung ist Zirkumzision (Herumschnitt) im Gegensatz zur Inzision (dem Einschnitt). Als Zirkumzisionsrechnung bezeichnet man die Ansetzung des Jahresbeginns am 1. Januar (statt beispielsweise am 1. März), da dieses Datum als Jahrestag der Beschneidung Jesu gilt.

Theseus und Achill liebten Amazonen

Achill tötet Penthesilea
Attische Schale
um 460 v. u. Z.

Eine streitbare Frau wird häufig als Amazone bezeichnet. Nach der griechischen Sage sollte an der Küste des Schwarzen Meeres in Kleinasien ein kriegerisches Reitervolk hausen, das nur aus Weibern bestand. Die Amazonen duldeten, wie die Sage berichtet, keine Männer unter sich. Nur einmal im Jahr trafen sie mit Vertretern des anderen Geschlechts aus benachbarten Stämmen zusammen, um ihr Volk fortzupflanzen. Allein die Mädchen zogen sie groß, die Knaben schickten sie zu deren Vätern. Das Wort Amazone wurde von den Griechen fälschlich als »Brustlose« gedeutet. Aus dieser Worterklärung leitet sich die Auffassung her, die Amazonen hätten sich die rechte Brust verstümmelt, um den Bogen handhaben zu können. Die zahlreichen antiken Vasengemälde und Plastiken, welche Amazonen darstellen, zeigen diese jedoch immer mit unversehrtem Busen.

In den Heldensagen kommen die Amazonen oft vor. Herakles raubte ihrer Königin einen kostbaren Gürtel. König Theseus von Athen entführte die Amazone Hippolyte und machte sie zu seiner Gemahlin. Daraufhin verheerten die Amazonen das Gebiet von Athen. Hippolyte kämpfte auf der Seite der Athener und fand dabei den Tod. Während des Trojanischen Krieges kamen die Amazonen unter Führung ihrer Königin Penthesilea den Trojanern zu Hilfe. Zwischen Penthesilea und dem griechischen Helden Achilleus entstand eine eigenartige Haßliebe.

227

Heinrich von Kleist legte diesen Stoff einem seiner dramatischen Werke zugrunde.

Da die Griechen soviel über die Amazonen berichteten, hat man immer wieder nach einem historischen Kern dieser Erzählungen gesucht, der indes bis heute nicht gefunden werden konnte. Wahrscheinlich gab das Zusammentreffen mit Völkern, bei denen Mutterrecht galt, den Anstoß zur Amazonensage.

Als im 16. Jahrhundert die ersten Europäer das heute Nordbrasilien genannte Gebiet erreichten und auf einen gewaltigen Strom stießen, überschütteten die Einwohner sie mit einem Hagel von Pfeilen. Von weitem hielten die Entdecker diese bartlosen, grazil gebauten Indianer für Frauen. Sie glaubten, hier das Land der Amazonen gefunden zu haben, woher der Amazonasstrom seinen Namen erhielt. Ein ethnographisches Beispiel für ein Amazonenheer kennen wir aus dem Reich Dahomey (auf dem Gebiet des heutigen Benin). Der König dieses Landes verfügte über ein Gardekorps aus 2 000 bis 3 000 Jungfrauen. Diese mit Musketen und Spießen bewaffneten Amazonen, die bis zur französischen Eroberung (im 19. Jahrhundert) existierten, stellten eine gefürchtete militärische Macht dar.

Amazone
Römische Kopie einer Statue von Phidias
500–432 v. u. Z.

Woher
stammt der Stierkampf?

Der Minotauros
Münze aus Knossos

Außer in Spanien, dem klassischen Land der Corrida, finden Stierkämpfe heute in Portugal, Südfrankreich und den lateinamerikanischen
Ländern statt. In Portugal weist das Stiergefecht eine Reihe besonders
altertümlicher Züge auf, zum Beispiel das Springen über den Stier. Nicht
selten boten die Kämpfe Gelegenheit zu politischen Demonstrationen.
So wurde der letzte portugiesische König, Manuel II. (1908 bis 1910), genötigt, den Hut abzunehmen, als er die Loge der Arena betrat, was für
einen König als Erniedrigung galt. Schon kurz danach zwangen ihn die
Portugiesen, auch die Krone abzusetzen.

Bei den Spielen in Südfrankreich wird der Stier nicht getötet, sondern
die Kämpfer beweisen ihre Tapferkeit damit, daß sie Papierblumen von
seiner Stirn abreißen.

Die kultische Verehrung des Stiers, von dem die Stierkämpfe ein Rest
sind, stammt aus der ältesten Geschichte des Orients und des Mittel-
meerraumes. Den Stier als Fruchtbarkeitssymbol finden wir schon im
3. Jahrtausend v. u. Z. auf mesopotamischen Siegeln und Kunstwerken.
In Ur (Irak) wurde eine Harfe ausgegraben, die mit Stierköpfen aus
Gold und Edelsteinen verziert war. Besonders war der Stierkult im minoischen Kreta heimisch, woran die Sage vom stierköpfigen Minotauros

erinnert. Wie ein Wandgemälde im ausgegrabenen Palast von Knossos zeigt, fanden damals Stierspiele statt, bei denen Jünglinge über die Hörner der Tiere sprangen.

Im ägyptischen Kult nahm der Apisstier eine zentrale Stellung ein. Daß die Stierverehrung auch den Kindern Israels nicht fremd war, zeigt die Erzählung vom Goldenen Kalb.

Italien soll sogar seinen Namen nach den Stieren tragen (italos oder vitalus hieß ein Jungstier). Dies ist sicherlich eine Volksetymologie. Wie weit verbreitet sie war, zeigt die Tatsache, daß in der großen Auseinandersetzung zwischen Rom und den Stämmen Italiens, dem Bundesgenossenkrieg (91 bis 88 v. u. Z.), die Italiker Münzen prägten, auf denen der italische Stier die römische Wölfin auf die Hörner nahm.

Auch auf der Pyrenäenhalbinsel waren Stierkämpfe schon im Altertum verbreitet, wie römische Schriftsteller berichten. Das wütende Tier wurde mit dem Schwert zur Strecke gebracht. Die Araber führten die Sitte ein, den Stier vom Pferd aus zu bekämpfen. Das heutige prunkvolle Stierkampfzeremoniell und die Tracht der verschiedenen Arten von Stierkämpfern stammen aus dem 18. Jahrhundert. Bis in diese Zeit lassen sich häufig auch die Stammbäume berühmter Kampfstiere zurückverfolgen.

Übrigens traten mitunter auch Frauen in die Arena, darunter sogar eine Nonne. Sie bewiesen, daß sie Männern an Mut nicht nachstanden.

Siegesopfer
Attische Vasenmalerei
5. Jahrhundert v. u. Z.

Wutmaul
und Häschen

Die erste Mumienhand, die ich drücken durfte, gehörte keinem Pharao, sondern einem Pavian. Der mumifizierte Affe war Besitz des kleinen Museums, an dem ich damals Assistent war. Es besaß auch ein mumifiziertes Krokodil. Ob es aus Krokodilopolis im Fayum oder aus dem zweiten Verehrungsort des Reptils, Om in Oberägypten, stammte, wußten wir nicht. In Om hieß der Krokodilgott »linkes Mondauge« (das rechte war der Horusfalke). Er wurde auch »Wutmaul« genannt und galt unter anderem als Schöpfer des Nils, als »Herr des Feldes, Herrscher der Pflanzen, aus dessen Leib die Speisen hervorquellen«. Die Priester gingen so weit, daß sie einen von einem Krokodil verschlungenen Menschen selig priesen, »weil er ein Geschenk an den heimischen Gott geworden ist«. Unser Museumskrokodil hat aber bestimmt nie einen Menschen verschlungen, dazu war es nämlich viel zu klein.

Die Verletzung eines heiligen Tieres wurde, wie Herodot berichtet, auf der Stelle durch Lynchen bestraft. So fanatisch waren die Griechen nicht, aber ihre Götter hatten auch ihre Lieblinge.

Einen feigen Menschen nennt man Hasenfuß oder Hasenherz: wer flieht, der »ergreift das Hasenpanier«. Aber der Hase symbolisiert nicht nur die Furchtsamkeit. In der kirchlichen Kunst des Mittelalters war er Sinnbild der Reue. Im Kreuzgang des Domes von Paderborn sind drei dreiohrige Hasen in einem Fenster zu sehen. Nach der Meinung von Kunsthistorikern stellen sie die Dreieinigkeit dar. Die buddhistische Sagenwelt kennt den Hasen als Verkörperung der Selbstlosigkeit. Weil der Hase seinen Leib für andere opferte, versetzte Buddha dessen Schatten in den Mond. Nach der Mythologie des Daoismus, der von Laodse begründeten Lehre, sitzt der Hase im Mond und zerreibt in einem Mörser das Kraut der Unsterblichkeit.

Am weitesten verbreitet ist jedoch die Vorstellung vom Hasen als einem Symbol der Fruchtbarkeit, was wohl auf die fleißige Vermehrung des Tieres zurückgeht. Bekanntlich vermag eine Häsin fünfmal im Jahr Junge zu setzen. Bei den Griechen war der Hase ein Attribut der Aphrodite. Nachbildungen von Hasen wurden als Liebesgeschenke überreicht. In Deutschland wurde der Hase mit einem anderen uralten Fruchtbarkeitssymbol in Verbindung gebracht – dem Ei. Früher gab es allerdings auch andere Tiere, welche die Ostereier brachten, so der Fuchs, der Kukkuck, der Kranich und der Auerhahn. Die Vorstellung, daß ein Hase Eier legen soll, erscheint nicht mehr so absurd, wenn man bei dem römischen Zoologen Claudius Älianus (2./3. Jahrhundert) liest, daß auch die Rammler, also die männlichen Hasen, Junge bekämen.

Die Verehrung von Fruchtbarkeitsgöttern und ihren Tieren könnte den Eindruck erwecken, daß den Menschen des Altertums nichts lieber gewesen wäre als Kindersegen. Doch ohnehin starb der größte Teil der Kinder schon im zarten Alter. Aber für die Menschen, die glaubten, ihre Nachkommen nicht ernähren zu können, gab es als Aushilfe die Abtreibung und die Aussetzung von Kindern.

Im Alten Testament wird auch von einem Mann namens Onan berichtet, der, wie es heißt, es auf die Erde fallen ließ. Er war also nicht, wie man nach seinem Namen vermuten müßte, der Erfinder der Selbstbefriedigung, sondern einer elementaren Methode der Familienplanung. Gott ließ ihn zur Strafe sterben, aber nur, weil er so gegenüber seiner verwitweten Schwägerin gehandelt hatte. Das Gesetz schrieb nämlich vor, daß die Frau eines Verstorbenen an dessen Bruder überging, der für Nachkommenschaft zu sorgen hatte, damit die Familie des Bruders nicht ausstarb. Dieser heute noch im Orient anzutreffende Brauch heißt Leviratsehe (von lateinisch levir = Schwager).

Fruchtbarkeitsgottheiten
Ägyptisches Relief
2450–2290 v. u. Z.

Fabelhaft,
aber
recht gemischt

In mittelalterlichen Büchern über die Tierwelt, sogenannten Bestiarien, wird auch ganz ernsthaft der Basilisk beschrieben: ein feuerspeiendes Ungeheuer mit Hahnenleib und drei Giftschlangen als Schwänzen. Der Basiliskenblick wäre tödlich, heißt es. Deshalb wird als Jagdmethode empfohlen, dem Vieh einen großen Spiegel vorzuhalten, so daß es von dem eigenen Anblick zerplatzt.

Ein anderes fabelhaftes Mischwesen ist der Greif, eine Synthese von Löwe und Raubvogel. Es ziert bis heute die Wappen von Rostock und Greifswald. Andere Städte führen Fischpferde, Vogelfrauen (Harpyien) oder Meerfrauen (Sirenen, Melusinen) als heraldisches Element. Die Namen deuten auf antike Herkunft hin, so kommt Greif vom griechischen »Gryps« und hat mit den Greifvögeln keinen Zusammenhang. Aber die meisten dieser Wesen finden sich schon in den viel älteren orientalischen Frühkulturen.

So kennt jedermann die gewaltige Sphinx bei den Pyramiden von Gise aus dem 3. Jahrtausend v. u. Z. Pharao Chephren ließ sich hier mit Löwenkörper und menschlichem Kopf darstellen. Griechische Bildwerke von Sphingen, die 2000 Jahre später entstanden, zeigen meist geflügelte Löwen mit Kopf und Brust einer Frau. Eine derartige Unholdin lauerte einst auf einsamem Bergpfad dem Wanderer auf und fraß ihn, wenn er das Rätsel nicht lösen konnte: »Wer geht zuerst auf vier, dann auf zwei, dann auf drei Beinen?« Als Ödipus antwortete: »Der Mensch«, stürzte sie sich vor Wut in die Schlucht.

Chimäre, worunter man heute ein Trugbild versteht, hieß ursprünglich eine Dämonin in Löwengestalt mit einem Ziegenkopf auf dem Rücken und einer Schlange als Schweif. Der Königssohn Bellerophon besiegte sie, indem er sich des geflügelten Pferdes Pegasus bediente und sie von oben angriff. Pegasus schlug auch mit seinen Hufen den Takt zum Gesang der Musen. So wurde er zum Dichterroß.

Aus Mensch und Pferd waren die Kentauren kombiniert, die wir schon auf 5000 Jahre alten sumerischen Siegeln antreffen. In der kirchlichen Kunst waren sie Sinnbild der Wollust. Die griechische Sage erzählt nämlich: Als die Kentauren zu einer Hochzeit bei den Lapithen, den

Lamassu: Menschenhäuptiger Flügelstier mit Genius
Türwächter vom Palast Sargons II.
8. Jahrhundert v. u. Z.

Steinmenschen, eingeladen waren, betranken sie sich maßlos und taten
den weiblichen Gästen und sogar der Braut Gewalt an. Es kam zur Ken-
taurenschlacht, in der sich die Gegner mit ausgerissenen Bäumen trak-
tierten und mit Felsbrocken warfen.

Die symbolträchtige, phantastische Welt der Mischwesen hat die
Phantasie von Malern und Bildhauern in allen Epochen angeregt und zu
immer gewagteren Schöpfungen inspiriert. Der Katalog solcher Fabel-
tiere ist geradezu endlos und fast so fesselnd wie Brehms Tierleben.

Der bocksfüßige Pan
jagt
leichtfüßige Nymphen

Als 490 v. u. Z. das persische Heer unweit Athens gelandet war, flehten die Athener die Götter um Beistand an. Die nachhaltigste Hilfe sollen sie der Sage nach von Pan erhalten haben, der unter den persischen Kriegern eine Panik auslöste. Zum Dank dafür weihten sie dieser Gottheit eine Grotte am Fuße der Akropolis und ehrten sie alljährlich mit Fackelläufen. Die Römer setzten ihren Feld- und Waldgott Faun mit dem Pan gleich. Seine Gemahlin war Fauna, die Göttin der Tiere.

Der neckische Hirtengott löste aber auch unter den Herden einen Schrecken aus, besonders in der brütenden Mittagshitze. Diese liefen in panischer Furcht davon. Der bocksfüßige Pan oder Faun stellte in Hain und Flur auch gern den Nymphen nach, die er verfolgte und zu erhaschen versuchte, ein beliebter Vorwurf der antiken wie der modernen Kunst. Vielleicht liefen die Nymphen aber nur davon, um die Faune aufzureizen. Woher käme sonst der Begriff Nymphomanie, worunter man gemeinhin Mannstollheit versteht?

Einige Griechen brachten den Namen des Gottes Pan mit dem Wort »pan« in Verbindung, das All bedeutete. Sie wollten in ihm die Gottheit der allumfassenden Natur sehen. Jedoch ist der Gleichklang der beiden Worte nur zufällig.

Das griechische Wort »Pan« in der Bedeutung »All« wurde in der Neuzeit zur Bildung zahlreicher Begriffe verwendet. Panslawismus hießen zum Beispiel die Bestrebungen zur Vereinigung aller slawischen Völker. Gegen Ende des 19. Jahrhunderts kam das Schlagwort »Panamerika« für eine Zusammenfassung aller amerikanischen Staaten auf. 1923 erschien unter dem Titel »Paneuropa« eine Schrift des Grafen Coudenhove-Kalergi. In ihr wurde der Zusammenschluß aller europäischen Staaten zu einem Alleuropa propagiert. Die Anhänger dieser Idee gründeten eine Paneuropäische Union mit Filialen in vielen Ländern.

Nach einer witzigen Klatschlegende, die freilich mit der Odyssee nicht übereinstimmt, soll Penelope während der Abwesenheit ihrem Gatten Odysseus ein Kind geboren haben, das den Namen Pan erhielt, weil »alle« Freier an seiner Zeugung beteiligt waren.

Ziegensprünge
und
Bocksgesang

Wer eine Dame als Ziege (in Berlin: Zicke) bezeichnet, kann wegen Beleidigung belangt werden. Nennt er sie dagegen »kapriziös«, wird das schwerlich als Beschimpfung betrachtet, obgleich es eigentlich dasselbe bedeutet, nämlich »launisch« (wie eine Ziege, lateinisch: capra). Das Capriccio ist ein der Laune des Komponisten entsprungenes kleines Phantasiestück, die Kapriole (obgleich meist vom Pferd ausgeführt) ein rechter »Ziegensprung« und das Kabriolett ursprünglich ein zweirädriger leichter Wagen mit zurückschlagbarem Dach, der einige Sprünge aushält.

Auch das Felseneiland Capri am Golf von Neapel leitet seinen Namen von den Ziegen ab. Im Altertum wurde Capri durch den Kaiser Tiberius (14 bis 37 u. Z.) berüchtigt, der hier trotz hohen Alters ein tolles Leben führte. Die Geschichtsschreiber Tacitus und Sueton berichten über Ausschweifungen, denen sich Tiberius auf der »Ziegeninsel« hingegeben haben soll, nach denen man sie besser als »Bockinsel« bezeichnen sollte.

Bacchantische Szene
Attische Vasenmalerei

236

Dionysos mit Mänaden und Satyrn
Attische Vasenmalerei
um 390 v. u. Z.

Vom Ziegenbock (griechisch: tragos) leitet sich das Wort Tragödie her, das eigentlich »Bocksgesang« bedeutet. Der Bock war bei vielen Völkern Symbol der Fruchtbarkeit. So wurde der thrakisch-griechische Fruchtbarkeitsgott Dionysos ursprünglich oft in Bocksgestalt dargestellt. Seine Begleiter, die Satyrn, hatten Bocksfüße. In Athen fanden im Frühling zu Ehren dieser Gottheit die »großen Dionysien« statt, die mit einem Umzug und mehrtägigen szenischen Aufführungen begangen wurden. Dabei wurden täglich drei ernste Stücke, die Tragödien, und ein heiteres, das Satyrspiel, aufgeführt.

Obwohl Dionysos oder Bacchus, wie er bei uns meist genannt wird, vor allem auch der Gott des Alkohols war, hat unser Bockbier nichts mit ihm zu tun. Es ist vielmehr eine Verstümmelung von »Einbecker Bier«. Das in der niedersächsischen Stadt Einbeck gebraute Getränk war wegen seiner Süffigkeit und Stärke berühmt und wurde vielerorts nachgeahmt.

237

Orchester und Kapellen

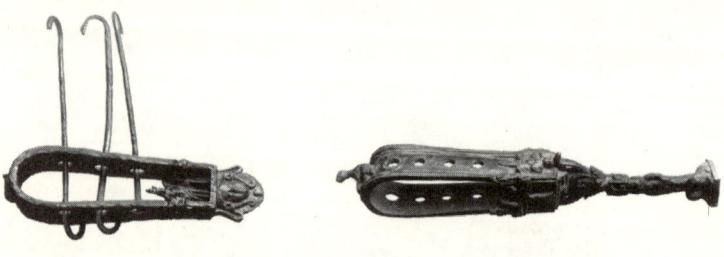

Sistrum
Musikinstrument aus der griechisch-römischen Zeit Ägyptens

Unser Wort Orchester stammt vom griechischen »orchestra«. So hieß ursprünglich der Platz um den Altar des Dionysos, auf dem zu seinen Ehren Chorlieder gesungen und Tänze aufgeführt wurden. In Athen entwickelte sich daraus eine Art Bühne. Um die runde Orchestra erhoben sich auf der einen Seite Theaterbauten, vor denen gespielt wurde, auf der anderen im Halbkreis die Zuschauerränge. Seit etwa 1600 u. Z. wurde es in Italien üblich, die Opernmusiker in einem besonderen Raum zwischen Bühne und Zuschauer unterzubringen, der den Namen Orchester erhielt. Bald ging das Wort auch auf den Klangkörper über.

Eine ähnlich seltsame Geschichte hat das Wort Kapelle. Es leitet sich vom mittelalterlich-lateinischen »capella« ab, das »Mantel« bedeutet. (Damit hängen auch die Wörter »Kappe«, »Kapuze« und »Cape« zusammen.)

Im fränkischen Reich genoß der Mantel des Heiligen Martin von Tours (etwa 316 bis 400) besondere Verehrung. Diese Reliquie trug man dem fränkischen Heer sogar als Banner voran. Im Frieden aber wurde er am fränkischen Hofe in einem besonderen kirchlichen Gebäude aufbewahrt und von der Hofgeistlichkeit betreut. Auf beide bezog sich dann der Name »capella«. Daher stammt auch der Begriff »Kaplan«. Später wurde das Wort Kapelle auf kleinere kirchliche Gebäude schlechthin übertragen.

Berühmte Kapellen, so zum Beispiel die Sixtinische Kapelle in Rom, besaßen eigene Chöre und Musiker. Auf sie ging das Wort nun ebenfalls über. Zuerst wurden nur die Sänger »Kapelle« genannt, später auch die Instrumentalmusiker, heute nur noch diese. Darauf ist zurückzuführen, daß »a cappella« (italienisch: »für die Kapelle«) eine Chormusik »ohne Kapelle« im heutigen Wortsinne bezeichnet.

Du wirst ein großes Reich zerstören

Die Voraussage kommender Ereignisse spielte bei allen antiken Völkern eine große Rolle. Im Sagenkreis aus dem Trojanischen Krieg wird zum Beispiel von Kassandra, der Tochter des Priamos und Schwester des Paris, erzählt. Der Gott Apoll wollte ihre Gunst gewinnen und versprach ihr als Liebeslohn die Gabe, in die Zukunft zu blicken. Als Kassandra diese Fähigkeit erhalten hatte, verweigerte sie jedoch das Versprochene. Der geprellte Gott rächte sich, indem er bestimmte, daß die Weissagungen Kassandras von ihren Landsleuten nie geglaubt werden würden. Kassandra kündigte den heraufziehenden Krieg mit den Griechen an und sagte die Zerstörung Trojas voraus, aber die Trojaner hielten sie für verrückt.

Der Kassandra wurde nach der Eroberung Trojas von einem griechischen Anführer am Altar des Athenetempels Gewalt angetan, wobei das Standbild der Göttin umgerissen wurde. Zur Strafe kam er auf der Rückfahrt im Sturm um. Kassandra wurde bei der Teilung der Beute Sklavin und Konkubine König Agamemnons und später mit ihrem Herrn von dessen Frau mit der Axt erschlagen.

In vielen griechischen Tempeln wurden auf Anfrage und gegen entsprechende wertvolle Spenden Orakel erteilt. Am berühmtesten war der Apollontempel in Delphi, wo die Pythia in Trance zusammenhanglose Worte stammelte, welche die Priester in Verse umformten. Diese Sprüche waren oft bewußt zweideutig gehalten, wie der Lyderkönig Krösus, ein Nachfahre des Gyges, erleben mußte. Es wird erzählt, daß der weise Athener Solon bei Krösus zu Gast war. Als der König sich als den glücklichsten Menschen bezeichnete, entgegnete ihm Solon, niemand sei vor seinem Tode glücklich zu preisen. Krösus entließ den Weisen ungnädig und hielt ihn für einen Narren, aber bald wurde er eines Besseren belehrt. Zunächst kam ein Sohn auf der Jagd ums Leben, was den übermütigen König aber nicht auf die Dauer läuterte. Bald darauf wurden die Lydien benachbarten Gebiete von dem Perserkönig Kyros II. unterworfen. Krösus ließ beim Orakel in Delphi nachfragen, ob er sich auf einen Krieg mit den Persern einlassen solle. Die Antwort lautete: »Wenn du den Halys (den Grenzfluß) überschreitest, wirst du ein großes Reich zerstören.«

Das Orakel ging in Erfüllung, aber anders, als Krösus angenommen hatte. Es wurde nämlich sein eigenes Reich zerstört. Der lydische König wurde Gefangener des persischen Großkönigs, der ihn zum Feuertod verurteilte. Auf dem Scheiterhaufen fielen dem Krösus die Worte Solons ein, und er rief dreimal »Solon«. Kyros ließ sich daraufhin berichten, was Krösus zu diesem Ausruf veranlaßt hatte. Als er von Solons Gespräch mit Krösus gehört hatte, gab er Befehl, das Feuer zu löschen, und machte Krösus zu seinem Ratgeber.

Eine andere berühmte Orakelsage hängt ebenfalls mit Kyros zusammen. Im biblischen Buch Daniel wird erzählt, daß der babylonische König Belsazer ein Mahl für tausend Mächtige ausrichtete und »sich mit ihnen vollsoff«, wie Martin Luther trefflich übersetzt. Nach einer frevelhaften Lästerung des übermütigen Belsazer erschien plötzlich eine Hand, die feurige Schriftzeichen an die Wand schrieb. Keiner der herbeigerufenen Wahrsager konnte sie deuten.

Auf den Rat seiner Mutter ließ der angstschlotternde Belsazer schließlich den Propheten Daniel holen. Dieser las die Flammenschrift folgendermaßen: «Mene mene tekel uparsin.«

Drache vom Ischtar-Tor in Babylon
Emailliertes Ziegelrelief
6. Jahrhundert v. u. Z.

Hektor bittet Frau und Mutter, die Hilfe Athenes anzurufen
Illustration aus einer Handschrift von Homers »Ilias«
5./6. Jahrhundert

Den Sinn dieser unverständlichen Worte erklärte er so: »Dein Königtum ist gezählt und beendet ... Du bist gewogen und zu leicht befunden ... Dein Reich ist zerteilt und den ... Persern gegeben.« Noch in der gleichen Nacht wurde der König getötet, wie die Erzählung berichtet.

Die Sage hat einen historischen Kern. Belsazer regierte zwar in Babylon nicht als König, sondern als Statthalter seines Vaters Nabonid (555 bis 538 v. u. Z), der sich in die Oase Teima zurückgezogen hatte. Tatsächlich machte aber 539 v. u. Z. Kyros dem babylonischen Reich ein Ende. Die Bedeutung der von Daniel gelesenen Worte ist nach wie vor strittig.

Von einer Sache, die durchaus nicht gelingen will, sagt man, sie stehe unter einem bösen Omen. Der Ausdruck kommt aus dem Lateinischen. Bei den Römern wurde das tägliche Leben besonders stark vom Glauben an Vorzeichen beeinflußt. Jede ungewöhnliche Wettererscheinung, jede abnorm gebildete Pflanze usw. wurden als günstiges oder ungünstiges Omen betrachtet.

Auch im öffentlichen Leben Roms spielte das Voraussagen der Zukunft eine wichtige Rolle. So wurden zum Beispiel im Jupitertempel die Sibyllinischen Bücher aufbewahrt. Der römische Senat unternahm keinen entscheidenden Schritt, ohne diese Sammlung von überaus dunklen

241

Orakelsprüchen zu befragen. Sibyllen waren in Kleinasien, Griechenland und Italien Frauen, die in Ekstase die Zukunft vorhersagten.

Eine solche Sibylle hauste der Sage nach in der Zeit, als Rom noch von Königen beherrscht wurde, in einer Grotte bei der Stadt Cumae in Mittelitalien. Als sie ein Alter von tausend Jahren erreicht hatte, bot sie dem römischen König Tarquinius Priscus neun Schriftrollen mit ihren Weissagungen zum Kauf an. Tarquinius Priscus hielt indes den Preis für zu hoch. Da warf die Sibylle drei und dann wiederum drei Rollen ins Feuer. Schließlich mußte der König für die drei letzten Rollen die ursprünglich für alle neun geforderte Summe zahlen.

Ein römisches Priesterkollegium, das sich mit Prophezeiungen befaßte, waren die Auguren. Diese sagten die Zukunft vor allem aus dem Flug und Geschrei der Vögel, den Auspizien, aber auch aus Gewittererscheinungen voraus.

Mit diesen Auspizien konnten die Auguren oder deren Hintermänner politische Manipulationen jeder Art vornehmen. Eine Volksversammlung konnte abgesagt werden, wenn die Vorzeichen ungünstig waren. Sogar Ergebnisse von Wahlen wurden für nichtig erklärt, wenn ein widriges Omen folgte.

Unter babylonischem Einfluß griff in der römischen Kaiserzeit die Astrologie, das Vorhersagen der Zukunft aus dem Stand der Gestirne, um sich. Es wurde üblich, sich das Horoskop stellen zu lassen. Hora heißt griechisch Zeit, Stunde, früh ins Latein übernommen, wurde es dort Uhr. Horen waren die antiken Göttinnen der Zeit. So hieß auch eine von Schiller herausgegebene Literaturzeitschrift. Als in ihr Goethes recht freie »Römische Elegien« erschienen, fragte Herder ironisch an, ob die »Horen« vielleicht in Zukunft mit u geschrieben werden müßten. Horoskop bedeutet also Stundenbeobachtung, nämlich der Stand der Planeten in der Stunde der Geburt.

Über den Wahrsageaberglauben waren jedoch auch zahlreiche Witze im Umlauf. So gab ein Seher den in den Kampf ziehenden Kriegern die Prophezeiung mit auf den Weg: »Ihr werdet eure Feinde besiegen, wenn sie in der Schlacht die Haare auf euren Hinterköpfen nicht sehen.« Ein Astrolog stellte einem kranken Knaben das Horoskop und kam zu dem Resultat, daß er ein langes Leben haben werde. Danach forderte er sein Honorar. Als die Mutter sagte: «Ich will es dir morgen geben«, rief er empört: »Wie, wenn er heute nacht stirbt? Soll ich da meinen Lohn einbüßen?«

Hochzeitscarmen
und Liebeszauber

Was ist Charme? Liebreiz, gewinnendes Wesen – so wird es meist im Deutschen umschrieben, ohne den Kern der Sache zu treffen. Im Französischen bedeutet charme einfach Zauber, nicht nur den von einer Person ausgehenden, sondern Zauberei aller Art, insbesondere auch Zauberspruch. Das französische Wort wiederum leitet sich vom lateinischen carmen ab, was Lied oder Zauberspruch heißt.

Die Überschneidung von Lied und Zauber verwundert nicht, wenn man bedenkt, daß Zaubersprüche auch gesungen wurden und daß andererseits im Altertum und Mittelalter vielen Liedern ein magischer Charakter zugeschrieben wurde. In Rom sangen die Arvales, eine Genossenschaft von Priestern, im Mai das Carmen arvale, um Fruchtbarkeit herbeizuzaubern. Eine andere Gruppe von Priestern, die Salier (wörtlich: Springer), tanzten und sangen das Carmen saliare zu Ehren des Mars. Den Chören, die bei der Eheschließung vorgetragen wurden, den Hochzeitscarmen, war ursprünglich ebenfalls ein magischer Charakter eigen. Sie sollten dem jungen Paar zu Wohlstand und Kindersegen verhelfen.

Zaubersprüche gehören auch zu den ältesten Zeugnissen der deutschen Literatur. Nur wenige wurden überliefert, da die Kirche sie bekämpfte. 1841 entdeckte der Historiker Georg Waitz in der Merseburger Bibliothek in einem Meßbuch aus dem 9. Jahrhundert zwei heidnische Zaubersprüche, die nachträglich hineingeschrieben worden waren. Jacob Grimm deutete sie als einen Spruch zur Lösung der Fesseln eines Gefangenen und einen Spruch zur Heilung einer Verrenkung.

Manche Zaubersprüche, einige davon christlich verbrämt, sollten die Bienen zum Stock führen, andere richteten sich gegen Würmer (auf die damals viele Erkrankungen zurückgeführt wurden) oder gegen Kobolde, welche die Kühe verhexen.

Keinen geringen Raum unter den Zaubersprüchen fast aller Völker nimmt der Liebeszauber ein. Ein sprödes Mädchen, ein gleichgültiger Mann sollen dadurch verliebt gemacht werden. Ob solcher Zauber etwas half, wenn der Charme (im heutigen Sinne) nicht dazutrat, ist zu bezweifeln. Oft genug mag freilich der Zauberspruch dem bisher unglücklich Liebenden so viel Selbstvertrauen geschenkt haben, daß er schließlich doch Erfolg hatte.

Vamp, Vampir und Fledermäuse

In den zwanziger Jahren schuf Hollywood einen neuen Filmtyp: die kalte, dämonische Frau, welche die Männer aussaugt und zugrunde richtet – den Vamp. Dieses englische Wort leitet sich vom Begriff Vampir ab, der aus dem Serbokroatischen stammt.

Vampire sind gespenstische Blutsauger, die wir aus dem Aberglauben vieler Völker kennen. Besonders stark war früher der Vampirglauben im Südosten Europas verbreitet. Danach war der Vampir ein Verstorbener, der nachts das Grab verließ, Lebende überfiel und ihnen das Blut aussaugte. Der von einem Vampir Getötete wurde nach der Bestattung selbst zum Vampir. Auch entstanden solche dämonischen Blutsauger nach dem Glauben der Menschen, wenn zwei unehelich Gezeugte wiederum ein Kind unehelich zeugten.

Einen Vampir erkennt man, so der Aberglaube, an seiner falschen Lage im Sarg oder an seinem blühenden Aussehen. Man kann ihn vernichten, indem man ihm einen spitzen Pfahl durch die Brust stößt. Vampire können auch in Gestalt von Hunden, Katzen, Flöhen, Läusen und anderer Tiere auftreten. Wie der Volkskundler Arthur Schott 1845 berichtete, wurde damals im Banat bei jedem überraschenden Sterbefall eine Sachkundige, gewöhnlich eine Hebamme, hinzugezogen, die mit einem Abwehrzauber verhindern sollte, daß der Tote zum Wiedergänger würde.

Der Vampirglaube geht auf das griechische Altertum zurück. Die Lamien oder Empusen traten meist als schöne Mädchen auf, die nachts Jünglinge verführten und dann von ihrem Blut tranken. Goethe erwähnt die Lamien im zweiten Teil des »Faust«. Mit ihnen werden in manchen Gegenden Griechenlands noch heute die Kinder geschreckt.

Als Vampire werden auch die bluttrinkenden Fledermäuse bezeichnet, die im tropischen Amerika zu Hause sind. Sie ritzen mit ihren messerscharfen Schneidezähnen Pferden und Menschen die Haut auf und lecken das frische Blut. Der größte Vampir ist bis 7 Zentimeter lang, und seine Flügel haben eine Spannweite bis zu 36 Zentimetern. Die Bisse selbst sind zwar ungefährlich, doch übertragen die Tiere gefährliche Seuchen. Natürlich leitet sich der Glaube an Vampire nicht von diesen Fledermäusen her, die ja in Europa nicht bekannt waren, sondern die Vampirsage gab den Tieren den Namen.

Ich drücke
den Daumen!

Szene aus der Phlyakenposse
Italienische Vasenmalerei aus Bari
4. Jahrhundert v. u. Z.

»Ich drücke den Daumen!« sagt man, wenn jemand Glück bei einem schwierigen Unterfangen braucht. Die Redensart reicht tief in die Welt antiken Aberglaubens, besser gesagt Glaubens, zurück.

In vielen Ländern ist das Durchstecken des Daumens zwischen Zeige- und Mittelfinger eine Geste, die auf Sexuelles hinweist, manchmal sogar eine Beleidigung. Gleichzeitig gilt sie aber auch als Unheil abwehrend. So wie man woanders auf Holz klopft, wenn etwas Böses droht, greifen die Männer in einigen romanischen Ländern nach ihrem Glied. Insbesondere soll diese Gebärde auch gegen den bösen Blick schützen. Im Altertum war der ganze Bereich zwischen den Säulen des Herakles bis tief nach Asien hinein mit den Nachbildungen steifer männlicher Glieder übersät. Sie waren an Wegkreuzungen, Häusereingängen usw. angebracht, um vor Zauberei und bösen Geistern zu schützen. Kleine phallische Plastiken wurden als Amulette um den Hals getragen.

Figuren von Göttern, Halbgöttern und anderen mythologischen Wesen mit zum Teil überdimensionalen Phalloi wurden landauf, landab verehrt, besonders oft in Gärten. Der Gott Priapos war eine Personifikation des Zeugungsgliedes und wurde entsprechend dargestellt. Eine besonders große Rolle spielte der Phallos im Kult des Gottes Dionysos, weshalb auch in der alten Komödie, die aus Kulthandlungen zu seinen Ehren hervorgegangen war, die Schauspieler mit großen ledernen Attrappen ausgerüstet waren. Der Wein- und Fruchtbarkeitsgott wurde als Dionysos Phallen verehrt, wobei Nachbildungen des Gliedes in einer Prozession mitgeführt wurden (Phallophorie). Auf einem römischen Altarstein, der in Trier gefunden wurde, ist abgebildet, wie eine weibliche Figur zwei Phalloi in den Händen hält. Man hat das als Phallostasie (Abwägung) bezeichnet, sicherlich falsch. Es handelte sich ja nicht um eine pornographische Darstellung, sondern um ein religiöses Kultbildnis. Derartige Plastiken und Vasenbilder lagern wohlverwahrt und gut verschlossen in vielen Museen – aus Gründen der Schamhaftigkeit, nicht der Archäologen, sondern des Publikums.

Der Gott Fascinus (männliches Glied) wurde in Rom von den keuschen Vestalinnen gehütet. Der eigentliche römische Fruchtbarkeitsgott war aber der oft dem Dionysos gleichgesetzte Liber Pater, dessen Phallos von den angesehensten römischen Matronen bei seinen Festen bekränzt wurde. Der Gott Mutinus Titrinus stand in Rom auch in den ehelichen Schlafzimmern. Es ist überliefert, daß die neuvermählte Frau sich zuerst auf das aufgerichtete Glied dieses Gottes setzen mußte, um ihm ihre Jungfernschaft zum Opfer zu bringen.

An Phallosverehrung im alten Palästina erinnert die biblische Erzählung von Noahs Söhnen: Der betrunkene Noah lag mit aufgedeckter Scham im Zelt. Ham sah seines Vaters Blöße und sagte das seinen Brüdern. Da gingen Sem und Japheth rückwärts hinein und bedeckten sie mit einem Kleid. Noah verfluchte, als er aufgewacht war, den Ham, hier das Sinnbild und der Stammvater Kanaans, und bestimmte ihn zum Knecht seiner Brüder. Dieser Mythos ist augenscheinlich eine Verurteilung des kanaanäischen Fruchtbarkeitskults, der die Verehrung des männlichen Gliedes einschloß.

Im hinduistischen Indien ist der Phalloskult heute noch etwas ganz Gewöhnliches. Auf jedem Dorfplatz steht ein sogenannter Lingam, der andächtig verehrt und mit Butter eingeschmiert wird.

Seitdem zittern
die Ochsen

Opferung der Iphigenie
Wandmalerei zur Tragödie von Euripides in Pompeji
1. Jahrhundert

Die um ihre Zukunft bangenden Menschen versuchten, die Götter durch
Opfer günstig zu stimmen, manchmal sogar, indem sie ihr Liebstes hingaben. Bekannt ist die biblische Erzählung, wie Abraham den Isaak op-
fern will, dieser aber auf göttlichen Befehl durch ein Tier ersetzt wird. Im
Alten Testament hören wir auch vom Opfer der Erstlinge an den Gott
Moloch (semitisch: König): die ersten Pflanzen vom Feld, die erstgeborenen Kälber, Lämmer usw. und auch die erstgeborenen Söhne. Es ist zu
bezweifeln, daß dieser grausame Brauch wirklich regelmäßig praktiziert
wurde. Vielleicht wurde er nur in Notsituationen ausgeführt. Aus historisch aufgehellter Zeit ist bekannt, daß jeder Erstgeborene mit einer ma-
teriellen Abfindung an den Priester ausgelöst wurde.

Allerdings wissen Sage und Geschichte bei vielen Völkern von Men-
schenopfern zu berichten. Meist wurden diese dargebracht, wenn man
glaubte, die Götter erzürnt zu haben. Als die Griechen mit ihrer Flotte
gegen Troja segeln wollten, erzählt die Sage, wurden sie von einer Wind-
stille am Auslaufen gehindert. Als Ursache sah man an, daß der Ober-
feldherr Agamemnon eine der Göttin Artemis heilige Hirschkuh auf der

Jagd getötet hatte. Der Seher Kalchas verkündete, Agamemnons Tochter Iphigenie müsse zur Sühne der Artemis in deren Tempel in Aulis als Opfer dargebracht werden. Jedoch wurde Iphigenie auf wunderbare Weise gerettet. Ein Nebel fiel auf den Altar, und an Stelle von Iphigenie lag eine Hirschkuh als Opfer. Die Tochter Agamemnons aber wurde – so die Sage – nach Tauris, der Halbinsel Krim, mittels göttlicher Kraft in das dortige Artemisheiligtum »befördert«.

Gelegentliche Menschenopfer kamen in Griechenland noch lange vor. Vor der Schlacht bei Salamis (480 v. u. Z.) opferten die Athener mehrere gefangene Perser. Gewöhnlich waren jedoch bei den Griechen nur Tieropfer sowie Opfer von Früchten, Kuchen, Wein usw. üblich. Die Opfertiere mußten makellos sein. Über ihre Farbe gab es genaue Vorschriften. Nur bestimmte Teile der geopferten Tiere wurden für die Götter verbrannt (Schenkel, Herz usw.) Das übrige fiel meist den Priestern zu.

Die Opfer hatten mitunter einen bedeutenden Umfang. Um den Göttern den Dank für eine Wohltat zu beweisen, opferte man manchmal hundert Ochsen, eine Hekatombe (von griechisch hekaton: hundert). So wird berichtet, daß Pythagoras, als er seinen bekannten Satz gefunden hatte, den Göttern eine Hekatombe darbrachte. Seitdem, bemerkte dazu der geistreiche Ludwig Börne, zittern die Ochsen jedesmal, wenn eine neue Entdeckung gemacht wird.

Menschenopfer der Inkas
Zeichnung, um 1520

War Eva
Adams zweite Frau?

Erschaffung Evas
Holzschnitt, um 1478

In der Walpurgisnachtszene von Goethes »Faust« erscheint eine schöne Dämonin, vor der Mephisto seinen Begleiter nachdrücklich warnt. Es ist Lilith, »Adams erste Frau«.

Diese Gestalt entsprang nicht etwa einer Laune des Dichters. In der jüdischen Literatur wird sie häufig genannt. Der Sage nach bildete der Schöpfer das erste Menschenpaar aus Erde: Adam und Lilith. Zwischen beiden herrschte indessen fortwährender Streit. Lilith, die sich Adam nicht unterordnen wollte, sprach: »Du bist nur meinesgleichen. Beide sind wir aus Erde gemacht.« Als Adam sich damit nicht zufrieden gab, sprach Lilith ein Zauberwort und flog davon. Der Schöpfer sandte auf Adams Beschwerde drei Engel aus, die Lilith im Roten Meer fanden, aber nicht zur Rückkehr veranlassen konnten. Da wurde sie zu einer Dämonin bestimmt, die neugeborene Kinder tötet. Der Schöpfer aber machte aus einer Rippe Adams eine neue Frau: Eva.

Aus Adams Ehe mit Lilith stammen keine Menschen, aber Geister und Dämonen ohne Zahl. Lilith verband sich später mit dem Oberteufel Semael. Diese Ergänzungen und Ausschmückungen der alttestamentlichen Erzählungen beruhen darauf, daß die Erschaffung des ersten Weibes im Ersten Buch Moses tatsächlich in zwei hintereinander gestellten Versionen verschieden erzählt wird. Dies kommt jedoch daher, daß hier verschiedene Quellen miteinander vereinigt wurden, was aber erst die Bibelwissenschaft des vorigen Jahrhunderts erkannte.

Auch nach der griechischen Sage, wie sie Hesiod erzählt, wurden die ersten Menschen aus Erde, nämlich aus Lehm, gebildet. Ihr Schöpfer war der Titanensohn Prometheus. Die Göttin Athene begabte sie mit Vernunft. In Athen veranstalteten die Töpfer alljährlich eine Feier zu Ehren des Prometheus, die in einem Fackellauf endete.

Bei den Germanen war, wie der römische Historiker Tacitus berichtet, der Mythos verbreitet, ihr Urvater Tuisco sei aus der Erde herausgekommen. Von seinen drei Enkeln leiteten dann die drei wichtigsten Stämme ihre Herkunft ab. Eine andere Vorstellung kannten die Nordgermanen in Skandinavien. Danach fanden Odin und zwei andere Götter am Meeresstrand einst zwei Baumstämme, eine Esche und eine Erle. Daraus machten sie einen Mann, Ask, und eine Frau, Embla.

Außer Lilith kommt in den Walpurgisnachtszenen des Ersten Teiles des »Faust« noch eine zweite Hexengestalt antiker Herkunft vor. Im Gesang der zum Blocksberg fliegenden Hexen heißt es:

Die alte Baubo kommt allein.

Sie reitet auf einem Mutterschwein.

So Ehre denn, wem Ehre gebührt!

Frau Baubo vor! und angeführt!

Die Baubo-Gestalt gehört zum Sagenkreis um die Erd- und Fruchtbarkeitsgöttin Demeter (lateinisch: Ceres), welcher vor allem der Orphischen (auf den Dichter Orpheus zurückgeführten) Literatur zugrunde liegt. Auch in den Eleusinischen Mysterien, die in Eleusis begangen wurden, einem Geheimkult, über den wir naturgemäß wenig wissen, soll Baubo eine Rolle gespielt haben. Als Demeter ihre Tochter Persephone von Pluto entführt worden war, irrte sie traurig und hilflos im Gebirge umher. Sie fand in der Hütte der Baubo Aufnahme, saß aber in tiefster Niedergeschlagenheit da. Baubo brachte die Göttin jedoch zum Lachen, indem sie ihr Hemd aufhob und obszöne Gesten vollführte. Baubos Sohn wollte seine Mutter nachahmen, erzürnte damit aber die Göttin und wurde von ihr bestraft. Offenbar handelt es sich bei Baubo um ein weibliches Gegenstück zum Gott Priapos. Reste eines solchen Kultus sind viele bekannt. So führten auch beim Thesmophorenfest, das in Athen unter Ausschluß der Männer von den verheirateten Frauen begangen wurde, diese unflätige Reden, um damit Fruchtbarkeit für sich und ganz Attika zu erlangen. Wie viele heidnische Götter antiken und germanischen Ursprungs wurde auch Baubo dann zur Dämonin degradiert.

Am Anfang war ein großes Gähnen

Der Untergang Sodoms
Illustration aus der Cranach-Bibel
1534

Ein tolles Durcheinander bezeichnet man als Tohuwabohu. Dieses absonderlich klingende Wort besteht eigentlich aus drei Wörtern. Im zweiten Satz der Bibel steht nämlich im hebräischen Original, die Erde sei »tohu wa bohu« gewesen, was Luther mit »wüst und leer« übersetzte.

Die Griechen bezeichneten das noch Ungeordnete und Ungeformte als Chaos, was wörtlich »Gähnen« bedeutet. Sie dachten dabei an die gähnende, klaffende Leere. Hesiod schildert in seiner »Theogonia« (Götterabstammung), wie das Chaos die Erde, die Liebe, die Nacht und die Finsternis gebar, die dann den Tag und die Helle zeugten.

An das Wort Chaos hat sich wohl auch der Brüsseler Alchimist Johann Baptist van Helmont (1577 bis 1644), der Entdecker des Kohlendioxids, erinnert, als er das Wort Gas schuf.

Ein nicht nur äußerliches, sondern auch moralisches Durcheinander nennt man gelegentlich »Sodom und Gomorrha«. Auch dies geht auf eine biblische Erzählung zurück. In ihr wird berichtet, wie zwei Engel nach der Stadt Sodom kommen, die ebenso wie die Nachbarstadt Gomorrha wegen der Lasterhaftigkeit ihrer Bewohner verrufen ist. Der einzige Tugendhafte ist Lot. Er nimmt die beiden, deren himmlische Natur er nicht ahnt, gastfreundlich auf. Nachts erscheinen die Nachbarn, um die beiden Männer sexuell zu mißbrauchen. Als ihnen Lot den Zutritt verwehrt, verschaffen sie sich gewaltsam Eingang, aber die Engel schlagen sie mit Blindheit. Am nächsten Morgen erklären sie, daß sie Sodom, Gomorrha und mit ihnen alle Sodomiter vernichten werden. Lot, dessen Frau und ihre beiden Töchter führen sie noch vor Morgengrauen aus der Stadt. Dann fallen Feuer und Schwefel vom Himmel und vernichten das ganze Land. Bestraft wird auch Lots Weib, das entgegen der Warnung sich umzusehen aus Neugier sich doch umblickt und deshalb zur Salzsäule erstarrt. Die Sage enthält offenbar eine Erklärung für die große Wüste westlich des Toten Meeres, das noch heute bei den palästinensischen Arabern Meer des Lot heißt, und für bizarre Salzgebilde, die an menschliche Figuren erinnern, zugleich aber die Verurteilung eines als unmoralisch empfundenen Sexualverhaltens.

An den Mauern von Pompeji sind viele Inschriften erhalten geblieben: Wahlparolen für städtische Ämter, Anpreisungen von Waren, Schreibübungen von Schülern usw., daneben aber auch sehr drastische Äußerungen, von denen die Mitteilung eines Mädchens: »Hier wurde ich ge…« noch nicht einmal die schlimmste ist. Ein frommer Jude oder Christ schrieb neben solche Dokumentationen der Unmoral »Sodom und Gomorrha«. Er behielt recht. Der Ausbruch des Vesuv im Jahre 79 vernichtete die lebensfrohe, aber sittenlose Stadt Pompeji mit Gerechten und Ungerechten, nicht aber das noch sittenlosere Rom.

Die Homosexualität, bei den Griechen immerhin in der Regel mit echter Freundschaft und Kameradschaft oder mit einem Lehrer-Schüler-Verhältnis verbunden, trieb in Rom seltsame Blüten. So ehelichte Kaiser Nero offiziell einen Eunuchen. Allerdings ist im Alten Testament auch von einer homoerotischen Beziehung zwischen David und Jonathan die Rede.

Sodomiterer wird jedoch meist eine Abartigkeit genannt, von der Heine in seinem Gedicht »Schloß-Legende«, einer Verspottung der Hohenzollerndynastie, spricht. Der Anfang lautet:

Zu Berlin im alten Schlosse
Sehen wir, aus Stein gemetzt,
Wo ein Weib mit einem Rosse
Sodomitisch sich ergetzt.

Als aus Zensurrücksichten von dem Dichter später eine Änderung verlangt wurde, nahm er diese vor. Und zwar ersetzte er »Berlin« durch »Turin«.

Talent, Genie und Genius

Unter Talent versteht man heute die Fähigkeit, etwas Besonderes auf einem bestimmten Gebiet zu leisten. Das Wort, das aus dem Griechischen (talanton) ins Deutsche übernommen wurde, hat eine eigentümliche Geschichte. Bei Homer bedeutet es Waagschale, später dasjenige, was auf die Waage gelegt wurde. Allmählich wurde so das Talent zu einem Gewichtsmaß. Das Talent der Athener war 26,2 Kilogramm schwer. Ein Silberbarren von diesem Gewicht wurde ebenfalls Talent genannt. Er hatte einen Wert von 6000 Drachmen. Zu der Bedeutung »Begabung« entwickelte sich das Wort wohl durch das biblische Gleichnis vom »anvertrauten Talente« (oder »anvertrauten Pfunde«, wie Luther übersetzte), in dem gefordert wird, daß man seine Talente vermehren soll.

Das Wort Genie wurde früher manchmal mit Talent gleichgestellt. So hießen die Truppen mit besonderen technischen Fertigkeiten, die man jetzt Pioniere nennt, lange Zeit Genietruppen. Meist aber wurde das Talent vom Genie unterschieden, ja ihm entgegengestellt.

Das Wort geht auf den lateinischen Begriff Genius zurück. So wurde bei den Römern die Verkörperung der männlichen Zeugungskraft (von generare: erzeugen) genannt. Allmählich wurde daraus eine Art Schutzgeist. Das entsprechende weibliche Wesen, das über jede Römerin wachte, vor allem über Ehe und Geburt, hieß Juno (Mehrzahl: Junones). Auch die Göttin, welche die Familie schützte, wurde so genannt. Den Genius stellten sich die Römer ursprünglich als Schlange, später in Männergestalt vor. Dem Genius des Hausherrn wurden Opfer gebracht, auf ihn wurde der Eid abgelegt. Auch Örtlichkeiten, Truppenteile usw. hatten ihre Genien. Kaiser Augustus ordnete an, daß in jedem Stadtteil Roms sein Genius verehrt werden sollte. Auf den Genius des Kaisers mußten die Beamten ihren Amtseid ablegen.

Auch den Genien von Dichtern und Philosophen wurde im Altertum hohe Verehrung dargebracht. Schon Platon lehrte, daß bedeutende Menschen von einem besonderen Dämon oder Genius besessen seien. In der Renaissance lebte mit anderen antiken Auffassungen diese Vorstellung wieder auf. Sie wurde zu einem der höchsten Werte des bürgerlichen Persönlichkeitsideals gesteigert. In Deutschland erlebte dieses Ideal seine erste große Blüte im 18. Jahrhundert in der Sturm-und-Drang-Zeit, die deshalb auch Genie-Zeit genannt wurde.

Importierte Gottheiten

Mit vielen anderen griechischen Kulturgütern übernahmen die Römer auch die griechische Mythologie. Wie alle Völker der Alten Welt verehrten sie zwar zahlreiche Gottheiten und Geister, jedoch waren diese durch Dichtung und Kunst nicht plastisch gestaltet, sondern ziemlich abstrakt. Die Römer setzten deshalb die anschaulichen und lebensvollen griechischen Gottheiten mit latinischen oder von den Etruskern übernommenen gleich. Es blieben ihre lateinischen Namen und überlieferte Bräuche bei der Verehrung bestehen, ihre individuellen Züge, ihre Abenteuer, ihre Beziehungen untereinander wurden jedoch von den Griechen entlehnt. Da bei uns viele Jahrhunderte lang die lateinische Sprache absoluten Vorrang vor der griechischen hatte, wurden die mythologischen Figuren fast ausschließlich mit ihren römischen Namen bezeichnet, selbst wenn man rein griechische Sagen wiedergab. So war das bei Schiller, Goethe, Kleist, so auch bei Gustav Schwabs Nacherzählungen.

Mit Zeus setzten die Römer ihren Jupiter gleich, was noch angehen mochte, Hera und Athene verschmolzen mit Juno und Minerva, denen sie eigentlich wenig glichen. Ares und Mars wurden ebenfalls zu einer Figur vereinigt. Der griechische Apollon, Gott der Weissagung, Führer der Musen, fand in Rom keine Entsprechung und wurde nur sprachlich als Apollo latinisiert. Hermes und Merkur, die Sonnengötter Helios und Sol, die Mondgöttinnen Selene und Luna, die Schmiedegötter Hephai-

Triumphzug der Minerva

254

Triumphzug der Venus · Triumphzug des Apoll
Fresken von F. Cossa, Ferrara
15. Jahrhundert

stos und Vulkan, die Liebesgöttinnen Aphrodite und Venus und viele
andere Gottheiten und mythologische Figuren wurden im Laufe der
Zeit zu untrennbaren Gestalten. Der latinische Bauerngott Saturn
wurde dem rabiaten griechischen Kronos gleichgesetzt.

Eine Reihe römischer Götter fand freilich keine griechische Entsprechung, darunter so wichtige wie Janus oder Maja.

Hellenen und Römer haben ihre Götter und Halbgötter auch ganz ungeniert mit ägyptischen, babylonischen, phönizischen, nicht zuletzt auch
mit germanischen identifiziert.

255

Dem Schaume
entstiegen

Aphrodite mit Schwan
Attische Schale

Die römische Liebes- und Fruchtbarkeitsgöttin Venus wurde mit der griechischen Aphrodite gleichgesetzt. Venus war einfach ein lateinisches Wort für Liebreiz, Liebe. Der Name wurde aber auch vom Verb venire (kommen) abgeleitet, wobei man an das Kommen der Saat dachte.

Aphrodite wird von Hesiod aus aphros (Schaum) erklärt: Der Titan Kronos, der Vater des Zeus, brachte seinen Vater Uranos um, indem er ihm mit einer Sichel den Geschlechtsteil abschnitt, der ins Wasser fiel. Aus dem daraus herrührenden Schaum entstand Aphrodite, die Schaumgeborene. Eine andere, plausiblere Namensdeutung ist, daß die Göttin durch den Schaum des Meeres aus dem Orient nach Hellas kam. Aphrodite galt nach anderer Tradition auch als Tochter des Zeus und einer weniger bekannten Liebesgöttin Dione.

Die der Aphrodite-Venus heiligen Tiere waren Schwein, Hase, Sperling und Taube. Ihre heiligen Pflanzen waren die immergrüne Myrte, die als Brautkranz bis heute im Gebrauch ist, und der Myrrhenbaum. Damit hängt wohl zusammen, daß das Harz dieses Baumes, die Myrrhe, als ein die Wollust steigerndes Mittel galt. In der Medizin wurden derartige Reizmittel, vor allem das aus einem Käfer hergestellte Spanische-Fliegen-Pulver (auch spanische Mücken genannt), als Aphrodisiaka bezeichnet. Hierzu wurden unter anderem auch eine Reihe von Gewürzen gezählt: Vanille, Zimt, Ingwer, Safran. Vanille kommt übrigens vom lateinischen vagina (Schote) über spanisches vaginula (Schötchen). Vom lateinischen Namen der Göttin wiederum stammt der medizinische Begriff venerische Krankheiten.

Aphrodite war mit dem Schmiedegott Hephaistos vermählt, den sie nach Strich und Faden betrog. Einer ihrer Liebhaber war Ares, der mit Abstand unsympathischste aller Götter. Helios sah, von seiner Orbitalbahn aus, was im Schlafgemach des Ehepaares passierte, während der Gatte auf dem Amboß herumhämmerte, und machte dem Hephaistos davon Mitteilung. Der geschickte Handwerker baute ein stählernes Netz, das er über seinem Ehebett anbrachte. Als Ares und Aphrodite mitten im Liebesspiel waren, löste er eine Automatik aus. Das Netz fiel herab und fesselte das Paar in seiner unzweideutigen Stellung mit stählernem Griff ans Bett. Hephaistos rief seine olympischen Kollegen bzw. Verwandten herbei, die beim Anblick des Pärchens in ein schadenfrohes Gewieher ausbrachen, das als »homerisches Gelächter« in Büchmanns »Geflügelte Worte« Aufnahme gefunden hat.

Aus dem Verhältnis von Ares und Aphrodite entsprang der Gott Eros (griechisch: Liebe, lateinisch Amor: Liebe). Er wurde zum ständigen Begleiter der Göttin in der Kunst, zu einem ihrer Attribute. Die von ihm abgeschossenen Pfeile riefen bei den Getroffenen heftige Leidenschaft hervor. In der Antike waren dies allerdings oft Personen des gleichen Geschlechts, was aber nicht sonderlich störte.

Nach einer anderen Tradition war Eros ein selbständiger, sehr hoher Gott. Als Urlicht sollte er aus dem Chaos gestiegen oder dem Weltei entsprungen sein, ein Beherrscher der Götter und Menschen.

Geburt der Aphrodite
Griechisches Relief
5. Jahrhundert

Wie viele Frauen litt Aphrodite unter der Zwangsvorstellung, unbedingt die Schönste sein zu müssen. Als die Göttin der Zwietracht einen goldenen Apfel mit der Aufschrift »Der Schönsten« in die Runde der Olympier geworfen hatte, behaupteten Hera, Athene und Aphrodite, die Frucht sei für sie bestimmt. Zeus, der es mit keiner verderben wollte, verwies sie an den trojanischen Königssohn Paris, der auf dem Berge Ida das Vieh hütete. Der als Richter angerufene Hirt sprach den Apfel der Liebesgöttin zu, da sie ihm die schönste Sterbliche als Belohnung in Aussicht stellte. Da diese, die Helena, aber schon verheiratet war, entsprang daraus der blutige Trojanische Krieg, in dem Aphrodite die Partei der Trojaner ergriff, allerdings gegen die kluge Jungfrau Athene, die den Griechen hold war, nicht aufkommen konnte.

Charles Fourier (1772 bis 1837), der französische utopische Sozialist, pflegte im Kreis seiner Schüler zu sagen, vier Äpfel hätten weltgeschichtliche Bedeutung erlangt. Der erste sei der gewesen, den Eva vom Baume der Erkenntnis pflückte und gemeinsam mit Adam verspeiste. Das hatte bekanntlich zur Folge, daß das erste Menschenpaar aus dem Paradies verjagt, zur Arbeit bestimmt und sterblich wurde. Allerdings ist nicht gewiß, ob Adam und Eva gerade in einen Apfel bissen. In der alttestamentlichen Erzählung ist nämlich nur von einer verbotenen »Frucht« die Rede.

Der zweite, fuhr der witzige Fourier fort, sei der verhängnisvolle Apfel der Zwietrachtsgöttin gewesen.

Der dritte historische Apfel war der, welcher Isaac Newton (1643 bis 1727) auf den Kopf fiel. Dem Physiker wurde dadurch schlagartig klar, welche Rolle die Schwerkraft für den Zusammenhalt des Universums besitzt. Diese Anekdote wurde von Voltaire erfunden, um seine Auffassung von der Rolle geringfügiger Begebenheiten für den Lauf der Geschichte zu demonstrieren.

Der vierte historische Apfel, fuhr Charles Fourier dann fort, wurde in Besançon, der Vaterstadt des utopischen Sozialisten, geerntet. Als der Knabe Fourier zufällig bemerkte, wie der Apfel für einen halben Sou gekauft und für drei Sou auf dem Markte weiterverkauft wurde, sei er zuerst auf die Ungerechtigkeit der Handelsspekulation gestoßen, was ihn veranlaßt habe, radikal über eine ideale Gesellschaftsordnung nachzudenken.

Abenteuer
der Aphrodite

Apoll
Römische Kopie der Statue des Phidias
um 450 v. u. Z.

Einst rühmte sich Myrrha, die Tochter des kyprischen Königs Kinyras,
sie wäre schöner als Aphrodite. Die erzürnte Göttin rächte sich auf
fürchterliche Weise, indem sie den Kinyras auf die eigene Tochter lü-
stern machte, die seinem Drängen nicht zu widerstehen vermochte.
Nach geschehener Untat flüchtete die verzweifelte Myrrha aus dem Palast. Auf ihr Flehen hin wurde sie in einen Myrrhenbaum verwandelt.
Der Rinde dieses Baumes entquoll dann ihr Sohn Adonis.

Der Kult dieses Gottes kam in Wirklichkeit aus Phönizien nach Griechenland. Auch sein Name (adonai: Herr) ist semitisch. Der Sage nach
verliebte sich Aphrodite in den schönen Jüngling. Ihr eifersüchtiger
Liebhaber Ares schickte jedoch einen Eber aus, der Adonis umbrachte.

Aphrodite erreichte es schließlich, daß Adonis aus der Unterwelt jährlich sechs Monate Urlaub erhielt und in dieser Zeit mit ihr leben durfte.

Dieser Mythos erinnert stark an sterbende und jährlich zurückkommende Vegetationsgottheiten des Orients, zum Beispiel an den mesopotamischen Tammuz (den Dummuzi der Sumerer). Auf das Untergehen und Auferstehen dieser Götter wurde der Wechsel der Jahreszeiten zurückgeführt. In Griechenland betrauerten die Frauen alljährlich mit lauten Klagerufen den Tod des Adonis. Ein hölzernes Kultbild wurde in einem Grabe versenkt und in flachen Tonschalen (Adonisgärten) rasch welkende Blumen aufgestellt. Als Aphrodite barfuß zum verunglückten Adonis eilte und dabei nicht auf die Dornen achtete, entstanden aus ihren Blutstropfen die roten Rosen, aus ihren Tränen die Anemonen. Es wurde auch erzählt, Aphrodite habe ihren Geliebten in ein Adonisröschen verwandelt.

In Athen wurde jährlich das Fest der Aphrodite Pandemos (für das ganze Volk) begangen. Theseus sollte es gestiftet haben, um die in den einzelnen attischen Stämmen begangenen Feiern zu ersetzen und damit den Gemeinsinn zu stärken. Die scharfzüngigen Athener gebrauchten den Beinamen der Göttin später dazu, um Damen zu kennzeichnen, die auch »für das ganze Volk« da waren. Der Witz lag um so näher, als Aphrodite auch die Schutzpatronin der Hetären war.

Ebenfalls zu Ehren der Liebesgöttin wurden in Athen die Apaturien begangen. Aphrodite, so erzählte man, wurde einmal von einer Horde Giganten angefallen. Sie konnte sich noch bis zu einer Höhle flüchten, in der sich Herakles befand. Von dort rief sie den Riesen zu, sie sei bereit, ihnen allen zu Willen zu sein, doch möchten sie Rücksicht auf ihre Schamhaftigkeit nehmen und einzeln hereinkommen. Die Rowdys kamen der Reihe nach in die Höhle, wo ihnen Held Herakles nacheinander den Hals umdrehte.

In Rom ließ Julius Cäsar die Venus, von der er abzustammen behauptete, als Venus genetrix (Mutter des Geschlechts, nämlich des der Julier) zu einer der höchsten Gottheiten erheben. Äneas sollte ein Sohn der Venus gewesen sein, wie eilfertige Historiker konstruierten.

In Syrakus gab es einen Venustempel mit eigenartiger Entstehungsgeschichte. Zwei Schwestern im heiratsfähigen Alter stritten sich, welche von beiden den schönsten Popo hätte. Sie wählten einen Jüngling zum Schiedsrichter, dem sie sich mit über die Hüften emporgezogenen Kleidern zeigten. Ungleich Paris entschied sich der Jüngling schnell. Er gab den etwas fülligeren Rundungen der Älteren den Preis und machte die-

Apoll mit Musen
Attische Vasenmalerei
5. Jahrhundert v. u. Z.

ser auf der Stelle einen Heiratsantrag. Als er das Erlebnis seinem Bruder erzählte, rannte dieser sofort zu der Jüngeren, um sie zu ehelichen. Die beiden Frauen waren mit ihren Männern so zufrieden, daß sie einen Tempel der Venus Kallipygos (der Schönärschigen) stifteten. Die mythologische Szene fand auch Eingang in die Kunst.

Einen weniger erfreulichen Anblick bietet die Venus von Willendorf. Weder ihr Hinterteil noch ihre Vorderseite vermöchten einen heutigen Mann zu einem Eheangebot zu bewegen. In der Eiszeit, aus der diese Schnitzerei aus Mammutzahn stammt, war der Geschmack jedoch anders. Ein großer Teil der in der Fachwelt meist als Venus bezeichneten Idole aus dem Jungpaläolithikum stellt unglaublich korpulente Damen dar.

Als längst die Venustempel in Rom, Athen oder Syrakus geschlossen worden waren, fand die Göttin in Deutschland Unterschlupf – als Frau Venus der Sage, von Wagner sogar zur Bühnenfigur gemacht. Der Venusberg soll mit einem Kalkmassiv in der Nähe von Eisenach, dem Hörselberg, identisch sein. Als ich einmal in der Gegend war, bin ich darauf herumgekraxelt. Der Wind erzeugte in den Felsschluchten teils schauerliche, teils liebliche Töne, ein Eingang zum Venusberg war jedoch nicht zu finden.

Mit einem Zaubersiegel
hermetisch verschlossen

Dienerinnen säubern eine Herme
Rekonstruktion römischer Vasenmalerei

Ein luft- und wasserdichtes Gefäß bezeichnet man als hermetisch verschlossen. Der Ausdruck leitet sich vom angeblichen Erfinder, dem Gott Hermes, her. Allerdings handelt es sich dabei um den Hermes trismegistos, den »dreifachen großen Hermes«. So nannten die Griechen den ibisköpfigen ägyptischen Gott Thot, den Beschützer der Schreiber und Bewahrer des Wissens, insbesondere des medizinischen.

Der ägyptische Hermes galt später als Urheber zahlreicher Weisheitsbücher, der sogenannten hermetischen Literatur. Ärzte und Goldmacher der Renaissancezeit knüpften begierig an solche echten oder unechten Traditionen an. So entstanden im 16. Jahrhundert eine hermetische Medizin und eine hermetische »Philosophie«, eine Spielart der Alchimie. Zu den vorgeblichen Künsten der Alchimisten gehörte auch, eine Flasche und damit ihren Inhalt mit einem nicht brechbaren Zaubersiegel »hermetisch« zu verschließen.

Der »richtige«, griechische Hermes war ursprünglich vor allem ein Gott der Wege und der Reisenden, damit vor allem auch der Kaufleute. Da die Händler oft recht unehrlich waren, stellten sich auch die Diebe und Gauner unter seinen Schutz. Dem Hermes wurde nachgesagt, er habe schon als Säugling dem Apollon eine Rinderherde gestohlen. Aber

Hermes war auch Schirmherr der Redekunst, des Denkens und der Wissenschaften, und je mehr sich diese entwickelten, desto bedeutungsvoller wurde diese Funktion.

Beliebte Denkmäler des Hermes waren vierkantige Pfähle, später Steine, an denen nur Kopf und Phallos modelliert waren. Solche »Hermen« standen vor allem an Wegkreuzungen. In Athen fand 415 v. u. Z. ein politischer Prozeß gegen den Feldherrn Alkibiades und seine Freunde statt. Sie wurden beschuldigt, am Vorabend des Auslaufens der Flotte nach Sizilien zahlreiche Hermen ordinär verstümmelt und damit nach Meinung der Athener den Gott empfindlich gereizt zu haben. Alkibiades wurde in Abwesenheit zum Tode verurteilt.

Mit der Liebesgöttin Aphrodite zeugte Hermes einen Sohn, der nach seinen Eltern Hermaphrodit genannt wurde. Die Quellnymphe Salmakis, die sich in ihn verliebt hatte, erlangte von den Göttern die Gunst, mit ihm vollständig verschmelzen zu dürfen. So wurde Hermaphrodit ein Wesen, das männliche und weibliche Merkmale in sich vereinte.

In der Biologie und Medizin gebraucht man den Ausdruck Hermaphrodismus sowohl für abnorme individuelle Entwicklungen auf Grund von Erb- oder Hormonstörungen wie auch für die Fortpflanzungsweise niederer Tiere, zum Beispiel vieler Schnecken, bei denen jedes Einzelwesen ein Zwitter, also gleichzeitig Männchen und Weibchen, ist.

Silen und Hermaphrodit
Römische Marmorkopie nach einem späthellenistischen Werk

Wagen des Helios und Sonnenstadt

Barke
Ägyptische Schnitzerei

Die lebenspendende Sonne und ihre Bahnen am Himmelsgewölbe haben die Phantasie der Menschen schon in früher Zeit angeregt. Vielen Völkern galt die Sonne als Gottheit. Helios war ein griechischer, Sol ein römischer, Surya ein indischer Sonnengott. Den Babyloniern war Schamasch heilig, den Inkas der Inti. Helios fuhr nach der griechischen Mythologie täglich mit einem zweirädrigen Wagen über den Himmel. Die Ägypter glaubten, die Sonne benutze eine Barke zu ihrer Fahrt. Bei anderen Völkern findet sich eine Kombination beider Vorstellungen: In Assur wurde Schamasch zu Neujahr in einem Schiffswagen durch die Stadt gefahren.

In Ägypten erhob im 14. Jahrhundert v. u. Z. der Pharao Amenophis IV. den Sonnengott Aton zur einzigen Gottheit, um damit die zu Reichtum und Einfluß gelangten Priester anderer Götter, vor allem des Amun, zu entmachten. Zu Ehren des Aton nannte er sich Echnaton. Zusammen mit seiner Gattin Nofretete residierte er in der neuerrichteten Hauptstadt Amarna. Nach Echnatons Tod wurden seine Reformen rückgängig gemacht und sein Name auf den Denkmälern größtenteils ausgetilgt.

Der altpersische Sonnengott Mithras dagegen wurde für viele Jahrhunderte der wichtigste Gott im Römischen Reich. Söldner aus Kleinasien und Syrien verbreiteten seinen Kult bis an die entferntesten Grenzen des Riesenreiches. Im Rheinland wurden eine Reihe von Mithrasdarstellungen gefunden. Kaiser Nero ließ sich in seine Mysterien einweihen, spätere Kaiser machten ihn mit dem Titel »Unbesiegbare Sonne« zum Staatsgott, was allerdings den Niedergang des Reiches nicht aufhielt.

Nach dem Glauben seiner Verehrer war Mithras aus dem Felsen geboren. Hirten hätten ihn nach seiner Geburt angebetet. Als sein Geburtstag wurde der 25. Dezember begangen. Wie Helios und Schamasch war Mithras zugleich ein Gott der Gerechtigkeit, worauf auch sein Name (wörtlich: Vertrag) hinweist.

Die Sonne als Symbol der Gerechtigkeit finden wir auch in sozialen Utopien des Altertums. Um 250 v. u. Z. verfaßte der Schriftsteller Iambulos einen Roman, in dem die »Sonneninseln« als ein Land ohne Ausbeutung und Unterdrückung geschildert wurden. Als sich in Pergamon unter Führung des Aristonikos 132 bis 129 v. u. Z. Sklaven und Bauern erhoben, nannten sie den von ihnen gegründeten Staat »Heliopolis« (Sonnenstadt), sich selbst »Heliopoliten« (Sonnenbürger), wohl in Anlehnung an das Buch des Iambulos. Auch Campanella, der 1602 in seiner Schrift »Der Sonnenstaat« eine ideale Gesellschaft ohne Privateigentum schilderte, war von diesem Buch beeinflußt.

Babylonischer Herrscher vor dem Sonnengott Schamasch
Relief um 1700 v. u. Z.

Welche Muse küßt den Dichter?

Hat ein Dichter einen poetischen Einfall, so sagt man, daß ihn die Muse küßt. Aber welche Muse ist das eigentlich? Bekanntlich gibt es ja neun von diesen göttlichen Wesen.

Befragt man die altgriechische Literatur über dieses Problem, so wird man keine eindeutige Antwort finden. Der Dichter Homer beginnt zwar die Ilias mit der Anrufung der Muse, sagt aber nicht, welche er damit meint. Offensichtlich gab es damals noch gar keine Aufteilung der Kunstgattungen auf die Musen. Selbst ihre Neunzahl ist nicht ursprünglich, in den ältesten Quellen ist nur von drei Musen als den Töchtern des Zeus und der Mnemosyne (Erinnerung) die Rede. Erst in spätgriechischer und römischer Zeit wurde eine Zuordnung der Künste und Wissenschaften an die einzelnen Musen vorgenommen. Die Tradition hat sich bis heute erhalten. Kalliope ist danach die Muse des Epos (auch der Redekunst und Philosophie). Sie trägt auf Bildern gewöhnlich eine Schreibtafel. Melpomene mit einer ernsten Maske (oder Keule) ist für die Tragödie zuständig. Thalia mit einer komischen Maske für die Komödie. Erato und Terpsichore tragen Saiteninstrumente in der Hand. Die erste ist für die Liebeslyrik kompetent, die zweite für die heitere Lyrik und für den Tanz. Diese fünf können also den Dichter küssen, je nachdem, an was für einem Werk er arbeitet. Urania trägt als Muse der Astronomie eine Himmelskugel.

Klio mit einer Schriftrolle ist die Muse der Geschichtsschreibung. Allerdings ist vielen modernen Geschichtsdarstellungen nicht viel davon anzumerken, daß Klio eine Muse ist, wogegen die meisten antiken Geschichtsschreiber auch die literarische Form beherrschten. Im 19. Jahrhundert wußte Theodor Mommsen die Stilmittel so gut zu handhaben, daß er für seine »Römische Geschichte« den Literatur-Nobelpreis erhielt. Die Benennung der neun Bücher des Herodotschen Geschichtswerks nach den Musen (dabei steht Klio natürlich am Anfang) stammt übrigens nicht vom Autor, sondern von alexandrinischen Gelehrten.

Euterpe mit Flöte und Polyhymnia mit verschränkten Armen und angedeutetem Tanzschritt teilen sich in die Musik. Als Anführer der neun Frauengestalten wird oft der Gott Apoll dargestellt.

Milch
aus der göttlichen
Brust

Hermes hilft Zeus bei einem Liebesabenteuer
Malerei von einer Phlyakenvase, italienisch
4. Jahrhundert v. u. Z.

Sternsysteme im Kosmos nennt man Galaxien. Das Wort leitet sich vom griechischen »gala« (Milch) ab, bedeutete also das gleiche wie »Milchstraße«. Eine griechische Sage erklärt das schwach leuchtende, milchig erscheinende Band am Himmel folgendermaßen: Schürzenjäger Zeus hatte sich einst der hübschen Thebanerin Alkmene genähert, nicht als Stier oder Schwan, sondern in Gestalt ihres Gatten Amphitryon. Das Resultat der frivolen Verwechslungskomödie war der halbgöttliche Säugling Herakles. Auf den Rat der Athene legte Hera, die göttliche Gemahlin des Zeus, das Kind an ihre Brust. Herakles, der schon im zarten Alter über athletische Kräfte verfügte, nuckelte so gewaltig, daß ihn Hera zornig von sich stieß. Dabei spritzte die Muttermilch heraus und bildete einen Streifen am Himmel.

Eine andere bei vielen Völkern verbreitete Vorstellung von der Galaxis ist die einer Straße oder einer Bahn. Nach einer Sage des südafrikanischen Volkes der San, der sogenannten Buschmänner, streute in grauer Vorzeit ein Mädchen glühende Asche über das Firmament, um den heimkehrenden Jägern den Weg zu weisen. In der Antike gab es den Glauben, daß über die Milchstraße die Seele der Verstorbenen zu den

Göttern gelangt. Bei anderen Völkern gilt sie als Bahn eines großen Eroberers, in Ungarn beispielsweise als »Weg Arpads«, des um 900 lebenden Begründers der ersten ungarischen Dynastie. Im Russischen gibt es den alten Ausdruck »Batyj putj« (Batus Weg). Batu (1204 bis 1255) war ein mongolischer Khan, der zuerst nach Europa vorstieß und das Reich der Goldenen Horde im Süden Rußlands begründete.

Der griechische Philosoph Demokrit (um 460 bis 370 v. u. Z.) erklärte die Milchstraße als das diffuse Licht zahlreicher Sterne, Aristoteles (384 bis 322 v. u. Z.) dagegen als glühenden Dampf im Raum. Galileo Galilei (1564 bis 1642) konnte mit seinem Fernrohr erstmals das Lichtband am Himmel in zahllose Pünktchen auflösen, die er als Sonnen erkannte. Die weitere astronomische Forschung hat diese Auffassung im wesentlichen bestätigt. Neben Milliarden Sternen wurden auch Ansammlungen leuchtender interstellarer Materie in der Milchstraße entdeckt. Darüber hinaus fanden die Astronomen Tausende von Sternensystemen, die mit unserer Milchstraße vergleichbar sind, die Galaxien.

Der englische Astronom Thomas Wright sprach 1750 zum erstenmal den Gedanken aus, die Sonne müsse sich in einer linsenförmigen Anhäufung von Sternen befinden. Auf diesen Gedanken baute Immanuel Kant auf. In seiner 1755 erschienenen Schrift »Allgemeine Naturgeschichte und Theorie des Himmels« legte er dar, daß alle Sonnen ein System ausmachen, dessen allgemeine Beziehungsfläche die Milchstraße ist.

Hera
Kopf vom Heraion in Olympia, Kalkstein
6. Jahrhundert v. u. Z.

Warum der Sonntag
Sonntag heißt

Mars von Todi
Teil einer Bronzestatue
4. Jahrhundert v. u. Z.

Warum ist heute Sonnabend und morgen Sonntag? Die 7-Tage-Woche läuft seit etwa 3000 Jahren ohne Unterbrechung oder Verschiebung. Zuerst wurde sie in Babylon eingeführt. Dort, wo die Sternenbeobachtung und zugleich die kultische Verehrung der Sterne in hoher Blüte standen, bildete sich die Sitte heraus, jeden Wochentag unter den Schutz einer Gottheit bzw. des mit ihr gleichgesetzten Sternes zu stellen.

Der erste Tag der Woche hieß bei den Babyloniern nach dem Sonnengott Schamasch, der zweite nach dem Mondgott Schin, der dritte nach dem Unterweltgott Nergal, der vierte nach dem Gott der Schreibkunst und daher auch der Weisheit Nabu, der fünfte nach Marduk, dem Stadtgott von Babylon, der sechste nach der Fruchtbarkeits- und Liebesgöttin Ischtar und der siebente nach Ninib. Bei den Griechen traten an ihre Stelle: Helios, Selene, Ares, Hermes, Zeus, Aphrodite und Kronos.

Mit der Astrologie übernahmen auch die Römer die 7-Tage-Woche und die Bezeichnung der Wochentage nach den sieben damals bekannten (das heißt ohne Fernrohr sichtbaren) Gestirnen, die sich aus einem Sternbild ins andere bewegen, bzw. den entsprechenden Gottheiten. Darauf weisen die Wörter für die Wochentage in vielen europäischen Sprachen hin. Der erste Tag war der Sonne geweiht, der zweite dem

Mond, der dritte dem Mars (davon französisch: mardi), Mittwoch dem Merkur (davon französisch: mercredi), der nächste Tag dem Jupiter (französisch: jeudi), der sechste der Venus (französisch: vendredi), der letzte dem Saturn (englisch: saturday).

Als die Germanen Woche und Wochentage übernahmen, ersetzten sie die römischen Götter durch eigene mit ähnlichem Charakter. Bei Sonne und Mond war das kein Problem. Dem römischen Mars entsprach in seiner Bedeutung der germanische Kriegsgott Ziu (davon unser Dienstag), dem Merkur der Windgott Wodan (davon englisch: wednesday), dem blitzeschleudernden Jupiter der Donnergott Donar (Donnerstag), der Venus die Göttin Freia (Freitag). Für den letzten Tag der Woche ist keine Bezeichnung nach einer germanischen Gottheit überliefert. Er wird Sonnabend genannt als Vortag (Vorabend) des Sonntag oder Samstag, was mit dem hebräischen Wort Sabbat zusammenhängt. Die Juden übernahmen zwar von den Babyloniern die Wochenrechnung, nicht aber die auf die fremden Götter hinweisenden Namen der Tage, sondern bezeichneten diese einfach mit Zahlen. Die christliche Kirche versuchte, dem alttestamentlichen Beispiel zu folgen, vermochte sich aber in den meisten Ländern gegen die eingewurzelten Bezeichnungen der Wochentage, bei denen sich die meisten Menschen ihrer Herkunft nicht mehr bewußt waren, nicht durchzusetzen. Im Neugriechischen heißen Montag bis Donnerstag nach ihrer Zahl, in der sie vom Sonntag entfernt sind. Von allen romanischen Sprachen folgt nur das Portugiesische diesem Brauch. Die russischen Wochentage sind zum Teil ebenfalls von Zahlwörtern abgeleitet, jedoch beginnt die Zählung mit dem Montag: Dienstag ist wtornik (der Zweite), Donnerstag tschetwerg (der Vierte) und Freitag pjatniza (der Fünfte).

Odin · Helmschmuck
7. Jahrhundert

Maja – nackt
oder mit dem Schleier

Zwei Gemälde Francisco Goyas im Madrider Prado zeigen dieselbe Dame – einmal im Naturzustand und einmal angezogen. Um die Dargestellte ranken sich viele Legenden. So wurde behauptet, sie wäre die Herzogin Cayetana von Alba, spanische »Grandin der ersten Reihe«, eine Deutung, die Lion Feuchtwanger in seinem Goya-Roman übernahm.

Warum aber heißen die um 1800 entstandenen Kunstwerke »Nackte *Maja*« und »Bekleidete *Maja*«? »Majo« nannten sich damals in Spanien die Burschen aus der plebejischen Unterschicht, »Maja« ihre Mädchen. Wörtlich bedeutete das »forsch, hübsch«. Angehörige des übersättigten Adels liebten es damals, sich als »Majo« oder »Maja« zu verkleiden und sich in Tavernen oder bei Volksbelustigungen herumzutreiben.

Der Begriff »Schleier der Maja« führt uns in die Gefilde der Philosophiegeschichte. Indische Denker bezeichneten damit die fließende Welt der sinnlichen Erscheinungen, aus denen nach ihrer Ansicht kein wahres Wissen gewonnen wird. Nur mit Yoga-Methoden könne man zum Kern der Dinge durch den Schleier hindurchdringen. Wer oder was eigentlich Maja ist, darüber waren die Meinungen der Weisen geteilt – die große Weltspinne, die den Schleier webt, ein schönes verschleiertes Götterweib oder das dem Brahma gleichwertige Weltprinzip. Wahrscheinlich geht der Name aber auf eine altindische Fruchtbarkeitsgöttin zurück.

Maja war auch der Name der Mutter des Buddha. Nach frommer Legende drang der noch ungeborene zukünftige Welterlöser als weißer Elefant in den Leib seiner Mutter ein, ein beliebtes Sujet der buddhistischen Bauplastik.

Die Tempelbauten der Maya in Mittelamerika sind von manchen Forschern auf indische Vorbilder zurückgeführt worden, was sich indes nicht bestätigt hat. Auch der Völkername Maya hat mit der Göttermutter Maja nichts zu tun. Ebenso zufällig ist die Existenz einer Göttin namens Maja bei den Griechen. Sie war die Geliebte des Zeus und Mutter des Hermes. Mit ihren sechs Geschwistern wurde sie als Siebengestirn an den Himmel versetzt. Nicht mit ihr zu verwechseln ist die römische Maja oder Majesta (wörtlich: die Erhabene), Tochter des Hirtengottes Faunus und Gemahlin des Vulcanus. Sie war die wichtigste Fruchtbarkeitsgöttin. Ihr zu Ehren wurde eine trächtige Sau geopfert.

Der zwölfte Monat
heißt
der zehnte

Kaiser Augustus
Römische Münze
1. Jahrhundert

Die meisten Völker des Altertums besaßen einen Kalender, der auf dem Ackerbau beruhte, und ließen deshalb das Jahr im Frühling beginnen. So war auch bei den Römern, von denen wir unseren Kalender übernahmen, ursprünglich der März der erste Monat. Im Jahre 46 v. u. Z. ordnete Gajus Julius Cäsar eine Kalenderreform an, deren wichtigster Inhalt die Einführung eines Schalttages in jedem vierten Jahr war. Bei dieser Gelegenheit setzte er auch den Jahresbeginn auf den 1. Januar fest, wahrscheinlich deshalb, weil er in der Nähe des kürzesten Tages des Jahres lag.

Die Monatsnamen, die wir heute noch verwenden, gehen zum Teil auf die römische Religion zurück. Der Januar war dem Janus geweiht, dem Gott der Tore, der gewöhnlich mit zwei Gesichtern dargestellt wurde. Sein wichtigstes Heiligtum war der Janusbogen am Forum, der in Kriegszeiten ständig geöffnet, im Frieden geschlossen war. Februar war nach der alten Zählung der letzte Monat des Jahres. In ihm nahmen die

Römer religiöse Handlungen vor, um sich von den im Laufe des Jahres verübten Sünden zu reinigen (lateinisch februare: reinigen). Der März hieß nach dem Mars, der anfänglich kein Kriegsgott, sondern eine Fruchtbarkeitsgottheit war. Der 1. März galt als sein Geburtstag. Die Herkunft des Namens April ist unsicher. Die Römer deuteten ihn als den Monat, der den Frühling eröffnete (aperire: eröffnen). Der Mai hieß nach der Göttin Maja, der Juni wahrscheinlich nach Juno. Die übrigen römischen Monate hießen nach ihren Ordnungszahlen: Quintilis (der Fünfte), Sextilis (der Sechste), September (der Siebente) usw. bis zum Dezember (dem Zehnten).

So kommt es, daß wir nicht nur ständig germanische und römische Götter im Munde führen (bei Wochentags- und Monatsnamen), sondern die Monate zum Teil auch nach einer vor zwei Jahrtausenden abgeschafften Zählung bezeichnen.

Bei der Julianischen Kalenderform wurde Cäsar zu Ehren der Quintilis in Julius umbenannt. Augustus wollte nicht zurückstehen und ließ den Sextilis nach sich bezeichnen.

Der von Cäsar unter dem Einfluß alexandrinischer Gelehrter und wohl auch der altägyptischen Jahresrechnung eingeführte Kalender wurde erst 1582 von Papst Gregor XIII. geändert. Die protestantischen Staaten zögerten lange mit der Einführung der päpstlichen Kalenderreform. In Norddeutschland ging man 1700 zu ihm über, in Schweden erst 1753. Das orthodoxe Rußland blieb sogar bis 1918 beim Julianischen Kalender. So kommt es, daß die Oktoberrevolution von 1917 zwar tatsächlich im Oktober stattfand, daß ihrer aber nach dem Gregorianischen Kalender erst im November gedacht wird.

Der Beginn eines neuen Monats wurde in Rom vom obersten Priester öffentlich ausgerufen (calare: rufen), daher hießen jeweils die Monatsersten bei den Römern Kalenden, wovon sich unser Wort Kalender herleitet. Da in Griechenland dieser Brauch nicht geübt wurde, entstand auf die Frage, wann man denn seine Schulden bezahlen wolle, die witzige Antwort: Zu den griechischen Kalenden (ad kalendas graecas). Überdies hatten die Griechen nach Meinung der Römer gar keinen Kalender. Es existierte nämlich in jeder Polis eine andere Rechnung mit unterschiedlichen Monatsnamen.

In der jüdischen Religionsgemeinschaft werden immer noch die babylonischen Monatsnamen ungeachtet ihres heidnischen Ursprungs gebraucht.

Karl der Große bemühte sich um die Einführung germanischer Monatsnamen statt der lateinischen unter Beibehaltung des Julianischen

Kalenders. Im Mittelalter waren folgende Bezeichnungen verbreitet. Der Januar hieß Hartung. Es folgten Hornung, Lenzing (oder Lenzmond), Ostermond, Wonnemond (er hieß nicht nach der Wonne, die er brachte, sondern nach Wunna: Weide), Brachet (Brachmond), Heuet (Heumond), Ernting (Erntemond), Herbstmond, Weinmond (Windmond), Neblung (Nebelmond), Heiligmond (Christmond). Erst um 1700 bürgerten sich die lateinischen Bezeichnungen allgemein ein.

Während der Französischen Revolution wurde der Versuch gemacht, den römischen Kalender ganz abzuschaffen. Die neue, auf Beschluß des Konvents eingeführte Zeitrechnung begann mit der Herbst-Tag-und-Nachtgleiche des ersten Jahres der Republik (22. September 1792). Das Jahr bestand aus zwölf Monaten, die nach Naturereignissen und landwirtschaftlichen Arbeiten bezeichnet wurden: Vendémiaire (Weinlesemonat), Brumaire (Nebelmonat), Frimaire (Reifemonat), Nivôse (Schneemonat), Pluviôse (Regenmonat), Ventôse (Windmonat), Germinal (Keimmonat), Floréal (Blütenmonat), Prairial (Wiesenmonat), Messidor (Erntemonat), Thermidor (Hitzemonat), und Fructidor (Fruchtmonat). Ab 1. Januar 1806 ließ Napoleon I. den traditionellen Kalender offiziell wieder einführen. Jedoch werden Höhepunkte der Revolutionskämpfe meist nach den damaligen Bezeichnungen genannt. Einige Monatsnamen des republikanischen Kalenders wurden sogar zu allgemeinen Begriffen und Symbolen.

Am 9. Thermidor des Jahres II (27. Juli 1794) wurde zum Beispiel die Diktatur Robespierres gestürzt. So wurde der Monatsname Thermidor im Munde der Revolutionäre gleichbedeutend mit Konterrevolution. Ihre Vertreter wurden Thermidorianer genannt. Diesen Begriff findet man oft in der politischen Publizistik der Vergangenheit. Dagegen erhielt der Monatsname Germinal einen entgegengesetzten Sinn. Am 12. Germinal des Jahres IV. (1. April 1795) kam es in Paris zu Erhebungen der Armen. Deshalb nannte der Romancier Emile Zola seinen bekannten, 1885 verfaßten Roman über Leben und Kampf der französischen Bergarbeiter »Germinal«. Außerdem enthält der Buchtitel eine Anspielung auf germe (Keim), die auf das Zukunftweisende in den Bestrebungen der Unterdrückten hindeuten soll. Der 18. Brumaire des Jahres VII der Republik (9. November 1799) war der Tag, an dem sich Napoleon Bonaparte in einem Staatsstreich zum unumschränkten Herrscher Frankreichs, zunächst mit dem Titel Erster Konsul, aufwarf. Als am 2. Dezember 1851 Napoleons Enkel Louis Bonaparte (als Kaiser 1851 bis 1870 Napoleon III.) einen Staatsstreich durchführte, sprach man ironisch ebenfalls von einem 18. Brumaire.

Verkehrte Welt
für ein paar Tage

Gudea (Herrscher)
Standbild aus Tello-Lagasch (Südbabylonien)
um 2500 v. u. Z.

Woher stammt das Wort Karneval? Es gibt dafür zwei Herleitungen, die allerdings beide nicht sicher zu belegen sind.

Meistens wird »Karneval« auf den lateinischen Satz »Carne vale!« (Fleisch, lebe wohl!) zurückgeführt. Folgt doch dem Karneval in katholischen Gebieten eine 40tägige Fastenzeit, in der die Gläubigen sich des Fleischessens, des Tanzens und anderer Vergnügungen enthielten. Deshalb wurden die Wochen zuvor von alters her genutzt, um alles Fleischliche noch einmal zu genießen – und das möglichst gründlich. Die vielfachen Mummereien und Maskeraden, die zu dieser Zeit stattfinden, gehen aber großenteils auf vorchristlichen Fruchtbarkeitszauber zurück.

Seine stärkste Ausbildung erfuhr der Karneval in Italien, besonders in Venedig, wo die Maskenfreiheit auf einen großen Teil des Jahres ausgedehnt wurde. In italienischen Städten waren auch Straßenumzüge, oft künstlerisch ausgestattet, üblich. Nördlich der Alpen wurden diese erst seit 1820 nachgeahmt, ursprünglich von Malern und Studenten.

Die zweite Herleitung des Wortes »Karneval« greift auf das lateinische »Carrus navalis« (Schiffswagen) zurück. Bei den Umzügen in Italien wurden nämlich häufig Schiffe auf Rädern mitgeführt. Diese Sitte ist orientalischen Ursprungs. In Babylon und Assur wurden zum Beispiel am Neujahrsfest, das dort im März stattfand, Bilder der männlichen Gottheiten wie Marduk, Sin oder Schamasch in einer Prozession in einen entfernten Tempel gefahren. Dazu wurden Schiffskarren benutzt, die als eine Art Amphibienfahrzeug teils Flußarme oder Kanäle, teils Straßen benutzten.

Zum babylonischen Neujahr trat der König übrigens für einen Tag formell zurück, es wurde ein Ersatzkönig auf den Thron gesetzt. Ähnliche Bräuche sind aus vielen Ländern Asiens, Afrikas und des antiken Europa bekannt.

Es wurde sogar die Theorie aufgestellt, die Könige seien in manchen frühen Staaten periodisch umgebracht worden – entweder nach einer festgelegten Zahl von Jahren oder wenn der erhoffte Regen ausgeblieben wäre. Diese als ritueller Königsmord bezeichnete Übung läßt sich jedoch in Mesopotamien nicht schlüssig nachweisen.

Im alten Rom wurde zu Ehren des Gottes der Zeit, Saturn, für einige Tage im Dezember das »goldene Zeitalter« wiederhergestellt, in dem es weder Herren noch Sklaven gab, die Saturnalien. Die Diener tafelten mit den Sklavenhaltern, bisweilen wurden sie von diesen sogar bedient. Ein gewählter Saturnalienkönig präsidierte dem närrischen Treiben. Die Sklavenhalter amüsierten sich, und die Sklaven konnten für einige Tage ihr Los vergessen.

Friseur
Griechische Kleinplastik
5. Jahrhundert v. u. Z.

In welchem Jahre
leben wir?

Einen hochaufgeschossenen Menschen bezeichnet man als »langen Laban«. Dies geht auf eine Gestalt aus dem Alten Testament zurück, auf den Aramäer Laban. Allerdings fehlt jeder Hinweis, daß Laban lang war, vielmehr geht aus der biblischen Überlieferung hervor, daß er lange lebte. Also handelt es sich bei der Redensart wohl ursprünglich um ein witziges, gewolltes Mißverständnis. Wie lange Laban lebte, wird allerdings auch nicht berichtet, wohl aber wird das Lebensalter vieler anderer Urväter und Patriarchen genau bezeichnet. Danach soll Adam 930 Jahre alt geworden sein, Noah 950 Jahre. Das höchste Alter erreichte Methusalem: 969 Jahre; daher die Redensart »alt wie Methusalem«. Es ist viel darüber gegrübelt worden, wie diese sagenhaften Lebensalter zu werten sind. So vermutete man, daß nicht Jahre, sondern Monate gemeint gewesen seien (wofür es keinen Hinweis gibt). Solche phantastischen Altersangaben finden sich indessen bei vielen Völkern des Alten Orients. So sollen die 23 Könige der 1. Dynastie von Kisch in Mesopotamien zusammen mehr als 24 000 Jahre regiert haben. Offenbar entspringen alle diese Berichte von übernatürlichen Lebensaltern einfach der Tendenz, die geschichtlichen Anfänge in einem möglichst wunderbaren Lichte erscheinen zu lassen.

Mitunter hört man die Redensart »seit Olims Zeit« im Sinne von »schon immer«, »seit undenklichen Zeiten«. Einen Herrn Olim wird man in der antiken Mythologie wie in der Bibel vergeblich suchen. »Olim« ist einfach das lateinische Wort für »ehemals, vor langer Zeit«.

Für die mesopotamischen und ägyptischen Dynastien verfügen wir seit der Mitte des 2. Jahrtausends über verhältnismäßig solide Zeitangaben, die man aus Herrscherlisten, Inschriften, die einen Hinweis auf Regierungsjahre enthalten, Verträgen, in denen mehrere Herrscher gleichzeitig genannt sind usw., errechnet hat. Neufunde oder neue Lesungen führen allerdings gelegentlich zu Korrekturen von einigen Jahren oder Jahrzehnten.

Sichere Daten besitzen wir aus der Assyrischen Geschichte. Jährlich wechselnde hohe Beamte (mit einem griechischen Wort als Eponymen bezeichnet) gaben jedem Jahr ihre Namen.

Es bestanden Listen der Eponymen, die, soweit sie erhalten sind, eine sichere Chronologie der assyrischen Geschichte und damit auch anderer orientalischer Staaten (Babylon, Ägypten, Israel) ermöglichen. Für das Neuassyrische Reich im ersten Jahrtausend v. u. Z. stehen seit 809 diese Listen lückenlos zur Verfügung und lassen sich auch an die persische und griechische Jahreszählung anschließen.

Da die Olympischen Spiele regelmäßig alle vier Jahre durchgeführt wurden, besaßen die Griechen in der Rechnung nach Olympiaden eine brauchbare Jahreszählung. Die 1. Olympiade wurde auf das Jahr 776 v. u. Z. angesetzt.

Ähnlich wie die Assyrer benannten die Römer ihre Jahre nach den beiden höchsten Beamten, die jährlich wechselten, den Konsuln. Das Amt wurde deshalb auch formal in der Kaiserzeit weitergeführt, als es jede praktische Bedeutung verloren hatte.

Die Zählung der Jahre von einem bestimmten Ausgangspunkt an wurde zuerst von dem römischen Schriftsteller und Historiker Varro (116 bis 23 v. u. Z.) vorgenommen. Varro zählte »seit Gründung der Stadt«. Einen solchen Ausgangspunkt nannte man im Altertum Epoche, daher unser Ausdruck »epochemachend«. Christliche und jüdische Theologen wählten die Erschaffung der Welt als Epoche. Allerdings fielen ihre Berechnungen recht unterschiedlich aus. Insgesamt kennt man 108 verschiedene Ären »seit Erschaffung der Welt«. Die weiteste Verbreitung besaß die «Ära von Konstantinopel«. Ihr Erfinder hatte die Weltschöpfung auf den 1. September 5509 v. u. Z. berechnet. Nach ihr sind häufig die Urkunden aus dem frühen Mittelalter auch in Deutschland datiert. In Rußland wurde diese Ära von Peter I. durch die in Westeuropa übliche ersetzt.

Der um 550 lebende römische Abt Dionysios Exiguus nahm das von

Wagenrennen
Römisches Relief

Mohammed hält seine Abschiedspredigt
Arabische Buchmalerei, Bagdad
1307/1308

ihm vermutete Geburtsjahr Christi, das Jahr 753 seit Gründung Roms, als Epoche. Diese Ära verdrängte im Laufe vieler Jahrhunderte alle übrigen Zeitrechnungen in Europa und bürgerte sich fest ein. In der Französischen Revolution wurde zwar der Versuch gemacht, eine Zeitrechnung nach »Jahren der Republik« einzuführen. Sie fand indes bereits mit dem Jahre XIII (1805) ihr Ende, nachdem sich Napoleon Bonaparte zum Kaiser gekrönt hatte.

Die Mohammedaner haben die Hedschra als Epoche. Am 15. Juli 622 unserer Ära übersiedelte Mohammed aus seiner Vaterstadt Mekka nach Jathrib. In dieser später Medinat-al-Nabi (Stadt des Propheten), kurz Medina, genannten Siedlung fand er günstige Voraussetzungen für seine religiöse und politische Wirksamkeit. Mit dieser Auswanderung (arabisch: Hedschra) beginnt die eigentliche Geschichte des Islams. Der Kalif Omar I. (634 bis 644), einer der Schwiegerväter des Propheten, bestimmte deshalb dieses Datum zum Ausgangspunkt der islamischen Zeitrechnung. Bei Vergleichen zwischen den Jahreszahlen unserer und der mohammedanischen Ära muß man allerdings berücksichtigen, daß das islamische Jahr nur 354 (in Schaltjahren 355) Tage umfaßt.

Die Römer begingen den angeblichen 1 000. Jahrestag der Gründung ihrer Stadt mit Spielen, welche die Olympischen in den Schatten stellen sollten. Im »Philogelos«, der antiken Witzkiste, wird erzählt, daß bei dieser Gelegenheit ein Wettkämpfer weinte, weil er unterlegen war. Ein Neunmalkluger versuchte, ihn mit den Worten zu trösten: »Gräme dich nicht! Bei der nächsten Jahrtausendfeier wirst du bestimmt siegen!«

279

Miniaturen

Mittelalterliche Handschriften sind oft mit Miniaturen geschmückt. Das Wort wird meist vom lateinischen miniatus (Zinnober) abgeleitet. (Auch unser Mennige soll davon stammen.) Mit dieser roten Farbe wurden vom Schreiber, später auch von einem Spezialisten, dem Miniator, die Initialien, die Anfangsbuchstaben der Kapitel, ausgemalt. Manche Etymologen leiten Miniatur auch von minus (weniger) ab, weil sie inhaltlich weniger gewichtig sind als der Text des Werkes.

Die zweite Deutung (obgleich weniger wahrscheinlich als die erste) ist mir die sympathischere. Weniger weil ich fürchte, man könnte die vorstehenden Miniaturen für Zinnober halten, als deshalb, weil ich mir bewußt bin, wie wenig sie angesichts einer unermeßlichen Fülle des Stoffes aussagen können. Als Buchmalereien wollen sie auf den eigentlichen Text, der im ungeheuer dicken Wälzer der Geschichte und Kulturgeschichte steht, nur hinweisen, zum Lesen Lust machen, womöglich den Betrachter auch ein bißchen amüsieren.

Initiale D
Einzug Christi in Jerusalem
Gotische Buchmalerei
14. Jahrhundert

Benutzte Literatur

Älian: Die tanzenden Pferde von Sybaris. Ausw., Übers., Nachw. v. K. Treu, Leipzig 1982.

Aristophanes: Komödien. Übers. v. L. Seeger. Einl. u. Anm. v. J. Werner, Weimar 1963.

Griechische Anthologie. Übers. v. D. Ebener, Berlin/Weimar 1981.

Herodot: Das Geschichtswerk. Übers. v. T. Braun. Einl. v. H.-J. Diesner, Anm. v. H. Barth, Berlin/Weimar 1967.

Homer: Werke. Übers. v. D. Ebener, Berlin/Weimar 1976.

Livius: Römische Geschichte seit Gründung der Stadt. Übers. v. H. Dittrich, Berlin/Weimar 1978.

Menander/Herondas: Werke. Übers. v. K. u. U. Treu, Berlin/Weimar 1980.

Ovid: Werke. Übers. v. R. Suchier. Ausw., Einl., Anm. v. L. Huchthausen, Berlin/Weimar 1968.

Philogelos. Übers. v. A. Thierfelder, München 1968.

Pindars Dichtungen. Übers. u. Erl. v. F. Dornseiff, Leipzig 1965.

Plutarch: Lebensbeschreibungen. Übers. v. J. F. S. Kaltwasser, München/Leipzig 1913.

Römische Satiren. Hg. u. Übers. W. Krenkel, Berlin/Weimar 1977.

Sueton: Werke. Übers. v. A. Stahr. u. W. Krenkel, Berlin/Weimar 1965.

Buck, C. D.: A Dictionary of Selected Synonyms in The Principal Indo-European Languages, Chicago 1949.

Die deutsche Sprache. Kleine Enzyklopädie, Leipzig 1969.

Dornseiff, F.: Antike und Alter Orient. Leipzig 1959.

—: Sprache und Sprechender, Hg. J. Werner, Leipzig 1964.

—: Die griechischen Wörter im Deutschen, Berlin 1950.

Ebeling, E./Meissner, B. (Hg.): Reallexikon der Assyriologie. Leipzig 1932 ff.

Freydank, H./Reinecke, W. F./Schetelich, M./Thilo, T.: Der Orient in Stichworten, Leipzig 1978.

Grimm, J. und W.: Deutsches Wörterbuch. 1854 ff.

Haag, H. (Hg.): Bibel-Lexikon, Leipzig 1969.

Hesse, P. G.: Sexuologie, Bd. III, Leipzig 1978.

Irmscher, J. in Zusammenarbeit mit R. Johne: Lexikon der Antike. Leipzig 1982.

—: Einführung in die Byzantinistik, Berlin 1971.

—: (Hg.) Vertrauliche Gespräche zweier griechischer Damen. In: Das Magazin, H. 5/1981.

Kashdan, A. P.: Byzanz. Berlin 1964.

—: Byzanz und seine Kultur. Berlin 1973.

Kees, H.: Das alte Ägypten, Berlin 1977.

—: Der Götterglaube im alten Ägypten, Berlin 1977.

—: Totenglauben und Jenseitsvorstellungen der Alten Ägypter, Berlin 1977.

Kluge, F.: Etymologisches Wörterbuch, Berlin 1967.

Kramer, S. N.: Die Geschichte beginnt mit Sumer, Frankfurt a. M. 1959.

—: Sumerian Mythology, New York 1961.

Krenkel, W.: Pompejanische Hausinschriften, Leipzig 1963.

Ladendorff, Ol: Historisches Schlagwörterbuch, Straßburg/Berlin 1906.

Lexers mittelhochdeutsches Taschenwörterbuch, Leipzig 1980.

Löwe, G./Stoll, H. A.: Die Antike in Stichworten, Leipzig 1976.

Paul, H.: Deutsches Wörterbuch, Halle/S. 1961.

Paulys Realencyclopädie der Altertumswissenschaft. Hg. v. G. Wissowa, München 1894 bis 1981.

Pauly, Der Kleine. Bearbeitet u. hg. von K. Ziegler u. W. Sontheimer, München 1970 ff.

Pokorny, J.: Indogermanisches etymologisches Wörterbuch, Bern/München 1959.

Rühlmann, G.: Kleine Geschichte der Pyramiden, Dresden 1966.

–: Die Nadeln des Pharao, Dresden 1968.

Trillitzsch, W.: Der deutsche Renaissancehumanismus. Leipzig 1981.

Wasserzieher, E.: Leben und Weben der Sprache, Berlin 1928.

–: Kleines etymologisches Wörterbuch der deutschen Sprache, Leipzig 1975.

Wittstock, O.: Latein und Griechisch im deutschen Wortschatz, Berlin 1979.

Nachweis der Abbildungen

Deutsche Fotothek, Dresden: S. 5, 8, 10, 13, 23, 25, 26, 28, 30, 33, 36, 38, 40, 43, 47, 49, 55, 56, 59, 64, 68, 69, 73, 78, 80, 83, 86, 88, 89, 92, 93, 96, 97, 99, 100, 105, 106, 109, 111, 116, 119, 124, 125, 127, 130, 132, 134, 137, 140, 142, 146, 153, 159, 160, 166, 169, 178, 181, 182, 189, 195, 197, 221, 222, 227, 228, 230, 234, 240, 248, 259, 263, 265, 268, 269, 272, 275, 278, 279, 280. – *Farbtafeln:* (II, III, IV, 2–4, X, XI), Einbandfoto.

Nationale Forschungs- und Gedenkstätten, Weimar: S. 35.

Staatliche Museen, Altenburg (Lindenau): S. 11, 20, 192, 237.

Staatliche Museen, Berlin (Antikensammlung): S. 45, 118, 176, 186, 261, 276.

Staatliche Museen, Berlin (Ägyptisches Museum): S. 63, 72, 76, 165, 177, 232, 238. – *Farbtafeln:* (I, IV, 1, V).

Staatliche Museen, Schwerin: S. 207.

Volk und Wissen, Berlin (Bildstelle): S. 210. – *Farbtafeln:* (VI – IX), (XII – XVI).

F. Wallesch, Berlin: S. 16, 18, 41, 48, 51, 54, 60, 84, 122, 135, 144, 151, 157, 162, 168, 170, 172, 184, 199, 200, 204, 208, 209, 215, 216, 219, 220, 225, 229, 236, 241, 245, 247, 249, 251, 254, 255 (2), 256, 257, 262, 264, 267, 270.

Schlagwortverzeichnis

Abderiten 52
ab ovo 18
Abraham 247
Abbreviaturen 191
a capella 238
Achill 213, 227
Adam und Eva 249f., 258
Adonis 259f.
Adria 104
Ägäisches Meer 25f., 29
Agamemnon 20, 24, 248
Agrippina 128, 167
Ägyptische Sprache 121
Akademie 143f.
Akkadische Sprache 99
Akropolis 34, 46f.
Alba Longa 106f.
Alexander 84ff., 87, 193
Alexandria 84ff., 183
Alphabet 35, 163ff.
Amazonen 227f.
Amenophis III. 160
Amenophis IV. (Echnaton) 150, 224, 264
Amun 70, 73, 89
Anaximandros 35
Anaximenes 35
Antisemiten 157
Antonius 206
Äolier 34f.
Aphrodite 42, 95, 217, 255, 256ff.,
    259ff., 263
Apoikie 57
Apollo 43, 254f.
Apulejus 214
Ares 254, 257
Argonauten 55
Arier 157
Arion 207
Aristokratie 58ff.
Aristonikos 265
Aristophanes 44, 49ff.
Aristoteles 59f.
Arsinoë 90
Artemis 183, 247

Aspasia 50, 192
Assyrer 99
Astrologie 242
Athen 46ff., 49ff., 142ff.
Athene 46ff., 49, 250, 254, 258
Atlantik 187
Atlantis 187f.
Aton 264
Attika 26, 34, 46f., 176
Auguren 242
Augustus (Octavian) 89, 105, 110f., 117,
    203, 206

Babylon 70, 94ff., 216
Bajadere 70
Barbar 201
Basilisk 233
Basken 148
Baubo 250
Bedeutungswandel 12
Belsazer 240f.
Beschneidung 226
Bettlerzinken 151
Bibliotheken 85, 99, 171, 205f.
Blegen, Carl W. 21
Bopp, Franz 158
Boghazköy 160
Bordelle 166, 199
Börne, Ludwig 248
Bosporanisches Reich 129f.
Bosporus 57, 129
Bravo 201
Bronzezeit 21f., 31ff.
Bulle 172
Byzanz s. Konstantinopel

Caligula 166, 211
Campanella, Thomas 265
Casanova, Giacomo 120
Cäsar 31, 85, 116f., 120, 138, 193, 203,
    204f., 260
Ceres 250
Champollion, Jean François 68, 97
Chaos 251

Charme 243
Charta 171
Cheops 61, 63f., 78
Chephren 64, 78
Chimäre 233
Chiton 210
Choleriker 219
Cicero 31, 118, 138, 190
Claudius 9, 166f.
Curtius, Ernst 41

Daniel 240
Daumen drücken 245
David 252
Delphi 43, 239
Delphin 207
Demeter 250
Demokratie 59
Demokrit 52, 268
Demos 58f.
Demosthenes 189f.
Diadochen 90, 115
Diglossie 152f.
Dimotiki 152
Dionysos 26, 49, 75, 206, 237, 245f.
Dominat 119
Dorer 34ff., 38
Dörpfeld, Wilhelm 24, 42
Droysen, Johann Gustav 87f.
Dunkelmännerbriefe 138f.

Echnaton s. Amenophis IV.
Ehebruch 214
Eisenzeit 32
Eleusinische Mysterien 250
Elysium 188
Ente 191
Epigonen 90
Epoche 278
Eponymen 277
Eros 257
Etrusker 104f., 135, 166, 254
Euphemismus 154
Evans, Sir Arthur 27

Fascinus 246
Faun 235

Forum 109
Fourier, Charles 258
Fremd- und Lehnwörter 15f.

Gallier 108, 115, 123f.
Genius 253
Geschwisterehe 81, 90f.
Gladiatoren 105, 200
Goten 40, 136
Goethe, Johann Wolfgang 70, 215, 242,
  249ff., 254
Gotik 140
Greif 233
Griechische Dialekte 34ff.
Griechische Sprache 121, 129f., 131, 145,
  152f.
Grotefend, Georg Friedrich 97
Grotesk 221
Gyges 218

Hadrian 53
Hamitische Sprachen 156
Harappa 178
Harpyie 233
Hase 231
Hatschepsut 81, 175
Hebräisch 156
Hedschra 279
Hekatombe 248
Helena 17, 20, 21, 258
Helios 254, 264
Hellenen 87, 131
Hellenismus 87ff.
Hellespont 129
Heloten 38f.
Hephaistos 46, 72, 254f., 257
Hera 25, 90, 254, 258
Herakles 42, 227, 260
Herakles, Säulen des 185
Heraklit 35
Herder, Johann Gottfried 242
Hermaphrodit 263
Herme 263
Hermes 25, 254f., 262f.
Herodot 37, 61f., 71ff., 77, 95, 266
Herondas 92f.
Herostrat 183

Hesiod 31, 46, 250
Hetären 154, 192f.
Hetärie 192f.
Hethiter 33, 68, 79, 99, 158f.
Hierarchie 68f.
Hierodulen 69f.
Hieroglyphen 67f., 163
Hippokrates 219
Hissarlik s. Troja
Homerische Dichtungen 21f., 35, 55, 132
Horaz 31, 105
Horen 242
Horus 223
Hosen 209f.
Hrozný, Bedřich 160, 178
Humanismus 132, 138, 140
Humor 220
Hyksos 79, 134

Iambulos 265
Iberer 126
Ikarus 29
Ilion s. Troja
Indoeuropäische
  Sprachen 158f.
Induskultur 178
Io 25, 36
Ionier 34ff.
Ionisches Meer 25, 36
Isaak 247
Ischtar 217
Isis 89, 206
Isthmus 43f.

Jahreszählung 278f.
Janus 255
Jericho 102f.
Jerusalem 94ff.
Jonathan 252
Juda 94ff.
Juno 108, 253, 254
Jupiter 108, 254
Justinian 131, 196
Juvenal 9, 166

Kabbala 173
Kaiser 116f.

Kalender 272
Kanope 223
Kapelle 238
Kapitol 104, 108
Karneval 275f.
Kassandra 239
Katakomben 222
Katharewusa 152
Keilschrift 97ff., 160, 163
Kelten 123, 127
Kentaur 233
Kerbholz 174
Kirchenslawisch 169
Kleist, Heinrich von 228, 254
Kleopatra, Frau Philipps II. 85
Kleopatra II. 91
Kleopatra III. 91
Kleopatra VII. 82, 87, 204ff.
Kleruchie 57
Klytämnestra 17, 20, 24
Knossos 27
Koller 220
Kolonen 128
Kolonie 128
Koloß von Rhodos 183
Konstantin 53, 130
Konstantinopel (Byzanz) 53, 80, 129ff.
Korinth 43 f.
Kreta 26, 27ff., 32
Kronos 255, 256
Krösus 239f.
Krypta 221f.
Kyrillische Schrift 168f.

Labyrinth 29, 75
Latein 121, 137ff., 143f.
Latium 107
Laureion 46, 176f.
Lautwandel 12
Leda 17
Lepsius, Richard 62, 68
Lesbos 37, 181
Leviratsehe 232
Liber Pater 246
Liebeszauber 243
Lilith 249
Lingam 246

Lot 251
Lukian 181
Luna 254
Lupunar 166

Maja 255, 271
Manetho 77ff.
Männerkindbett 148
Märchen 74
Mars 106, 243, 254
Martial 31
Matriarchat 30, 228
Mausoleum 183
Melancholiker 219
Memphis 72
Menander 51
Menes 77
Menschenopfer 247
Merkur 254
Messalina 9, 166
Metropole 57
Meyer, Eduard 141
Milchstraße 267
Milet 35
Miniaturen 280
Minoische Kultur 27ff.
Minos 26, 29
Minotauros 26, 29
Mithras 264f.
Mittelalter 140
Mohendscho-Daro 178
Moloch 247
Monatsnamen 272ff.
Mörike, Eduard 188
Morus, Thomas 188
Moses 79, 106, 213
Mumien 223ff.
Museion 85f.
Musen 235, 266
Mutinus Titrinus 246
Mykene 19, 21, 24
Mylitta 95
Myrrha 259

Nacktheit 217f.
Naturphilosophie, ionische 35
Nebukadnezar 94f.

Neujahrsfest, babylonisches 276
Nero 44, 167, 265
Newton, Isaac 258
Nilhochwasser 75
Noah 156, 246
Nut 71
Nymphen 235

Obelisk 67, 82f.
Octavia 206
Octavian s. Augustus
Odysseus 55
Okzident 184
Oligarchie 60
Olympia 41f.
Olympia, Frau Philipps II. 84
Olympiade 42, 43, 278
Olympische Spiele 20, 41f., 218, 278
Omen 241
Onan 232
Orakel 239f.
Orchester 238
Orient 184
Orpheus 250
Orplid 188
Ortsnamen römischen Ursprungs
    im deutschen Sprachgebiet 127f.
Osiris 73, 89, 206

Pan 235
Panhellenische Spiele 43
Panik 235
Papier 170
Papyrus 170
Paris 20, 258
Parteien 192f.
Parthenon 46f.
Patriarchat 30
Patrizier 110
Pazifik 187
Pelasger 34, 136
Peloponnes 19
Penthesilea 227f.
Pergament 171
Pergamon 87, 171, 265
Perikles 47, 50, 192
Phalloskult 49, 245f.

Pharao 80
Pharos 85, 183
Phidias 47, 183
Philipp II. 84, 189
Philister 180
Philogelos 52, 279
Phlegmatiker 219
Phönizier 135, 156, 163, 176
Phrygische Mütze 200
Platon 53, 132, 218
Plebejer 110ff.
Plutarch 39, 204
Pluto 250
Polis 53
Pompeji 252
Pontos 129, 154
Priapos 246
Prometheus 31, 250
Provinz 121
Ptolemäer 79f., 88f., 90f.
Ptolemaios I. Lagos 79, 88f., 90f.
Ptolemaios II. Philadelphos 79, 91
Ptolemaios VIII. 91
Ptolemaios XIV. 205
Ptolemaios XV. 206

Ramses II. 76, 78, 226
Rawlinson, Henry G. 98
Re 71, 82
Renaissance 140
Republik 110
Reuchlin, Johannes 138
Rezeption 196
Roman 147
Romanisch 147
Romantisch 146f.
Romanze 147
Romulus und Remus 106
Rotwelsch 150

Saïs 79
Salomo 198
Salve 212
Sandalen 211
Sanguiniker 219
Sansculotten 209
Sappho 37, 181

Sargon 106f.
Saturn 255, 276
Saturnalien 276
Säulenordnungen 34
Schamasch 265
Schiller, Friedrich 15, 43, 58, 79, 129, 173, 174, 188, 254
Schlegel, August Wilhelm 158
Schlegel, Friedrich 158
Schliemann, Heinrich 21ff., 27, 42
Semele 254
Semiramis 183
Semitische Sprachen 156
Serapis 73, 89, s. a. Osiris
Sezession 112
Shakespeare, William 116, 204
Shaw, George Bernard 204
Sibylle 241f.
Sidon 52
Sirene 233
Sodom und Gomorrha 251f.
Sokrates 50
Sol 254, 264
Solon 239f.
Sparta 17, 20, 38ff., 58, 218
Spartacus 200
Speläologen 221
Spelunke 221
Spengler, Oswald 141
Steinzeit 32
Stenographie 190f.
Stierkult 27, 29, 89, 229f., 264
Stratigraphie 24
Sumerer 100ff.
Susanne 216f.
Syphilus 215

Tabu 154
Talent 253
Tammuz 260
Tantaliden 19f.
Techtelmechtel 214
Teje 224
Thaïs 193
Thales 35
Theben (in Ägypten) 70, 72f.
Theben (in Griechenland) 38, 90

Theodora 131
Theodosius 42
Theseus 26, 27, 46, 227
Thesmophorenfest 250
Tiermumien 231
Tiro 190
Toga 210
Tohuwabohu 251
Totemismus 18, 107
Treppenwitze 203
Troja (Hissarlik) 21 ff., 101, 129
Trojanischer Krieg 17, 20, 227, 239, 258
Tunika 210
Tutenchamun 224
Tyrannen 58 ff.
Tyrrhener s. Etrusker
Tyrrhenisches Meer 104

Ultra 185
Universität 142
Unterwasserarchäologie 177
Ur 100
Uranos 256
Uruk 100
Utopia 188

Vampir 244
Venus 15, 217, 255, 256 f., 259 f.
Venusberg 261
Verdi, Giuseppe 76, 95, 205
Veto 110 f.
Völkerwanderungen 133
Volksetymologie 13 f.
Volkstribun 110, 113
Vulgärlatein 137 f.
Vulkan 255

Welsch 149
Weltsprachen 161 f.
Weltwunder 183 f.
Wieland, Christoph Martin 52
Winckler, Hugo 160
Wochentage 269 f.
Wörter deutschen Ursprungs in
    anderen Sprachen 12

Zauber 243
Zeus 17, 25, 41 f., 46, 75, 90, 254
Zikkurat 155
Zirkusparteien 193 f.